ニュルンベルク裁判

ニュルンベルク裁判

芝 健介

岩波書店

はじめに

いま何故、戦争犯罪、戦犯裁判史を問題にするのか――戦犯裁判と犠牲者

二〇世紀後半を覆った「冷戦」が終わり、わけてもヨーロッパで「大転換」「大変動」が引き起こされてからもすでに四半世紀ほどが経過した。二度にわたって巨大な犯罪を引き起こし膨大な犠牲者を生みだした二〇世紀前半の悲惨な「世界戦争の時代」が後景に退く一方で、二一世紀においても、世界各地で依然戦争は繰り返されて戦争犯罪も頻発し、「新しい戦争」の時代とも呼び慣わされつつある。

旧ユーゴやルワンダ、スーダン等で展開された組織的な戦争犯罪やジェノサイド犯罪は、たしかに、旧ユーゴ国際刑事法廷(一九九三年設立)、ルワンダ国際刑事法廷(一九九四年設置)、そしてローマ条約によって二〇〇三年に設立された国際刑事裁判所によって現在裁かれているが、裁きの正義、公正、人間性と人権の回復を求めてやまない犠牲者側の要請に十分に応えきっているとはいえず、さまざまの課題をかかえているのが偽らざる現状といえる。このようなことを考えるとき、二〇世紀の戦争と戦争犯罪にかかわった戦争犯罪裁判に対する歴史認識、実態理解が果たして十分見直されて、現在の戦犯裁判と裁判への理解に生かされているかという問題が一つの大きな焦点になってくる。

二度におよぶ未曽有の世界戦争はメガ犯罪を伴って大量死と途方もない惨害を無辜の人びとにもたらし、特に侵略された被害の深刻な国や地域は、戦争を開始、遂行し、夥しい残虐行為を行った敵国の責任者、

犯人に対する追及処罰を求めるようになった。二度の世界大戦にわたって戦争犯罪の追及、戦争犯罪の処罰それ自体を重要な戦争目的とした国や民族も少なくない。敗戦国、歴史的敗者のみが裁かれ、勝利者の側の犯罪は裁かれぬ不当な「勝者の裁き」にすぎない、という非難や呪詛もぶつけられてきた戦犯裁判だが、その基底には、勝敗いかんを問わず裁かれるべきものが裁かれていないという厖大な犠牲者の怨嗟が依然渦巻いているといわねばならない。戦争犯罪裁判の検討が、犯罪犠牲者側の切実な希求を真摯に受けとめねばならないものであるとすれば、この種の裁判が、実際にどこまで犯罪の実態解明と刑事責任追及を果たし得たのか、またその責務を国際的な次元での責任と適切な判断の(政治)文化としてどの程度定着させてきたのか、歴史的に問われねばならない。

従来の戦犯裁判研究の動向と問題点——本書のねらいとアプローチの特徴

これまでの戦犯裁判研究、なかでも代表的な国際軍事裁判であるニュルンベルク国際軍事裁判に関する回顧においても、一方での「勝者の裁き」「事後法」という非難や批判、他方での「ニュルンベルク原則」として知られる「《上からの命令》による免責」阻却、個人の刑事責任の明示というルールの創出に対する過大な評価や賞賛が、両当事者側から政治的貶価、評価の意図を含んで強調されてきた面は否定できない。こうした政治的な傾向が前面化することで、裁判の実態解明が著しく妨げられた点は、ニュルンベルク裁判研究に限られない。裁判研究のなかでもいちばん多いと思われる法理論究明に傾いたアプローチも、ともすれば裁きの論理とその限界のみ抽出するのに急で、裁判の実態解明自体をなおざりにするきらいがあったことは否めない。加えて、裁判そのものにも先例を必ずしも生かし切れていない実情があり、さらに歴史的脈絡や連続性に疎い裁判研究がそうした問題点を見過ごしがちであったという点で、ニュルンベルク裁判の強みや弱点、あるいは長短を測ったと称するバランスシート自体が、きわめて不確かで曖昧な歴史的裁判認識・前提によりかかっていたといわざるをえないケースも少なくない。

それにかかわる今一つの大きな問題点として、ニュルンベルク裁判の全体像の把握の妥当性の問題があげられよう。これは、裁かれたドイツでも、裁く側に立った米英ソ仏でも、ニュルンベルク国際軍事裁判と、それに引き続いて行われた米軍政府による一二のニュルンベルク軍事裁判（普通ニュルンベルク継続裁判と呼ばれる）とを合わせた歴史的考察が、意外なことに極めて不十分にしかなされてこなかったという問題である。たとえば継続裁判中の諸官庁裁判は、主要戦争犯罪人裁判といわれたニュルンベルク国際軍事裁判に比しても、それを上回る時間と証拠と「遜色ない」被告を揃えた裁判になったにもかかわらず、その重要性と歴史的意味が看過されてきた。ニュルンベルク国際軍事裁判と東京裁判の比較も、こうした重大な事実認識の欠落自体が意識されないまま行われてきたといっても過言ではない。なぜそうした死角が生まれたかは裁判問題史上の「謎」であり、もちろん本書でも重要な究明課題になっている。

長い冷戦期、貴重な個別研究が一部では継続されていたものの、実態研究を全く踏まえない安易な裁判否定論がだんだんオクターブを高め、冷戦終結後には、裁きの対象になった戦争犯罪の被告人を「犠牲者」にすりかえるような言説が、公の場でも声高に唱えられる現象がますます目立つようになってきた。その一方、ポスト冷戦状況になってようやく緒についたようにみえる、長期的視点に立つ戦犯裁判史研究も、「ニュルンベルクから旧ユーゴ国際戦犯法廷へ」とか「ニュルンベルク裁判から国際刑事裁判所設立まで」というタイトルにも象徴されるような、ニュルンベルク裁判を無前提に議論の出発点にするものがほとんどといってさしつかえない。この問題性は、第一次世界大戦後の戦犯裁判に対する歴史的検討そのものが欠如していたばかりでなく、その後の戦犯裁判との連続性・非連続性の吟味も怠ってきた点に集中的に現れているのである。第一次世界大戦で敗れたドイツに対して、連合国がヴェルサイユ講和条約を通じて史上はじめて戦争「責任」を追及し、苛酷な賠償を請求したことが、ヒトラーの運動を台頭させ、その果てにナチ・ドイツをして第二次世界大戦に突入せしめたのだとは、よく指摘されるところだが、第一次世界大戦後ドイツが「自主裁判」として強いられた戦争犯罪裁判——ライプツィヒのドイツ最高裁判所で開かれた裁判自体については、これまで十分検討されてきたとはいいがたい。

以上のようなこれまでの戦犯裁判研究の傾向とその問題点を踏まえ、本書では「世紀の裁判」「文明の裁き」等の形容で飾られながら十分な実態把握がなされてきたとはいいがたいニュルンベルク裁判の全体構造と展開を、歴史的脈絡に据え直して具体的に捉え返してみたい。その上で、従来見られなかった接近視角を通じて浮き彫りになる、新鮮な輪郭の裁判像を提示することを何より大きな目的にしている。

なお、現在では戦犯裁判の専門研究者の間では、ナチ・ドイツ主要戦犯被告を裁いたニュルンベルク国際軍事裁判(International Military Tribunal、略称ＩＭＴ)に、その後同じニュルンベルク裁判所で開かれた米軍主宰の一二の継続裁判も加えた計一三の裁判を一連のものと捉え、その総称として、Nuremberg Trials(英語)、Nürnberger Prozesse(独語)という複数形で表記することが一般化している。本書でも「ニュルンベルク裁判」は、この総称の意味で用い、ニュルンベルク国際軍事裁判は英語略称「ＩＭＴ」、ニュルンベルク継続裁判は「継続裁判」と表記することで両裁判を区別している。

目次

［カバー写真］
Stadtarchiv Nürnberg, A65_I_RA_190

［141 頁の写真］
Stadtarchiv Nürnberg, A65-II-RA-218-D

第一章　忘れられた戦犯裁判

一　第一次世界大戦とヴェルサイユ条約

はじめての総力戦

史上はじめての総力戦となった第一次世界大戦の開戦前、世界の人びとの戦争に対する態度は、ただ死と破壊を「生産する」暴力とみなし、「戦争無き世界」の実現をはかろうとする反戦・非戦の立場と、不可避のものであり、破壊のみならず創造を内在させた「全ての物の生みの親」「造物主」とみなす好戦的・肯定的な立場とに大きく分かれていたが、西ヨーロッパのほとんどの人びとにとっては、先の普仏戦争（一八七〇―七一年）がそうであったように、次の戦争も短期のキャビネット・ウォーになるとイメージされていたことは間違いない。もちろん祖国を防衛するために必要ならば動員に応じる雰囲気は、第一次大戦勃発時、十分各国国民の間に広がっていたが、出征兵士のほとんどは一九一四年のクリスマスを故郷で迎えられるものと思っていたと指摘される。[1]それまでに戦争は終了しているはずと考えていたからである。

普仏戦争時プロイセンの陸軍参謀本部総長を務めた大モルトケは、フランスに対する勝利に終わった今次の戦いが、けっして従来のキャビネット・ウォー——職業軍ないし常備軍だけの戦争——にとどまらず、特に終局面はパリ・コミューンも随伴した国民戦争になったことを十分認識していた。列強間の将来の戦争は、けっして長期の消耗戦にしてはならない。最新の武器と技術手段を用いて限られた時間内に殲滅《せんめつ》戦を遂行する短期戦でなければならない——これが彼の導き出した結論であったが、参謀総長のポストを降りる頃には、ヨーロッパの真ん中にあって二正面戦争の危険にさらされているドイツが、電撃的な殲滅戦を勝利することはどだい無理で、平和を保障し保持することが何よりの課題であると考えるまでになっていた(2)。

モルトケの後継者たちも戦略的殲滅戦・国民戦争に備えるという点では彼の警告を十分意識していたが、ドイツの地政学的リスクを踏まえた彼の平和志向には従わなかった。一八九一—一九〇五年に参謀総長を務めたシュリーフェンの場合、一八九四年の露仏同盟成立に直面し、後に「シュリーフェン・プラン」という名で知られる対二正面戦争計画を策定するにいたったことは世界史の周知に属するだろう。ロシア軍の動員の緩慢さを想定し、まずフランス軍を先に撃滅すること、そのためには、ベルギーの中立を侵して北フランスに不意打ち的に侵攻することが前提になっていた。しかしながら、国際政治学の泰斗ハンス・モーゲンソーも指摘しているように、第一次世界大戦前の「短期戦」という一般的な期待・予想とは裏腹に、軍のエキスパートたちはすでに大戦前から、次期の戦争が全住民をまきこみ総力を投入する「全体戦争」になることを十分認識していた(3)。

植民地戦争の経験

このような認識には、この時代の植民地戦争の経験が影を落としていた。ドイツ領南西アフリカでヘレロ族の反乱を鎮圧・平定していったロタール・フォン・トロータ将軍は「銃の所持・不所持、家畜の所持・不所持いかんにかかわらず、ドイツ軍の支配領域内で見つけたヘレロ族男性は全て射殺する。もはや女・子供も受け入れない。追い返すか撃滅するかどちらかだ」、とにかく「男性捕虜をつくってはならない」という命令を出していた。現地の人びとに対する処遇については、トロータの態度と参謀総長のシュリーフェンの見解とにさしたる違いがなかったことは、次のシュリーフェンの言明からも明らかである。「トロータがヘレロ族全体を殲滅するかあるいは地域から一掃しようと望んでいる点で、我々は彼に賛意を表しうる。事態がこう進行した以上、黒人が永続的強制労働の状態、すなわち一種の奴隷制におかれるのでなければ、白人と黒人の共生はきわめて困難になるだろう[4]」。

かかる言明は、前線での作戦の実際にとどまらず上からの命令の意図自体が、後に二〇世紀を覆うことになったジェノサイドの一大端緒だったのではないかという問題を投げかけているが、第二インターナショナルが、第六回アムステルダム大会（一九〇四年）で「帝国主義的・保護主義的な方策に反対し、一切の植民地遠征・植民地支出に反対する。……土着民に対する抑圧を非難し、彼らを野蛮な軍事行動や資本家の搾取から保護する有効な方策を」求める等の決議を満場一致で採択した事実[5]に象徴されるように、一方で植民地戦争に対する同時代の批判が健在であった点にももっと目を向ける必要があろう。同時にまた、当時の代表的なリベラル経済学者モーリッツ・ボンが、「このようなヘレロ族に対する戦争政策を自然必然とみなす人間が存在する限り、同じ暴力が別の場所に適用される危険が存在する」と指摘していたことも注目に値する[6]。当時のドイツ人あるいはヨーロッパ人の「不安」が現地の人びとに対するかかる処遇方法をもたらしたとすれば、海外植民地で実行された方法はブーメランのように本国にも返ってこずにはいないと認識されていたといえよう。ドイツの植民地戦争においては戦闘員と非戦闘員の区別が抹消されていた点に注意が必要である。

シュリーフェン・プランの問題に立ち戻れば、電撃戦的要素は――実際には大動員はほとんど覆い隠せないとしても――壊滅的ダメージを与える点からは不可欠の構成要素であった。相手を出し抜く先制攻撃がシュリーフェン・プランの重要なポイントをなしている以上、他国の中立を侵犯することや宣戦布告なしに戦争を始めることは、戦略的に当然の帰結と判断されていても不思議ではなかった。こうした戦争観にあっては、国家の高次の利害や国民のサヴァイヴァルのためには国際法や国際慣習は無視される形勢にあったといっても過言ではない。

第一次世界大戦初期のドイツの残虐行為

一九一四年八月、ドイツによって戦争の暴力が解き放たれるや、これまでヨーロッパの戦争で引かれていた、戦闘員と一般民間人との境界線はとりはらわれ、全体戦争になっていった。開戦時、ドイツ帝国軍の参謀総長小モルトケ(大モルトケの甥)がとった戦略は、パリを北部方面から征服するために東部国境のフランス軍要塞群は避け、小中立国ベルギーを蹂躙することに主眼があった。ドイツ軍は二万五〇〇〇両の貨車で一八万の兵を輸送しベルギーに侵入したが、ベルギーは無条件降伏するどころか予想外に激しい抵抗を見せたため、動員後三九日目にはパリに到達するという当初の独軍の計画はたちまち頓挫した。

特にリエージュとその周辺の要塞が大障害となったが、狙撃兵やゲリラに遭遇したドイツ軍は一般人に対する射殺、虐待行動を繰り返すようになり、リエージュ南方のアンデンヌやディナンの町では八〇〇名をこえる住民が殺害された。この中には女性・子供の犠牲者も含まれていた。隣接するタミヌでも、人質にとられた住民が町の中央広場へ連行され四〇〇名が銃殺隊によって薙ぎ倒され、なお息のあった者は銃剣で刺殺された。ルーヴァンの町も砲撃で破壊され、女性はレイプされ四万人の市民が町から放逐された。すでにモルトケは八月五日、声明を発し「ベルギーの征服は苛酷なものとなろう。ドイツは生存を賭して戦っている。独軍の進撃を阻止する者は相応の責めを負うことになる」と訴えていたが[7]、ベルギー軍の死傷総計は三万名を数えた。独軍の損害も最初の数週間は少なくなかったが、ベルギー軍同様不意を衝かれた仏軍の死傷者は八月二〇―二三日の四日間だけで四万名を数え、シュリーフェン・プランが八月末に最終的に頓挫するまでに一四万名の損害を出した[8]。

戦争が始まった一九一四年八月、協商国（英仏露）側の戦争報道でまず大きく報じられたのは、ベルギーの中立を侵犯しパリに向かって進撃中のドイツ軍が多数のフランス軍負傷兵や捕虜を殺害するという事件であった。第五八歩兵旅団司令官カール・シュテンガー中将が「本日から捕虜はつくらない。捕虜は負傷していようがいまいが、片付けなければならない」という命令を発し、第一一二歩兵連隊長ベンノ・クルジウス少佐は指揮下二個中隊に命令を下し、傘下部隊に拘束されていた仏兵捕虜が多数犠牲になったという事件である[9]。イギリスのメディアは、ベルギーにおけるドイツ軍の進軍が戦争遂行とはいえず、むしろ犯罪行為と呼ぶべきものをおかしており、責任者を裁判にかけねばならないと訴えた[10]。

次に世界の耳目を惹いたのは「ルシタニア号事件」である。一九一五年五月七日アイルランド南西沖でドイツのＵボート（潜水艦）Ｕ20が当時としては最大級の英客船ルシタニア号を撃沈し、乗船者二〇〇〇名のうち一一九八名（乗員四一三名、乗客七八五名〔内一二〇名は非参戦国米人乗客〕）が死亡した[11]。同年二月すでにイギリスのみならずアイルランドの周辺海域含め戦闘地域とみなし、乗員乗客のいかんを問わず該当海域通過敵船舶を攻撃・破壊するとしていたドイツでは、軍のみならず新聞もルシタニア号撃沈を「わが海軍の英雄的行動」と称揚した[12]が、同年七月にはイギリスの裁判所は「この忌むべき犯罪は国際法と全ての文明国の慣習に背くものであるがゆえに我々は潜水艦の乗員と彼らに命令を発したドイツ皇帝およびドイツ政府を大量虐殺の廉《かど》で訴追する[13]」とした。英世論の中には有名な作家コナン・ドイルのように、ドイツの都市に対する空爆といった報復措置が何よりまず重要だと説く激しい議論も少なくなかった[14]が、英政治家の多くは、ドイツ皇帝はじめ軍人たち戦争犯罪容疑者の処罰を求めたため、英法曹界でも処罰を正当化する論拠をめぐる論議が目立つようになった。その中で、上司の命令を根拠になされた行為が可罰性を排除するか否かで後々まで問題となる論点が出てきている点、注目される[15]。

大戦終結と戦犯容疑者の責任追及

一九一八年にドイツ帝国が軍事的に崩壊状態になって、はじめて戦勝国（連合国）によるドイツの戦争犯罪容疑者の責任追及が可能になった。一見自明のことのように思われるが、かかる条件ができなければ責任追及は画餅であったであろう。それに、第一次世界大戦以前は、恩赦が講和条約の不可欠の構成部分をなしていることが普通であった。一九一八年一一月一一日の休戦協定調印後、英海軍大臣チャーチルが、「戦争法および慣習違反の廉で告発された者、わけても無力の捕虜に残虐行為をおかした者は、法廷に立たされねばならないし、そこで有罪とされた者は、軍のランクいかんにかかわらず相応に処罰しなければならない」と英国政府の立場を代表して公式声明を発したあたりから、従来のような戦争の終わり方にはならないということを敏感な事態観察者は感じはじめていたに違いない。戦勝直後の総選挙では現職首相ロイド＝ジョージが、「皇帝《カイザー》を吊せ！　ドイツは償いをするのだ」という選挙スローガンで大勝利を獲得した。[16][17] ドイツ皇帝の刑事責任追及について米大統領ウィルソンは、従来の法原則を無視した状態の上に自らの提起した新国際秩序（国際連盟創設）を基礎づけることはできないとして反対した。もっとも、国家元首の国際法上の無答責原則は依然妥当であり、[18] 戦争遂行の権利が国家の主権に属することも開戦時は認められていたものの、戦争法および戦争慣習に対する違反に関しては責任者の処罰の可能性が認められるともしていた。仏政府は、すでに九月「どんな勝利もかくも多くの犯罪に対する恩赦を正当化しえない」[19]と首相クレマンソーが言明しており、戦争犯罪人とみなしたドイツ人の処罰の達成に最も熱心だった。

ルシタニア号撃沈四周年の一九一九年五月七日にドイツ側に提示されたヴェルサイユ条約の第二二七条は、連合国が「前ドイツ皇帝、ホーエンツォレルン家ヴィルヘルム二世を、国際道徳および条約の尊厳に対する重大な侵犯の故をもって訴追する」と規定したのであった。第二二八条第一項第一文では、犯罪行為ゆえに訴追された者を軍事裁判にかける連合国の権限をドイツ政府が認める、第二項は、この目的のためにドイツ政府には容疑者引渡義務があるとして、要求を基礎づけていた。第一項第二文は、軍法に規定された刑罰の適用を定め、第三文は、ドイツおよびその同盟国に対する裁判所による刑事責任追及に関しては一事不再理の原則は失効させられるとし、第二二九条は、軍事裁判所の権限と構成を規定し、第二三〇条は、裁判手続実施の際のドイツ政府の証拠提出等、協力義務を定めていた。

「連合国政府は、ドイツおよびその同盟国の侵略により強いられた戦争の結果、連合国政府および国民が被ったあらゆる損失と損害を生ぜしめたことに対するドイツおよびその同盟国の責任を確認し、ドイツはこの責任を認める」という第二三一条は、ヴェルサイユ条約の「賠償」の部の最初の条文としてドイツの賠償責任を規定していたが、同時に「戦争責任」条項としても知られるものである。

カイザー訴追を規定した第二二七条は、指導者責任観が国家行為の総体に対する評価基準として登場し、従来の国際法において支配的であった主権者無答責の観念を否認して元首の地位にある者を訴追した点で画期的であった。[20] 条約に署名すると申し出ながら二二七―二三〇条、二三一条について留保を付したドイツ側の態度を認めなかった連合国から最後通牒を突きつけられたドイツ政府は、一九年六月二八日ついに条約に署名した。連合国は、前年一一月革命の勃発によりすでにオランダに亡命していたヴィルヘルム二世について繰り返しオランダ政府に引渡を要求した。[21]「オランダ政府は、自国領土に避難所を保証することでこの首魁を保護するかのような印象を喚起させることなく、数百万人の犠牲者の声が要求している裁判を容易にすることに関心をもっている」はずであるという文言でオランダ政府の翻意を促したものの、その都度連合国側の要求は拒否された。

戦犯容疑者の引渡をめぐる問題

ヴェルサイユ条約署名後、ティルピッツやルーデンドルフのような、まず重大な責めを負わねばならないはずのドイツ軍部高官たちが、自らすすんで連合国の法廷に立つつもりはけっしてないと態度表明していたが、[22] 条約履行への拒否的態度は、軍や民族派陣営に限られることなくドイツ社会世論全体に広範に拡がっていった。[23] 当時ヴェルサイユ・ドイツ講和代表団団長を務めていたフライヘア・フォン・レルスナーは、一九二〇年二月五日に連合国引渡要求対象者リスト(参謀総長ヒンデンブルクや宰相ベートマン・ホルヴェークから末端下士官・兵士戦犯容疑者まで含む)八九〇名分がドイツの新聞に公表された後に巻き起こった憤激の嵐について、以下のように描出している。「一つの巨大な運動がドイツ全体を捉えている。教会・カテドラル、酒場・ホール、街頭・広場、全国至るところで集会が開かれ、何千何万という規模で人びとが抗議している。至るところ、ドイツ人の《戦争犯罪人》の引渡拒否が一つの声になっている[24]」。

したがってドイツ政府は連合国に対し、引渡義務の履行は、国内からは「逮捕および引渡を実行できる用意のある機関が出てこないであろうから」自分たちには不可能であること、もっとも、戦争犯罪被疑者をドイツ国内で刑事訴訟手続にかけることについては約束できることを伝えた[25]。二月半ばのロンドンでの連合国会議にアメリカが参加しなかったことに象徴されていたように、戦争勝利直後に見られたような連帯一致が連合国の間ですでに失われていたことに加えて、引渡を強行すればドイツを危機的な政治的不安定化、さらにはボルシェヴィキ化の大混乱に導きはしないかという恐れや、被疑者の責任追及を自ら行う用意があるとのドイツ側による具体的措置の強調も相俟って連合国はついに引渡を断念し、かわりにドイツ側で裁きにかけるべき狭義の戦争犯罪の容疑者(東京裁判風な言い方でいえばA級戦犯を外してBC級も絞りに絞った)四五名のリストを手交した。ヴェルサイユ条約成立前の戦争責任委員会において最後まで国際刑事法廷で個人を裁く方式に反対したアメリカをはじめ、結局連合国側はここにおいて従来の主権者＝元首無答責という国際法の支配的考え方を乗りこえられなかったといわざるをえない[26]。

最近の研究では、ドイツに対する連合国の引渡要求断念を見てオランダ側もカイザー引渡拒否を最終的に決めたという、二つの事態の密接な相互連関について注目すべき指摘がなされている[27]が、相次いで生じた一九二〇年二月のこの二つの決定をもって、戦争犯罪人取扱問題は新たな局面に入ったといってよい。

ドイツ側では革命後成立した人民委員政府が一九一八年一一月一三日、戦時捕虜に加えられた国際法違反行為に対する連合国の訴追に関する調査委員会（国際法学者シュッキングを長とした「シュッキング委員会」）の設置を決めていたが、一九一九年八月二〇日には、連合国側の非難するドイツ側の当該行為が国際法に違反するか否かを検討する調査委員会を設け、さらに同年一二月一八日には国民議会で「戦争犯罪・違法行為追及法」を制定、ライプツィヒ国事裁判所（最高裁判所）がこの追及にあたり、可罰性はドイツ法によって判断されると定めた[28]。

二　ライプツィヒ法廷とドイツ軍の戦犯をめぐる攻防

捕虜虐待問題

ライプツィヒ法廷で最初に審理されたのは、戦争末期、撤退中の三人のドイツ軍工兵によるベルギーでの略奪事件であった。被告二名にそれぞれ五年、四年の懲役、いまひとりには二年の有期刑が言い渡され、連合国側もドイツ司法が真剣に犯罪行為を追及するシグナルと受けとめた[29]。この犯罪追及自体は軍紀壊乱を憂慮する軍事裁判にもよく見られる類のもので戦闘行為にかかわる戦争犯罪とは異なっていた。しかし、ドイツ側の休戦交渉団団長を務め、休戦協定調印後も講和問題に決定的にかかわり一九二一年八月右翼軍人テロリストの凶弾の犠牲になった中央党政治家エルツベルガーも、上記シュッキング委員会の一人として、「新しいドイツ共和制政府は国家官庁の命令あるいは人道の法に背いたが故に責めを帰された各人を

表1　ライプツィヒで出された主要な判決と被告リスト

被告	訴因	判決	量刑
ベンノ・クルジウス少佐	捕虜の処刑命令	有罪	2年 名誉剝奪
カール・シュテンガー中将	捕虜の処刑命令	無罪	
カール・ハイネン軍曹	捕虜の虐待	有罪	10カ月
エーミール・ミュラー大尉	捕虜の虐待	有罪	6カ月
ローベルト・ノイマン兵卒	捕虜の虐待	有罪	6カ月
アードルフ・ラウレ中尉	捕虜の殺害	無罪	
ハンス・フォン・シャック中将	捕虜の虐待	無罪	
ベンノ・クルスカ少将	捕虜の虐待	無罪	
カール・ノイマン少佐	病院船ドーヴァー・キャスルの撃沈	無罪	
ルートヴィヒ・ディットマル中尉	病院船ランドヴェリー・キャスルの救命ボート生存者の射撃	有罪	4年
ヨーン・ボルト中尉	病院船ランドヴェリー・キャスルの救命ボート生存者の射撃	有罪	4年
マクス・ラムドーア	ベルギーの子供達の虐待	無罪	

そのランク・職位いかんを問わず最大の厳しさをもって裁く決意である」と、特殊戦犯問題をよく認識した声明を出していた(30)。連合国がライプツィヒ法廷に監察委員まで派遣し何より重大な関心をもって最初に注目したのは、捕虜虐待問題であった。

捕虜の取扱については一八九九年、一九〇七年の二回のハーグ平和会議とその第四条約を通じてはじめて捕虜の公正かつ人道的な取扱が義務づけられるにいたっていたが、第一次世界大戦はこの国際条約の実効性が大きく試される場になった。ドイツ側の捕虜になったのは、総計約二五〇万人、最大集団はロシア兵捕虜の一五〇万人弱、次いでフランス兵捕虜五〇万人、イギリス兵捕虜一九万人、ルーマニア兵捕虜一五万人、イタリア兵捕虜一三万人。ドイツの収容所で死亡したのは計約一三万五〇〇〇人、最大死者グループはロシア兵七万六〇〇〇人で、以下ルーマニア兵二万五〇〇〇人、フランス兵一万八〇〇〇人、イタリア兵七七〇〇人、イギリス兵五五〇〇人であった。一方、捕虜となったドイツ兵は約一〇〇万人、死亡者は五万五〇〇〇人であった[31]。

捕虜虐待で最初に裁かれた三例は、下士官カール・ハイネン事件（英軍捕虜を日に一六時間以上強制労働させ、しかも十分な給養・医療措置を施さず多数死亡させた事件）、捕虜収容所所長エーミール・ミュラー大尉事件（フランスの収容所で英軍兵士捕虜一二〇〇名を湿地に眠らせる等、苛酷劣悪な被収容状態下においた事件）、収容所監視兵ローベルト・ノイマン事件（東部ドイツの収容所で、継続して捕虜に暴力をふるい続けた事件）で、それぞれ懲役一〇カ月・六カ月・六カ月の判決を下したが、裁判所は、被告たちがいずれも義務感に駆られるあまり任務を誤ってとらえたことによる犯行であり、犯意そのものは認めがたいとした[32]。

クルスカ少将の不起訴

これらの事件以上に重大な意味合いをおびていたのは、フランスが告発したハンス・フォン・シャック退役陸軍中将およびベンノ・クルスカ退役陸軍少将の事件である。一万五〇〇〇人以上が収容されていたドイツ中部カッセル近郊ニーダーツヴェーレン収容所は歩兵旅団司令官フォン・シャックの管轄下にあったが（これを引き継いだのがクルスカ所長）、所長としての義務をなおざりにし、意図的に伝染病のチフスの蔓延を放置したため三〇〇〇人以上のフランス兵捕虜を死亡させたとされる事件である。「私は私流に戦争を遂行している」と嘯《うそぶ》いたクルスカの言葉が犯意をあらわすものとされたが、共和国検事総長は訴追しないという決定を下した。フランス側はクルスカの言葉以外証拠らしい証拠を一つも挙げておらず、ドイツ側の調査では、一二八〇人が発疹チフスで死亡したこと自体は事実ながらフランス人捕虜の死亡者は七二一人であり、死者数は明らかに誇張されている、しかも伝染病蔓延前に適切な給養対処命令も、プロイセン陸軍省から発せられていた、捕虜食の内容はドイツの一般人に比べ良価で公表できないという事情があってのことで、クルスカ自身は伝染病をくい止めるためにむしろ全力を尽くした、「過失によるという非難も不当である」と判断したためであった(33)。

しかし戦時中のドイツ第一一軍団による収容所査察報告は、「カッセルのような大収容所は責任者に、異常に煩雑で困難な課題解決、わけても組織的類の問題解決を要求しているが、これがクルスカ少将には無理であるということが実証された。発疹チフスの重大な危険について気づくのに時機を失し、今後何が必要か見通した措置の開始も遅すぎた。……将校や医師への十分な指示にも精力的な人材活用にも能力を欠いていた」としており、この報告を書いた査察官は戦後、クルスカ少将が「慎重さには程遠く、とても有能な収容所長とはいえず、捕虜たちの間でも全く評判が悪かった」、「フランス側の報告は死者の数が過多ながらも、描出した状況はほぼ事実に符合する」と再度確認していたのであるが、肝腎の裁判にはこうした査察報告も戦後の発言も生かされなかった(34)。

シュテンガー／クルジウス事件

これと並ぶ重大事案は、本章のはじめにも概略触れた開戦直後のシュテンガー／クルジウス事件である。一九一四年八月末フランスの新聞がドイツ軍による捕虜殺害をセンセーショナルに報道し、「近代史においてこれほど野蛮な命令を他に探し求めるのは無理」という法律家ポール・ピクの言(35)にもみられるように、仏法曹界を中心にドイツ軍の暴虐の新たな証拠とみなされ、戦後フランス政府が戦犯裁判全体の評価を下す上で決定的位置を占めた事件である。連合国間で作った最初の戦犯容疑者リストでもフランス側独自の要求としてトップにあげて引渡を要求したのが、この事件の関係者であった[36]。ヴェルサイユ条約署名二周年にあたる一九二一年六月二八日、ライプツィヒ国事裁判所大法廷で公判が開始された時には七〇〇の傍聴席を満杯にする一大裁判劇となったが、誰に責任が帰されるべきか、事件解明は迷走することとなった[37]。

「本日から捕虜はつくらない。捕虜は負傷していようがいまいが、片付けなければならない」「負傷している者も含め全ての捕虜を殺さねばならない。大量捕捉の捕虜も殺さねばならない。わが軍の背後で敵を生かしておいてはならない」という犯罪的命令を一四年八月に発したとフランス側から指弾されたのは、当時ロレーヌのティアヴィル付近を進撃中だった独軍旅団司令官シュテンガー中将である。彼はライプツィヒ法廷で証言し、旅団命令としてそのような命令を出した覚えはないこと、フランス軍の猛攻に直面し、「敵は木々の上に隠れて撃ってくる。負傷兵も死んだふりした兵士も背後から撃ってくる。とにかく標的にならぬよう、捕虜を確保しよう等とゆめ考えず、自らを守り、ツバメを狙うように敵を撃ち落とせ」という現場付随指示を出したことは確かであると証言した[38]。当時の彼の部下の将校たちもほとんどが上のようなコンテクストで指示があったと証言し、結局シュテンガーは無罪判決を受けた。

しかし、フランス軍の負傷兵と捕虜の殺害は八月二一日と二六日の二日にわたっていたのが事実であり（犠牲者の数は三〇—五〇名）、二一日は上記のような混沌たる戦闘状態になかったことも判明するなかで、旅団命令と受け取った連隊の中には、指揮下部隊に「捕虜はつくらない。赦免も与えないし助命嘆願も認めない」という内容をそのまま伝達し実行した場合があったことも明らかになった。両日の殺害に関与したクルジウス少佐は、「当時のこれら全ての負傷兵の射殺の事実、わけても《助けてください》と懇願した捕虜の姿をけっして忘れたことはありません。私が目にしたあの忘れられぬ姿、部下の兵士とともに行い、かかる命令を部下に与えねばならなかった事実は以来私をかくも酷い精神状態に落ち込ませてきました」と告白し、上司のシュテンガー将軍から命令を受け取ったと述べたのである。

裁判では、シュテンガーについて、現場付随指示が旅団命令と受け取られたことに関する責任は問わず、「当将軍の言葉は全面的に信用しうる。彼が当最高裁判所に虚偽を述べていないと確信する」とする一方、クルジウスについては、部下保護機能を有する軍事刑法第四七条（命令にもとづく行為）を援用しなかった。第四七条にしたがえば、公務における命令遂行が刑法に違反した場合は、命令を発した上司のみが原則的に責めを負うが、上司の命令が（一般・軍事）犯罪を目的とする行為に当たる場合は、命令に服する部下の可罰性を不問に付すことはできない（部下保護が当てはまらない例外ケース）。しかしながら裁判所は、第四七条の例外に当たるのは、命令を受け取った部下の側に、その命令についての一般的な違法性の認識の他に、上司が（軍事）犯罪を目的にしていたという認識をもっている場合であるとし、今回の場合には被告クルジウスにこの後者の認識がなかったため、この点については責任がないとした[39]。

他方、裁判所は、クルジウスはこの命令に対して従ってはならないことに気づくべきであったとし、「自らに当然求められた注意力・細心さを用いれば、彼の部下の多くが直ちに明瞭に自覚した事柄、すなわち全負傷兵の無差別な殺害が全く正当化できない言語道断な戦時措置であるという認識を見失ってしまうようなことはなかったであろう」、要求された注意力を示さず、自らの行為において、世界的に承認された国際法の原則に重大に違反しているがゆえに、彼の態度は重過失と判示しなければならないとし、二年の禁固刑と将校制服着用権剝奪の判決を下した。

この判決を通してドイツの国事裁判所は初めて誤解の余地なく、戦争行為の刑事違法性の問題をもっぱら（戦時）国際法に照らして測るというモデルを明示したといってよい。「戦争を遂行し、その法が適法違法いかんを決定する国家の意思に、戦時の敵殺戮が符合するのは、それが、国際法が打ち立てた前提のもとでなされその条件枠組を遵守する場合に限る。別の国家と戦争に入った国家は、敵対国との国際法の取り決めが自らに義務づけている限り国際法に従わねばならない。したがって国際法の条項に違反してなされた、或る人間の過失も含む殺人は客観的に違法である。犯人が別の行動様式を義務づけられていると気づいていたなら、あるいは過失により気づいていなかったなら、主観的にも違法である。抵抗できない人間の殺害が国際法に違うのは何の説明も要しないことである」[40]と述べた判決は、被告によっておかされた犯行の国際法違反が、もはや根拠づけを必要としない自明のことであるとしていたのである。

もっとも、このように述べながら、裁判所が許可の錯誤とでもいうべき論理を用いてこの場合の故殺による可罰性を否認しなければならなかったのは、「捕虜をつくらない」という旅団命令が存在しなかったということに固執したからであった。あってはならないことはありえないとされたのである。射殺された犠牲者の問題よりドイツ軍の名誉と威信の問題がかかっていたといわざるをえない。

アードルフ・ラウレ中尉事件

シュテンガー事件に関連していまひとつアードルフ・ラウレ中尉事件もフランス政府にとっては看過できない捕虜殺害事件であった。一四年八月負傷してドイツ軍の捕虜となったフランス軍ミガ大尉が将校肩章をもぎ取られ背後から撃たれ殺害された事件で、訴追されたラウレはクルジウス指揮下歩兵連隊所属の中隊長を務めていた。ラウレは、軽傷のミガが兵士を殴りつけて逃亡を企て、その兵士（一年後戦死）に撃たれたのであって、自分は撃っていないし射殺命令を受け取ってもいないと申し立て、ミガ死亡の状況は解明されぬままラウレに無罪判決が下された。

ベルギーの子どもたちがドイツ憲兵に拘束され苛まれたとされながら、虐待が証拠づけられず被告が無罪とされたラムドーア事件まで加えれば、概して原告側証人が重んじられず、その証言の信憑性が疑われたことも手伝って、クルジウス事件を除く以上の六件は全て無罪となった。このような判決は特にフランス政府の忍耐の限度をこえるもので、直後には裁判監視委員会をライプツィヒから召喚させた。首相ブリアンは国民議会における説明で、ドイツの戦犯裁判を「茶番、裁判パロディー、醜聞」と評した(41)。

ドイツ潜水艦による犯罪行為

フランス政府の関心の中心にあったのがこのように陸戦に伴うドイツ軍の捕虜殺害犯罪であったのに対し、イギリスの場合は海戦、なかんずくドイツ海軍の潜水艦作戦による犯罪行為が焦点になった。イギリスは北海を戦争海域とし制海権を獲得することで海上封鎖を貫徹し、総力戦化を進めた。ドイツ国民のなかには餓死者も頻出する状況下、一九一七年二月ドイツ海軍は敵国の軍船のみならず商船まで無警告で攻撃する無制限潜水艦作戦を強行・正当化し、作戦開始後の一カ月間で二〇〇隻の英商船が撃沈され、犠牲者の数もたちまち一万人を超えていった(42)。同年五月二六日には、イギリスの病院船「ドーヴァー・キャスル」（乗員と傷病兵合わせて八四一名乗船）が、ティレニア海でドイツの潜水艦UC67（カール・ノイマン艦長）の停止要求による最初の魚雷攻撃を受け六名の乗員が死亡、第二攻撃で沈没したという事件がおこり、イギリスは戦後ＵＣ67の艦長名を戦犯リストに載せライプツィヒ法廷で裁くよう要求した。法廷で艦長ノイマンは、病院船であることを認識しながら攻撃を続行したことは認めたが、病院船は東地中海の海域では特定ルートしか通航を認められておらず、封鎖海域で見つけた以上命令に沿って任務を遂行したまでであると述べた[43]。あらかじめ通航を通告し特定ルートの通航を遵守する船のみ戦時国際法による被保護権を享受できると判断した裁判所は、ノイマンの行動は刑法に違反しているが、軍事刑法第四七条相当とし、上部からの公務命令、すなわちドイツ海軍指導部の作戦命令を適法とみなして遂行したのであるからという理由で無罪を言い渡した[44]。

これとは対照的に、独潜水艦Ｕ86による英病院船「ランドヴェリー・キャスル」撃沈（一九一八年六月二七日）事件については、裁判所は厳しい判決を下した。Ｕ86のパツィヒ艦長は、国際慣行に則って封鎖外海域を航行していた当病院船を攻撃・撃沈した（つとにこのような行為はドイツ海軍指導部も禁じていた）。弾薬・部隊輸送のために船を偽装利用していると疑ったことによるが、この疑いが難船者情報によって無根拠だったと判明するや、パツィヒは犯行の発覚をおそれ、生存者の乗り込んだ救命ボート三隻を攻撃し、二隻を撃沈した。いま一隻のボートは辛うじて難を逃れたが、一連の攻撃で犠牲者の数は総計二三四名にものぼった。戦後パツィヒは裁判所の召喚に応じず逃亡し、Ｕ86の掌砲長は戦時中に死亡していたため、裁判所は、リスト・アップされていなかった乗船警備将校の二名、ディットマル海軍中尉、ボルト退役海軍中尉について救命ボートの監視、Ｕ86の安全確保によって攻撃を支え促進したとみなし（救命ボート攻撃の際、パツィヒ艦長とともに両名がデッキにいたことも証言から判明）、殺人幇助の罪で四年禁固の有罪判決を下した[45]。

裁判所の判断は、以下のようなものであった。パツィヒ艦長は救命ボートの乗船者を故意に殺害したが、殺害が計画的に行われたとは証明されえない。病院船が偽装悪用されたものでないということに気づいたときの艦長のショックは異常なものだったにちがいない。暗夜に救命ボートを全て撃沈しようとしたのは、計画的犯行とは似ても似つかぬ「拙劣」な態度であり、パツィヒによっておかされた殺人は、戦時国際法に違う違法行為である。ハーグの陸戦法規第二三条ｃにおいて無抵抗の敵の殺害が認められていないのと同様に、海戦においても救命ボートに辿り着いた難船者を殺害することは禁じられている。この国際法の規則は周知明白のもので、その適用可能性については疑いの余地を容れない(46)というものであった。

三　ライプツィヒ裁判の世界史的意義とその後の戦犯裁判に対する影響をめぐって

国際法による断罪

以上の判決のなかで注目されるのは、フランス軍の傷兵・捕虜の殺害事件同様、パツィヒ艦長の犯行の違法性を直接国際法によって断罪したことであり、しかも陸戦法規をそのまま海戦に適用できないことは確認しながらも、当犯行が戦時国際法に違反することは明らかだとされていることである。海戦にかかわって、ハーグ第一〇条約第一六条、戦闘行動が終了した後は、軍事的目的がゆるすかぎりで難船者の捜索と救助が認められねばならない、との規定を拡大援用すれば、難船者は戦闘行動終了後は保護されねばならないということも導き出せるように思われるが、裁判所は、認識をもとめられているものが明白で一般の誰もがわかる国際法の原則であることを根拠にした。道理とも言い換え可能なこの原則を根拠にして、軍事刑法第四七条（命令にもとづく行為）の刑事責任排除（違法性阻却）は否定された。第四七条の基本的考え方は、部下が受け取った命令の原則的適法性に発しているけれども、命令が明らかに、誰にとっても、したがって部下にとっても疑問の余地なく「犯罪的」であると認識できる場合は、第四七条は妥当しない。それゆえ被告たちが、自らの行動を戦闘行動だから刑事責任上の問題ではないと考えたとしても、それは、刑事責任の誤った無視以外のなにものでもない、とされたのであった(47)。ランドヴェリー・キャスルに対する犯罪は唯一のケースではなく、このような犯罪行動は第一次大戦中独軍側に頻出したというのが実態であった(48)。

第二次世界大戦後、カール・デーニッツ海軍総司令官はニュルンベルク国際軍事裁判（ＩＭＴ）の被告となったが、弁護人オットー・クランツビューラーは、最終弁論で、デーニッツの指揮した潜水艦作戦について、「犯人は自らの国際法違反を認識していなければならない」ということが裁く前提であるとした上で、海軍兵士は法律問題に通じている必要はなく、法律家の議論が分かれ法解釈が争われている現状では、戦闘行動の違法性が確証されえないとして、潜水艦作戦における戦闘行為とはいえない犯罪的行動が違法であるという認識がライプツィヒ法廷で確立していたのを誤魔化している(49)が、検察側は十分これに批判的に応対しえていないように思われる。

命令を拒否できなかった二人の将校に対し情状酌量の余地ありと認め、最終的に六カ月の判決を下した最高裁判所に対しては、イギリスの世論には、明白な大量虐殺行為を切迫状態の中の思慮の足りない行為とみなしたという非難が広がっていたが、法務次官で裁判監視団団長のポロック卿は、この有罪判決は国際法の観点からは成功事例と評価されねばならないと英下院で説明したのが注目されよう(50)。

戦犯裁判の低調化

この判決が下されたあと、戦犯裁判は低調になっていくことを免れなかった。一九二一年一月から二二年一一月まで計一七名の被告のなかで有罪判決を受けた者は一〇名であった（連合国が求めた一一事件中、有罪は四件、無罪は七件）が、その後、一七〇〇事件を残しながら結局裁判は継続されなかった（訴訟中止）。ランドヴェリー・キャスル事件の二人の被告は下獄後将校仲間の助けですぐ脱走に成功し（当初五〇〇〇マルクの懸賞金をかけて指名手配）、再審を求める動きに応えた裁判所は、発砲命令に関してはパッツィヒ元艦長が直接掌砲長に発したもので二人には全く責任がないと認めたのち、二人の幇助も否定、無罪放免を言い渡した。さらに二度目の爆発を起こした態様を根拠に病院船が本当は軍事目的用の船だったと強調するパッツィヒについては、復讐欲やサディズムではなく祖国を思うあまり行為にいたったものであり、容疑はもはや濃厚ではないという信じがたい理由で逮捕命令を廃棄、正式の停止宣言も公表しないまま事実上パッツィヒに関する審理を停止した[51]。

こうした一連の措置については、フランス・ベルギー・イタリア・イギリスが、一九二二年八月二三日のドイツ政府への覚書のなかで、ライプツィヒ最高裁判所の主観的で偏った訴訟指揮ゆえに今後協力の余地がないとしたが[52]、もはや戦争犯罪人の追及に対する関心・熱意を持続させることはできないという連合国側の状況を裁判所が見越していた面も否定できない。ひるがえって裁判所の事情をみれば、どれだけ内的信念にもとづく司法機関たりえたのか、むしろ国際環境の圧力いかんに規定され続けたというのが実態ではなかったか、問われざるをえないであろう。

無制限潜水艦作戦の実態を審理そのものを通じて暴露していった過程では、当初裁判自体に拒否的であったドイツ世論も様変わりする様相を見せつつあった。初期のナチ党は、ライプツィヒ戦犯裁判自体を激しく攻撃し、ヒトラーとやがてナチ体制のナンバー・ツーとなるゲーリングの二人は、二一年の戦犯裁判論難集会の場で出会っており、ナチ党機関紙『フェルキシャー・ベオーバハター』は、くだんの海軍将校ボルト、ディットマルの二人を、戦いの前線の何たるかを知らぬ形式司法の象徴的な犠牲者として英雄扱いをしていた[53]。しかし、共和国を支えたリベラルな新聞の論調は、ランドヴェリー・キャスルの撃沈、難船者の殺害が「ドイツの名を辱めるまさしく戦争犯罪そのもの」で、「ドイツのどこにもこの犯罪を擁護する者は存在しない[54]」、あるいは「裁判の過程で露わになった、法の外で戦闘行動を展開するというドイツ海軍指導部の戦争観は、国家の品格を損なうもの以外の何ものでもない[55]」というものであり、国際法上犯罪的であるという法感情の広がりを示すものであった。

ライプツィヒ裁判の限界

海戦における犯罪は以上のような形で追及されたものの、空爆犯罪は追及されえなかった。一九一四年開戦直後の八月三日、独軍機がリュネヴィルの仏軍兵舎を爆撃したのを皮切りに、翌一九一五年には、独軍による戦術・戦略無差別の爆撃(飛行船使用)でイギリスは二〇八名の死者、四三二名の負傷者を数えねばならなかった[56]。二〇〇〇回にも及ぶ空爆を強行したドイツ側も、「空からの攻撃」を「始めたのは幸いイギリスではない」とロイド＝ジョージに言わしめたとおり、英空軍の報復爆撃を受け、大戦を通じ七四六名の死者、一八四三名の負傷者を数えた[57]。しかし、空の戦いが前線と銃後の区別をなくし途方もない犠牲者を生むことは未だ一般認識にはなっていなかった。

最高裁判所の判示が欠落させていた重大な問題の一つは、上から命令を発する軍指導部の刑事責任を問わなかったことである。ドーヴァー・キャスル事件にみられたごとく、病院船の撃沈を命じた海軍指導部の責任問題についての判断は回避する一方、下部の軍人の責任については、軍事刑法第四七条(命令にもとづく行為)を援用して免責する傾向が強かったものの、相対的にはより厳しく追及される傾向があった。

また、ランドヴェリー・キャスル事件が再審にいたる過程に象徴されるように、故意を過失ないし錯誤の問題にすり替える判断がなされ、裁判所・検察側の事実認識の妥当性そのものが疑われる場合が少なくなかったが、それはドイツ軍の名誉や将官の証言の確実さが無条件に前提されていたところが大きかった。さらにドイツ側にとって不利な証言が一蹴されることも多かった。特に緒戦の段階、ベルギーでの戦いでは、一四年一〇月までの二カ月未満で計約五〇〇〇名の市民が犠牲になり、一二九の市町村が破壊されるほどの規模にまで達し、個々の残虐行為のレベルを超えていた。[58] これらが、違法なゲリラ戦を住民全てが展開していると信じ込んだドイツ軍の無差別攻撃によっていたにもかかわらず、もっぱら住民側に責任があるとドイツ軍もメディアもみなしていた。戦時中のプロパガンダ戦で飛び交ったデマ、わけてもドイツ軍の残虐さを針小棒大にした「婦女子の手を切断する兵士」の噂の影響は殊に大きく、ドイツ軍憲兵が子供たちを虐待したラムドーア事件では、子供たちの証言の信憑性をドイツ側が端から信じないという結果をもたらし、ベルギーの一般住民に対する犯罪そのものも追及されなかった。

ライプツィヒ裁判が遺したもの

しかし国際法に違う違法な戦闘行為についてその個人の刑事責任自体を問うという原則そのものは、ライプツィヒ法廷で世界史的にはじめて確立されたとみてよいように思われる[59]。第一次世界大戦中、英政府は、戦時国際法違反容疑で捕らえた独潜水艦乗組員を海軍刑務所に入れたが、独政府が捕虜にした英軍将校を軍刑務所に移送すると、くだんの独海軍軍人に正規の「捕虜」のステータスを付与することに同意している。捕虜に対して刑事責任を問う手続は敵国の報復措置を直ちに招きかねないという共通認識がまだ大戦中にはあり、これは講和条約が恩赦を伴っていたことと同じ系譜に属するものであった。敵国・外国の処罰権から自国の兵士を護るためには、他国兵士に対する赦免で代価を支払うというのが従来の方式であり、したがって国際法違反の自国兵士に対する可罰性を認めることは、こうしたそれまでの恩赦方式からは引き出されえないものだったのである。ドイツの国民議会が「戦争犯罪・違法行為追及法」を制定したことについて、またドイツの共和国最高裁判所が、国際法違反を刑法上の違法性と等置したことについて、法学者の中にはヴァイマル憲法第一一六条(「行為は、それがなされる以前に可罰性が法律によって定められている場合にのみ、刑罰を科することができる」)の「罪刑法定主義」原則を踏みにじるものと批判する者も少なくなかった[60]。英法務次官のポロック卿が、こうしたドイツ最高裁の判断について、有罪の戦争犯罪人に捺したドイツ「自らの烙印」と呼んだのも特徴的であった[61]。ライプツィヒ裁判は、国際法違反の戦時行動の可罰性をこの戦犯裁判を通じて承認するという決定的に重要な一歩を、国際法違反と刑法上の違法性・犯罪とを等置することによって踏み出したといえよう。

検察・最高裁が、「連合国のお先棒を担ぐ召使い[62]」と非難されることを覚悟しなければならない国内の圧力の下に置かれていたことも忘れてはならないが、連合国の一方的圧力によるから（間接的「戦勝国裁判」）、全く意味のないものだったというのは的外れであろう。またグリュックのように、ドイツ人自身に委ねたから裁判は犯罪を裁きえない破局的なものになった、というのもこれまで確認したように法的意味を全否定する乱暴な見方といわざるをえない。裁判に精神的抵抗感を拭えなかった検察側責任者エーバーマイアーも、国際法上の違法性と刑法上の違法性との等置を貫徹させえた点を回顧録で強調している(63)。

ランドヴェリー・キャスル事件でライプツィヒ最高裁判所は、命令適合行為論を引き合いに出した被告側の主張を、その行為の国際法違反が明らかだったという理由で認めないことによって、従来の刑事責任排除（違法性阻却）理由を制限する注目に値する新しい地平に達した。それは、ニュルンベルク原則の重要な一つ「戦争法違反の上官命令への服従による行為に対する、違法性阻却理由の制限」の先例を構成したということができるし、またその行為について刑事責任ありとしたのがドイツの最高裁判所であったことによって当先例は重大な重みを獲得したといえよう。上官命令という国内法上合法かつ従うべき命令にもとづく行為が、国際法という外部の基準によって否定的評価を受け、刑事制裁を受けるという事態は、主権国家の枠組解体の可能性をはらむものだったからである。

一九四四年まで命令にもとづいて行われた犯罪については無条件に違法性阻却にするとしていた英軍軍法も、同年の新軍法教範では、「三軍の構成員は適法命令にのみ従わねばならないという大原則に支配されるのであって、もし指令に従って、不変の戦争法に違反しかつ一般的な人道・人間性の感情に背く行為をおかしたならその責任を免れることはできない(64)」という修正を行っている。これは当時国際法解釈のスタンダードとされていたオッペンハイムの教本の一節(65)を導入したものであったが、この部分についてランドヴェリー・キャスル事件におけるドイツ最高裁判所の判決を引照していたことは注目される。

この大原則は、第二次世界大戦の戦中のドイツの戦争犯罪人容疑者を裁いた英軍の軍事裁判が、ニュルンベルク裁判でも世界の耳目を惹いたデーニッツ海軍総司令官「救難禁止命令」事件に引き合いに出されることにもなった。英軍事法廷は、エック大尉とその部下の将校に対し、難船者射殺ゆえに一九四五年一〇月二〇日死刑判決を下したが、部下の将校がエックの命令にもとづいて行動したことについてランドヴェリー・キャスル事件を判例として引き、違法性阻却を認めなかった。[66]

ニュルンベルク裁判に適用された国際軍事裁判所憲章第八条および管理理事会法第一〇号第二条4bには、政府ないし上司の命令にもとづいて行動した者が犯罪の責任を免れないことが定められた。これは可罰性を拡張する遡及効果をもつ新法として、特にニュルンベルク裁判を批判する側からは、しばしば法原則を踏みにじるものとして槍玉に挙げられてきたが、本来はドイツの最高裁判所が第一次大戦後判示した原則であり、高度の正当性を持つものだったのである。

ヴァイマル共和国初期に法務大臣を務めたラートブルッフのような法学者でさえ、このライプツィヒ裁判を、ほぼその四半世紀後、ナチのテロ支配と第二次世界大戦がようやく終わったあと、国事法廷にとっての重荷でしかなかったという形でしか思いだせなかったし評価しえなかった[67]が、近代国際刑法の矛盾に満ちた嚆矢、国事裁判所の戦争犯罪裁判自体がもたらした法的進歩というふうにも位置づけられるのではないだろうか。その意味においてライプツィヒがなければニュルンベルクもなかったのであり、ライプツィヒのありようが第二次世界大戦における国際法無視に道を開いたというような評価は妥当ではなかろう。

第二章　ニュルンベルク国際軍事裁判への道

一　戦間期国際社会と戦争法

戦時国際法への取り組み

すでに述べたようにライプツィヒ戦犯裁判の終わり方はいろいろな問題を残すことになったが、裁判後、「戦争の法規慣例に関する条約」（ハーグ条約）に違反した者がいわゆる戦争犯罪をおかしたとして処罰されること自体については、国際的に広く受け入れられるようになっていたといってよい。同時に、第一次大戦後成立した国際連盟の規約の中で、違法な戦争を行う場合は連盟の制裁を受けるという形で戦争禁止の方向性が打ち出された[1]ことは、各加盟国がそれをどう考えていたかという問題は措いても、国際社会の法構造の大きな変化を示すものであったといってよいだろう。一九二八年には、国際紛争解決のために戦争に訴えることを非とし、国家の政策の手段としての戦争の放棄を宣言した不戦条約（ケロッグ＝ブリアン条約）が、最初米仏間で検討され、さらに英独を含むロカルノ締約国、日本、英自治領を加えた一五カ国の間で結ばれ、戦争違法化原則が確認されることになった。

世界戦争後の、最初の戦時国際法への取り組みは、空襲、毒ガス、さらに潜水艦に関する規制から始まった。毒ガスについては、ヴェルサイユ条約第一七一条はドイツに対してその製造禁止を一方的に義務づけたが、軍備制限のためのワシントン会議で一九二二年に採択された「潜水艦及び毒ガスに関する五カ国条約」(ワシントン条約)は毒ガス使用の一般的禁止に関する一条文を挿入した。しかしながら同条約は批准されず、一九二五年ジュネーヴでの武器取引取締会議において再び同様の文言を盛り込んだ(さらに細菌使用の禁止も追加した)ものが議定書として採択された。他方、ワシントン会議では、新たな攻撃・防御方法についての国際法現行規則にいかなる修正が必要かも検討され、これに応えてハーグに設立された委員会は報告書を作成、一九二三年米代表の提出した草案をもとに詳細な「空戦規則」が作られた。これも諸国の批准するところとならなかったものの、実戦における指針とはなっていた。

国際連盟主宰のジュネーヴ軍縮会議(一九三二—三三年)では、化学兵器・細菌兵器ほか焼夷兵器の生産・所有規制、使用禁止が軍縮条約案第四八条に明記された。同会議では、今後の武力紛争に占める空戦・空襲の重大な危険性に鑑み「一般住民に対するあらゆる空襲は絶対に禁止されねばならない」との決議がなされ、軍縮条約案も「締約国は空襲の完全な廃止を受け入れる」(第三四条)規定をはじめ軍用機の廃止・制限を含む措置を定めたが、国際情勢緊迫下、軍縮会議は結局三三年に中止された。

海戦規則については、潜水艦の行動の規制もその一課題にしていたワシントン条約が、潜水艦戦の際「商船は乗員乗客が安全な場所に移されるまで破壊してはならない」とし、この要求を満たせない場合は「攻撃および拿捕《だほ》をあきらめねばならない」と規定していたが、発効せず、一九三〇年ロンドン海軍軍縮条約、さらに一九三六年ロンドン議定書の中に同じ文言が盛り込まれた。議定書承認には英独を含む四八カ国が参加したが、第二次世界大戦に突入すると、水上船舶への無警告攻撃は第一次世界大戦にも増して頻繁に行われることになる。

すでに明文上一定の保護が与えられていた傷病兵、捕虜についても、一九二九年「戦場における軍隊中の傷者および病者の状態改善に関するジュネーヴ条約」（第三回赤十字条約）、「捕虜の状態改善に関する条約」が、世界における多数の国（前者については五八カ国、後者については五二カ国）の批准、加入を得た。また、一九三四年第一五回赤十字国際会議は、はじめて敵国文民保護に関する条文草案を作成した(2)。

ドイツにおける国際法原則の導入

以上のように両大戦間期、戦争法をめぐって様々に結ばれた条約や国際的に承認された覚書等については、当時から制約や限界がいわれ、解釈も様々であったが、たとえばヒトラー政権成立以後の「ドイツ国防軍の兵士の十戒」といわれた行動原則をとってみても、それなりに国際法の原則はゆきわたっていたといえる。

一　民族のためにドイツの軍人は騎士道にかなうよう〔正々堂々〕戦う。
二　残虐行為や無益な破壊は品位を汚すものである。降伏した敵はゲリラもスパイも含め殺してはならない。
三　ドイツ軍人は公正な裁判を通してのみ罰を受ける。
四　捕虜は虐待・侮辱されてはならない。
……

六　赤十字の権利は不可侵であり、敵負傷者も人道的に取り扱わねばならない。
七　非戦闘員を傷つけてはならない。兵士は略奪や恣意的破壊を行ってはならない。
……
一〇　報復措置は上部部隊長の命令があってはじめて認められる。……さらに野戦部隊の慣習に関する国際法上の取り決めは服務規程にもまとめて記載されている。

以上のような規則からも、ドイツの場合国際戦争法の原則は軍をめぐる国内法観念に一応転轍《てんてつ》されていたとみなしてよいように思われる(3)。

もっとも、第一次世界大戦において戦犯に問われた諸事件を見てきたとおり、法規や慣習が存在してもそれらに対する違反や逸脱が頻繁におこればその効果や信頼性はそれだけ失われるし、またそれらを遵守保障する実体的権力がどれほど存在したかという問題も残っていた。さらに、ドイツ軍、特に指導部や将校団に抜きがたく見られたのは、次期の戦争は絶対に敗北してはならないという決意であり、勝利が間近であったにもかかわらず最後の最後にそれを逃した過去の失敗を繰り返してはならず、そのためには容赦ない戦争を遂行できねばならないという固着観念であった。人間の命を重んじ人道を踏み外さないという思いよりは、むしろいかに堅忍不抜の意思の力を持続させ、戦い続ける鋼の精神を鍛造できるかが優先されたといってよい(4)。第二次世界大戦がドイツにとって殲滅戦争になっていった理由は、ナチ指導部が人種論的絶滅志向的世界観をもっていたことにまず求められるが、理由は一つに限られないのであって、以上見てきたように再び負けるようなことが絶対にあってはならない、何をやっても勝利を獲得する、という軍の焦慮に由来するところも大きかったのである。

セント・ジェームズ宣言

一九三九年九月、ドイツのポーランド侵攻によって始まった第二次世界大戦において、実際にドイツ第三帝国が展開した侵略戦争、殺戮・テロは、その国家指導者たちをして、敗戦の暁には、自らに対する敵の裁きが、不可避的に到来することを意識させるに十分の途方のなさとスケールを有するものであった。国際軍事裁判成立への道は、本国がナチ体制の暴虐にさらされたヨーロッパ中小諸国のロンドン亡命政府が戦犯追及裁判を要求したことによって本格的に始まった。一九四二年一月一三日、ロンドンのセント・ジェームズ宮殿にベルギー、チェコ、自由フランス、ギリシア、ルクセンブルク、オランダ、ノルウェー、ポーランド、ユーゴスラヴィアの九カ国亡命政府代表が集まり、以下のような宣言を発した。

＊暴虐に対する報復行為を避けるために、また文明世界の正義を実現するために国際的な連帯が必要である。

＊枢軸国と戦う最も重要な戦争目的の一つは、犯罪に責任ある人間の処罰、しかも適正な法的手続を踏んだ裁判という方法による処罰である。該当する人間は、単独責任を有するか、共同責任を有するかのいかんにかかわらず、またその犯罪行為を命令したか、実行したか、それに加担したかのいかんにかかわらず、処罰される。

＊国際的連帯の精神にもとづき、有責者を国籍のいかんにかかわらず追及し、法廷に立たせ判決を下す。

＊宣告した判決は執行する。(5)

この宣言が出されたのは、亡命政府の国民が本国でナチスの最も酷い暴虐的な支配下、隷属下におかれていた時期であって、連合国の勝利に各国が沸いていた時期ではない。かかる状況のコンテクストに注意する必要があろう。ヨーロッパ大陸がドイツに占領支配される中、イギリスの保護下ロンドンに亡命政権をかまえざるをえなかった中小国政府のこうしたアピールは、とりわけイギリス、そして一九四一年末に参戦したアメリカに向けたものであった。

これら九カ国は、一九四二年七月ドイツ軍による新たな残虐行為の証拠を入手し、ビッグ・スリー(チャーチル、ローズヴェルト、スターリン)に正式の支持を要請した。チャーチルとローズヴェルトは、戦争犯罪容疑者を裁きの場に立たせるべきであるとはっきり訴えを受け入れ、スターリンも「国際特別裁判所」の必要性を語った[6]。もっとも、同時期に戦争犯罪人の取り扱いに関する閣内委員会を設けた英戦時内閣では、戦犯処罰のための国際法廷設置についてイーデン外相、サイモン大法官が反対の意向を明らかにしていた点も注目される。しかし一九四二年一〇月七日には連合国戦争犯罪調査委員会(United Nations War Crimes Commission for the Investigation of War Crimes)設立についてローズヴェルト米大統領のみならずサイモン英大法官も賛意を表したことは、ナチ・ドイツの被害を受けている中小諸国の要求そのものは無視できなかったことを示している。

英米ソ三大国の動向

そのほぼ一年後の一九四三年一〇月二〇日、ロンドンで、先の九カ国に、イギリス、オーストラリア、カナダ、インド、ニュージーランド、南アフリカ、中国、アメリカも加わった計一七カ国による外交団会議が開かれ、連合国戦争犯罪調査委員会設立が合意された。米英による賛意の表明から設立合意まで一年を要したのには、以下のような理由があった。まず、第一次世界大戦後のライプツィヒ裁判が望んだような結果をもたらさなかったことから、イギリスが消極的であったことがあげられよう。第二にソ連の参加問題である。英国は連合国戦争犯罪調査委員会に英連邦構成国オーストラリアやカナダ、インド等をそれぞれ独立した代表として参加させる方針を貫く一方、バルト諸国はじめソ連邦内の共和国の参加要求については拒否したため交渉は難航せざるをえず、ソ連抜きで委員会が発足するまで時間がかかってしまったのであった。さらに戦犯処罰を検討すること自体、独側に捕らえられている自国兵士捕虜への報復的措置を生み出しかねないという懸念があった。(7)

この連合国戦争犯罪調査委員会設立とほぼ同時期に、英米ソ・モスクワ外相会議が開催された。一九四三年一一月一日の共同宣言(8)はナチ戦争犯罪人処罰の原則を定めた重要な一里塚としてこれまで歴史的に意義づけられてきたが、宣言自体を再吟味すれば、それが戦犯調査委員会の動きを次のような意味で牽制する意図もはらんでいたことが見逃されてはならない。通常この宣言では、「ドイツ国に今後樹立されるいかなる政府に対し、どんな休戦を認めるにしても、〔すでに触れた〕残虐行為、虐殺、処刑に責任を有し、またこれに同調加担したドイツ軍将兵およびナチ党員は、解放された国々およびそれらの国に設立される自由な政府の法令にしたがって処罰するために、〔ナチ・ドイツの〕憎むべき犯罪行為が行われた諸国に送還されるべきである」と、被害国の裁判によって処罰されることが確認されるとともに、「上記宣言は、その犯罪が特定の地理的範囲に限られず、かつ連合国政府の共同決定により処罰されるべきドイツ〔国家主要〕犯罪人の場合に影響を及ぼすものではない」と、最後の付加部分で、ナチ国家指導者たちの別扱いが示唆されていると、もっぱら解されてきた。しかし筆者が傍点を打った連合国（原語 Allies）とは、曖昧な表現ながら三国（英米ソ）のことを指していると解されうる。宣言のさらに前の部分を注意して見ると three Allied Powers と明記され、連合国三二カ国（thirty-two United Nations）の利害を代表してここに声明する、とも書かれている。連合国といっても、Allies と United Nations が微妙に区別されていることは明らかである。したがって、通常の戦争犯罪とは区別される主要戦争犯罪人は、英米ソで処断するということが含意されていると解すべきであり、さらに裁判方式をとるとは明記されていない点にも注意する必要があろう。(9)

セント・ジェームズ宮殿での九カ国宣言から、連合国戦争犯罪調査委員会設立、モスクワ外相会議での戦争犯罪人処罰に関する共同宣言発表を経て、一九四五年八月のロンドン会議での米英ソ仏四カ国による国際軍事裁判方式の確定、裁判所憲章制定に辿り着くまでの道のりには、かなりの曲折、さまざまな見解の消長が見られる。モスクワ外相会議後ひと月を経過せずして一九四三年一一月二八日から開かれたテヘラン会談における、スターリンによるドイツ軍将校五万人の即刻大量処刑論をめぐるビッグ・スリーの応酬をはじめ、英米ソ三大国間でその後もやり取りが続いていた。(10) また裁判による司法的処罰を主張する戦犯調査委員会と、国家指導者の政治的行為を司法的に断罪することを躊躇《ためら》い、むしろ即刻処刑を主張した英政府との、ナチ犯罪処罰方法をめぐる対立・確執も存在した。特に、戦犯調査委員会の提起した法理・法概念の積極的意義は看過できない。従来の戦争犯罪概念を超える事態に対処すべく法的理論的検討を進めていた委員会の論理を明らかにするためには、一九四四年一月の第一回会議から四八年三月の解散にいたるまでの同委員会の各回の討議内容について辿ってみる必要がある。(11) こうしたプロセスについて、ニュルンベルク国際軍事裁判（ＩＭＴ）開廷にいたるまでの重要な曲がり角、結節点をおさえながら、筆者なりにあらためてその道筋を整理しておこう。

連合国戦争犯罪委員会

連合国戦争犯罪調査委員会は、最初の公式会議（四四年一月一一日、実質的には第四回会議）で議長に選ばれた英代表セシル・ハースト卿が、委員会について、戦争犯罪を扱う連合国を代表する唯一の機関と位置づけ、戦争犯罪の情報収集・調査のみならず、裁判所問題はじめ戦争犯罪の処罰問題まで含めて扱っていこうとしたことから、第六回会議（四四年一月二五日）で連合国戦争犯罪委員会（United Nations War Crimes Commission、略称ＵＮＷＣＣ）と名称を変えた。この権能問題をめぐって、ＵＮＷＣＣの役割を犯罪情報収集・調査だけに限定しようとする英政府とＵＮＷＣＣとの間に摩擦が生じることになるが、その理由は、各国の国内裁判にとどまらず、連合国全体としても何らかの形の特別裁判所を設立して断罪するという発想、またナチ犯罪の性格を単なる戦時国際法違反というカテゴリーを超えて把握しようとする発想を英代表ハーストを含めたＵＮＷＣＣが最初から強く内在させていたことにある。このＵＮＷＣＣ第六回会議では、一九一九年のヴェルサイユ条約が、皇帝ヴィルヘルム二世を筆頭にドイツの戦争犯罪人の処罰を規定していたにもかかわらず、結局わずかの例外を除いて処罰が実現しえなかったのは、当時の連合国戦争責任委員会が自らの執行機関と裁判所をもたなかったからだとする、チェコスロヴァキア代表エチェルの重要な歴史的総括が提起された。

四四年三月二一日のＵＮＷＣＣ第一三回会議で事実証拠問題小委員会のデ・モール（ベルギー代表）は、

戦争犯罪人のリスト作成について、犯罪が個人で責任を負える範囲内に収まっていた一九一八年段階であれば、リスト作成も大いに役立ったが、一九四四年の今日、犯罪が集団的性格をもつものになり、何百万人もが死に追いやられテロに遭っている以上、リストアップされる個々人よりもむしろ体制を担った(犯罪的)組織こそが重大な犯罪主体であると主張した。同年五月九日の第一七回会議では、法律問題小委員会のポーランド代表が、住民に対する無差別の大量逮捕といったような、人間の尊厳を貶めることを目的とした行動も戦争犯罪であると主張することで、「人道に対する罪」概念の原型のようなものを提起していた。五月一六日の法律問題小委員会では、通例の戦争犯罪や「戦争を準備し開始する目的をもって行われた犯罪」(のちのＩＭＴでの「平和に対する罪」につながる)の他に、「おかされた場所にかかわりなく、国籍のいかんを問わず、また無国籍者も含めたいかなる人間に対しても、人種・国籍・宗教または政治的信条を理由におかされた犯罪」が第三の犯罪カテゴリーとして挙げられており、そこには、ライプツィヒ段階とは違った犯罪認識の進化が認められる。

四四年九月末には、各国国内法廷による処罰方式ではない、連合国による特別法廷の設立を提案した連合国戦争犯罪裁判所設立協約案を、ＵＮＷＣＣ議長ハーストが英政府に対して提出した。特に注目されるのは、連合国戦争犯罪裁判所が United Nations による War Crimes Court と表記され、特定の Allied Powers(米英ソ)の戦争犯罪裁判所とはされていない点であろう。しかし、この案は、事務局を実質的に英外務省に依存しており、実現の成否が英政府に握られているという弱点を抱えていた。一〇月二三日英大法官サイモンの下で、英司法長官や外務省・陸軍省等関係各省庁が集まり検討がなされたが、一九四三年一一月のモスクワ外相会議宣言に矛盾するという批判が出され、ソ連も最初から招致しなければならないこと、また他の難点も加えられ、翌日付けで、対米折衝に当たっていた駐米英大使館に英政府の強い反対の意向が電送された。それにもとづいて一〇月三〇日には、自国に関する裁判はあくまで自国だけで行い、何カ国かの連合国民に対して戦争犯罪をおかした者の場合には、三人(三カ国)の最高司令官が合同であるいは二人ないし単独で設置する法廷で、その権限によって裁判を行えばよいとする英政府覚書が、ワシントンの英大使館から米政府に手渡されるとともに、米政府が英政府と同様の見解をとることを希望し、米政府からの回答があり次第ＵＮＷＣＣに回答する旨が伝えられた。

一方、ＵＮＷＣＣの米代表ハーバート・ペルは、すでに一〇月一九日付けで米国務長官に対して、協約案を全面的に支持する自らの見解を伝え、さらに協約締結のため英政府に働きかけてほしいと要請した書簡を送っていた。ペルは、ＵＮＷＣＣ発足当時から、証拠収集に任務を限定しようとする英米の枠付けを取り払い、国際法廷設置や戦争犯罪概念拡大にも活動を向けようとするＵＮＷＣＣの動きを積極的に支持し、自らも米政府関係者に対する働きかけを怠らなかった。自国民や無国籍者に対する犯罪、人種・宗教等を理由とする犯罪、特にユダヤ人迫害を念頭において「人道に対する罪」という従来とは異なる戦争犯罪概念を設定しようとするＵＮＷＣＣやペルに対して、米国務省は否定的回答に終始し、従来の狭い戦争犯罪解釈を維持していた。しかし、今回のＵＮＷＣＣの裁判所設立協約案は、国務省から陸軍省や海軍省等関係部局に送付され検討に付されたものの、米政府から英政府に対する明確な回答はなされなかった。折しも米政府内では激しい対立と議論が展開されており、政府全体として明確な姿勢を打ち出すことができない時期だったのである。

米陸軍省対米財務省

ワシントンで、戦犯問題に直接コミットする権限をもつと考えていた機関省庁は、国務省・陸軍省・海軍省・財務省・司法省・OSS(戦略情報局)・ホワイトハウス自体を含め、少なくとも七つあった。さしあたって最も積極的だったのが陸軍省と財務省で、その長官スティムソンとヘンリー・モーゲンソーJr.の間に激しい確執が存在したことはよく知られている。とりわけ一九四四年九月のローズヴェルトとチャーチルとの会談[12]の折、財務長官モーゲンソーが提示した対独戦後処理計画案「モーゲンソー・プラン」は、ドイツの軍事力のみならず工業の解体、それによる小農業国化や、ドイツ国民責任論にもとづく強制労働導入等、ハードな講和の追求プランとしてつとに有名である。

第一次世界大戦のパリ講和会議英派遣団の一員であった経済学者のケインズは、対独ヴェルサイユ講和条約によるドイツ国民への賠償要求を(ローマ帝国による)「カルタゴの講和」と呼んで、条約正当化論に立つ仏経済学者たちを激しく批判していた。第二次世界大戦が再びドイツの敗北におわりつつある状況の下、陸軍長官スティムソンは、「カルタゴの講和」という言葉を再び持ち出し、モーゲンソー・プランはドイツには苛酷すぎて第三次世界大戦をひきおこしかねないとして、強く批判した。逆にモーゲンソーはスティムソンに対して、ドイツ人に「ソフト」過ぎるとした。

一九四四年九月の米英ケベック会談には、ローズヴェルト大統領は閣僚としてはモーゲンソーだけを伴い、チャーチルも大法官サイモンを随伴させた。随行の二人は主要戦犯を裁判なしで即決処刑する見解を両首脳に提言しており、ローズヴェルト、チャーチルもその提言に同意していた(九月一五日)。モーゲンソーはまるで凱旋将軍のようにケベック会談から帰国したとも伝えられている。しかし、その後スティムソンがモーゲンソー・プランをリークすると、かかる厳しい政策ではドイツ人を最後まで徹底抗戦へと駆り立ててしまうという危惧がメディア・世論に広がり、大統領のモーゲンソー離れを促し、即決処刑論は阻まれた。

戦犯追及問題をめぐる米国内のこうした財務省と陸軍省の対立は、即決処刑論と国際法廷設置論とをそれぞれ軸にしていたとだけ考えられがちであるが、「人道に対する罪」をめぐる犯罪概念問題も当初重大な争点をなしていた。ケベック会談前の八月二八日には、モーゲンソーの友人で戦争難民委員会理事長だったジョン・W・ペーレが国務長官ステティニアスに対して、ナチによる迫害・大量虐殺を犠牲者の国籍いかんを問わず、戦争犯罪として追及しようというUNWCCの方針を支持するよう要請する覚書を提出している。ユダヤ人迫害・殺戮問題は、モーゲンソーやペーレによって、ようやくこの時期から米政府内で取り上げられるようになったのである。他方、共和党内の保守主義的立場のスティムソンは当初、伝統的な戦争犯罪概念で裁くことで十分と考えており、ドイツ国内のユダヤ人迫害や戦争前の抑圧まで裁くことは管轄権の問題もあって考慮されることはなかった。スティムソンの日記には、モーゲンソーにユダヤ人特有のキャラクターを見る反セム主義的言辞も散見される。両者間には、処罰方式と犯罪概念をめぐって対角線的に交錯する、ねじれた対立が見られた。

加えて、英米がソ連の対応の真意をまだつかみそこねていたという事情も混乱に拍車をかけたといえよう。一九四二年一一月以降、少なくともスターリンやモロトフ外相は即決処刑ではなく裁判を望んでいると伝えられていたが、先に触れたようにテヘラン会談では、独国防軍のランク上位の将校五万人を銃殺すれば問題は簡単である、とスターリンが述べたことが波紋を呼び起こしていた。ケベック会談後、一九四四年八月からのダンバートンオークス会議に派遣されたソ連派遣団副団長のソボレフは、米国務省代表に、モーゲンソー・プランはとても受け入れがたいとしながらも(九月二八日)、その一週間後(一〇月五日)にはグロムイコ駐米大使が、ソ連の立場はモーゲンソー・プランとして喧伝されているものにきわめて近いとも発言し、ワシントンではどちらがソ連の見解なのか再度当惑させられたのであった。

バーネイズ覚書

処罰方式をめぐる星雲状態から脱して国際裁判に向かって大きく進むことになった契機は、米陸軍省参謀部人事局のマレー・バーネイズ中佐(戦争前はニューヨークで弁護士として活躍していた)の九月一五日覚書(13)であった。バーネイズによれば、枢軸国による犯罪は戦争前から行われており、こうした蛮行を不問に付せば数百万の人びとに失望・幻滅を味わわせることになる。ナチ幹部を処刑してもそれ以外の数十万人の共犯者の処罰に関する問題は解決できず、ヒトラーを殉教者にし、問題を報復一色に染め上げ、矮小化してしまう。したがって「戦争法に違反して殺戮、テロ、平和に暮らす住民の殲滅という犯罪をおかした共同謀議の廉で、ナチ政府ならびに突撃隊(SA)、親衛隊(SS)、ゲスターポを含む党と国家の諸機関が、適切に構成された国際裁判所において裁かれる」解決法が提案されなければならないとされた。ナチ・ドイツによって行われた残虐行為が、政府の立案によるものから末端の個人によるものまで広大な範囲に及ぶため、犯罪者の特定が著しく困難であるという問題を克服するために、共同謀議論にもとづく国際裁判所における裁きという処罰方式がここに明確に提案されたのであった。

バーネイズは、ナチ体制によって戦前にドイツ国民に対してなされた暴虐についても、それを戦争犯罪に問うことが技術的には困難だとしても、とにかく裁きが必要であるということを強く認識していた。国際世論の趨勢の中で、アメリカ・ユダヤ人会議や戦争難民委員会のような集団の要求に応える必要性を鋭く覚知していたといえるであろう。

戦前・戦中を問わずナチ・ドイツの自国民への犯罪を共同謀議論を用いて処罰することを肯定した、スティムソン陸軍長官による一〇月二七日付けハル国務長官宛書簡には、バーネイズの覚書が添付されており、ドイツ国民に対する犯罪を戦争犯罪と見なすことに消極的だったそれまでのスティムソンの立場をバーネイズが変更せしめるにいたったことを窺わせる。

一一月七日の大統領選挙でローズヴェルトが四選された直後の九日、陸軍次官補マクロイの主宰で国務・陸軍・海軍省の三省会議が開かれた。前述したように、一〇月三〇日に英政府から米政府に対しUNWCCの国際裁判所案に反対する覚書が送られており、それを受けて国務省は陸軍・海軍両省にも伝達、米政府の見解をまとめることが必要とされていたのであった。九日の会議では、UNWCC中心の協約裁判所案は拒否されたが、枢軸国の指導者を裁く裁判所として条約にもとづく国際裁判所が中心に据えられることと自体は明確化され、戦争犯罪政策についての陸軍省の主導性が前面に出るようになった。

この会議を受けて一一月一一日には、三省長官名による大統領宛覚書「ヨーロッパの戦争犯罪人の裁判と処罰」が作成された。従来の狭い戦争犯罪解釈を斥けるとともに、裁判抜きの政治的措置を否定し、正当な法の手続と条約にもとづく国際裁判所において、共同謀議論にもとづき指導者を裁くべきことを提案したこの覚書が、その後の米政府内での議論の出発点となる。しかし、海軍省は共同謀議論、ならびに条約による国際裁判所設置に難色を示し、英政府が反対している点や敵の報復を招きかねない点も危惧していた。その他にも、国務省法律顧問や司法省、また何より陸軍省内法務総監部からも、侵略戦争を戦争犯罪とする点などに対して批判の声があがり、壁にぶつかっていた。

マルメディ事件

そんな中、ベルギーのマルメディでナチ武装親衛隊（武装ＳＳ）による米兵捕虜の大量虐殺事件が起きた。独軍が西部戦線でこころみた最後の大反攻であるアルデンヌ突破作戦中の一九四四年一二月一七日、第六ＳＳ戦車軍第一師団ヨアヒム・パイパー大佐指揮部隊が、米兵捕虜七一名を射殺した事件である。事件はけっして個別的偶発的なものでなく、ナチ体制による計画的組織的なものであると受けとめられ、米一般世論の深部にいたるまでまさに心胆寒からしめるショック効果を及ぼすとともに、それまで共同謀議論に対して処罰論理構成上無理であると反対していた米政府高官さえも賛成論に一転させた。戦争終結後の四六年はじめには七二名の武装親衛隊兵士とともに第六ＳＳ戦車軍司令官ゼップ・ディートリヒも逮捕され、ランツベルクでのちに行われた戦犯裁判ではパイパーはじめ四三名に死刑、ディートリヒはじめ二二名に無期、八名に有期刑という異例の厳しい判決が下されることにもなった[14]。

マルメディ事件は、それまできわめて流動的であり、不安定・不確実な観を呈していた米戦犯政策のコンセンサス形成において重要な触媒としての機能を果たしたといえよう。ＵＮＷＣＣで米代表として活躍していたペルは、一九四四年末アメリカに戻り国務省や大統領に働きかけを行っていたが、当初より国務省から煙たがられていた彼には、以後大西洋を往還するチャンスが与えられなくなり、ローズヴェルトはサミュエル・ローゼンマン判事を戦争犯罪問題の大統領顧問に指名した[15]。一九四五年一月にはハーストも

ＵＮＷＣＣの会議議長職とともに英代表を辞任し、期せずして必ずしも政府の意向を呈していなかった英米の代表二人が、ほぼ時を同じくして戦犯追及政策の現場から退場させられることになった。

四五年年頭、ローズヴェルトは国務長官に対しＵＮＷＣＣの活動進行状況、ヒトラーや主要なナチ戦争犯罪人の犯罪に対する米代表の態度について簡潔に報告するよう依頼しているが、その報告書に付されたメモには「ナチ体制指導部の責任追及には、不戦条約に違反して、挑発されてもいない侵略戦争を遂行したという訴因も含むべきで、おそらくこれは他の訴因とともに共同謀議という訴因に統合されることになる」とある。米戦犯政策の代表的研究者ブラッドレー・スミスは、このメモが大統領直筆のものかどうかを疑っているが、侵略戦争遂行について責任を問う(戦争犯罪とみなす)こと、そして共同謀議論を適用することを、大統領の意思として確認したこと自体は認められる。

しかし、国際裁判所設立の問題はなお決着がつけられておらず、四五年一月一九日の時点で二つの案が残されていた。一つは条約による国際裁判を勧告する案で、いま一つは、条約によらず政府間協定による国際(特別)法廷の設置を勧告する案であったが、最終的には後者の案が合意を得て、一九四五年一月二二日付けで国務長官ステティニアス、陸軍長官スティムソン、司法長官フランシス・ビドルからローズヴェルト大統領宛覚書「ナチ戦争犯罪人の裁判と処罰に関する件(16)」が提出されることになった。

この覚書は、ヒトラーやヒムラーのようなナチスの重要な戦争犯罪人を裁判抜きで処刑することは確実迅速な処理を可能にするという利点があるものの、「連合国全体に共通する最も基本的な正義の原則に反する」ため、ドイツ国民はこれら犯罪人を逆に「殉教者」と考えるようになりかねず、しかもかかる方法では少数の人間しか処分できないと指摘した上で、裁判抜きの処断に反対し、正当な司法手続をとるべきであると提案している。そうすることで「今日における一般の人びとの最大の支持を獲得し、また将来の歴史においても畏敬の念をもって受けとめられるだろう」とし、さらに「将来、人類全体がナチスの犯罪と犯罪性に関する公的記録をしらべられることになる」とその理由を述べていた。

このように裁判抜きの政治的処刑を否定しつつ、同時に条約あるいは協約にもとづく国際裁判所も斥ける形で米政府の戦争犯罪処罰政策は固まったのである。さらに「国際法廷」は短期間でその使命を終え、その他の犯罪的組織の成員については非主要戦争犯罪人裁判に引き継がせるということもここで確認されていた。のちのニュルンベルク国際軍事裁判(IMT)とそれに続くニュルンベルク継続裁判との関係を想起すれば、このコンセプトも重要であった[17]。

この三長官の覚書は大統領によって直ちには裁可されず、最終的に、二月四日からのスターリン、チャーチルとのヤルタ会談で、戦争犯罪の法的追及という大筋のみが決定された。具体的な詰めは外相間交渉にゆだねられたが、イギリス政府内ではなお四月まで大法官サイモンが、「裁判、有罪決定、判決文という手順をとる方法は、ヒトラー、ヒムラー、ゲーリング、ゲッベルス、リッベントロップのような悪名高い、法に刃向かう指導者たちには不適切である。法廷を構成し、告訴を定式化し、証拠を収集することは別にしても、指導者たちの運命をどうするかという問題は政治の問題であって法の問題ではない。どんなにすぐれた学識のある裁判官でも最も広範な最重要の公共政策という性格をもつこのような事柄を最終的に決定するのはよくするところではない」と述べて裁判方式に反対していた点は、注意しておく必要がある。あらかじめ筋書き(判決)がきまった「猿芝居」と国際社会からみなされかねない、この種の裁判の先例はないに等しく、「勝者の裁判」にすぎないという非難をひきおこすということだけでなく、ヒトラーとその一味は、裁きの論理をひっくりかえして連合国を狼狽させかねないと危惧してもいたのである[18]。

そして、米大統領顧問ローゼンマンがイギリスのチャーチル首相周辺と接触を繰り返していた矢先の四五年四月一二日、ローズヴェルトが亡くなった。三長官による一月二二日覚書の最終的な裁可も実際には新大統領トルーマンによってなされることになったのであった。

五月一日ヒトラー自殺の報が流れ、さらにその一週間後にドイツが無条件降伏すると、英政府は米案への反対を取り下げ、生き残ったナチ体制指導者に対する国際裁判案を原則として受け入れる決定を下した。以後、八月八日ロンドン協定成立にいたるまで、米首席検察官ジャクソン主導の下、国際軍事裁判の基本原則が確定されていくことになる。

ロバート・ジャクソン

しばしば「ニュルンベルク裁判の設計者[19]」とも称されるロバート・H・ジャクソン（一八九二―一九五四年）は、一九四五年五月二日トルーマン大統領によって米最高裁判所判事からニュルンベルク国際軍事裁判（IMT）における米首席検察官に任命された。

ペンシルヴェニアで生まれニューヨーク州立大学オルバニー・ロースクールで学んだジャクソンは二一歳で弁護士となり、爾来二〇年間ニューヨーク州西部を中心に法律家として活躍した。

すでにオルバニー校時代に若き上院議員ローズヴェルトの知己を得ていたが、ローズヴェルトがニューヨーク州知事を経てホワイトハウス入りを目指すようになるとさらに交友関係は深まった。一九三二年の大統領選挙で重要な支援を行ったジャクソンはニューディールにも参画、一九四〇年には四七歳で司法長官に就任した。ローズヴェルトが三選に出馬した際には副大統領候補にもあげられたが、結局司法長官に留任。一九四一年七月にヒューズ最高裁判所長官が引退するとローズヴェルトはその後任にジャクソンをあてようとしたが反対があり長官にはストーンが就任、その後任と目される陪席判事をつとめた[20]。

ジャクソンがIMTにおける戦犯追及を主導するに際しては、以下のような思想的バックグラウンドがあった。まず第一に強い戦争嫌悪観を有していたことがあげられる。一九一六年にウィルソン大統領の再選をバックアップした理由も、「大統領はアメリカを戦争から遠ざけ続けさせうるだろう」という期待にもとづくものだった。周知のとおりウィルソンは対戦争政策を変更し一九一七年四月にドイツと戦うべく参戦を決めたが、ジャクソンはこれを激しく批判し、戦争に志願することはなかった。そのおよそ二〇年後の一九三六年八月、再選キャンペーン中のローズヴェルト大統領が「私は戦争を憎む」という演説を行った際も、ジャクソンはスペイン内戦(一九三六―三九年)への米非介入を強く支持している。

第二に、一九三〇年代末からナチ・ドイツの侵略戦争遂行を激しく非難していたことがあげられる。英独戦争が激化しつつあった一九四〇年夏、まだ参戦していないにもかかわらず、建造から五〇年を経た米駆逐艦をチャーチルに提供すると約束したローズヴェルト大統領に対して、侵略をおかした国を告発する必要性を訴え、ローズヴェルトの介入政策の正当化根拠をも示そうとしたのであった[21]。

彼の活動・経歴をさらに注意深く辿ってみれば、第三のきわめて重要な点として、市民的自由の問題に積極的にかかわってきたことがあげられよう。公立学校で国旗に対する忠誠誓約を強いられたエホヴァの証人の子弟の事例(ウェスト・ヴァージニア州教育委員会対バーネット事件[22])において、従来の義務強制を無効とすることを意見書で確認したケースがその代表的例であろう。最高裁で執行権あるいは軍命令と人権のどちらを優先するかが争われた時も、大統領や知己と衝突してでも後者を重視し、前者を優先する多数意見にあくまで抗ったのであった。一九四二年の軍命令をめぐるコレマツ対合衆国事件[23]において、アメリカ生まれの何万という子弟も含む日系米人に対する西海岸からの強制立ち退き措置について、これをあくまで違憲とする少数意見を最高裁で展開したのもジャクソンであった。

この間、戦後の戦犯追及に関する独自の構想を整えつつあったジャクソンは、奇しくもローズヴェルトの死の翌日(一九四五年四月一三日)に開かれたアメリカ国際法学会年次大会の講演で、戦争犯罪人取扱をめぐる行政処分と司法による裁きの二方法について言及している。どちらを採るべきかという価値判断はすぐに下さなかったものの、裁判というオプションを選択するのであれば、真の意味での(厳正な手続に則った)裁判を合衆国は遂行すべきであると述べたのであった[24]。

合衆国首席検事に正式に任命される直前の五月一日、ジャクソンは、「国際法の基本文書」となるべき陸軍省提案の協定案が、最初に有罪ありきの印象を与えるものになっているとして、より冷静な語調にあらためるよう求め、この基本方針をこえる手続事項は裁判所にゆだねるべきだと注文をつけた[25]。このようなところにもジャクソンの基本的立場が表れていたといえよう。

五月三日、サンフランシスコで戦犯問題についての米英ソ非公式会議[26]が行われた。米側からは、①ヨーロッパ枢軸国主要戦争犯罪人を裁くのは、米英ソ判事から成る「国際軍事裁判所」とする(諸国の法制度の調整がより円滑になされ迅速な審理も可能になる)、②米英ソは裁判を準備する委員会を速やかに設置する、③犯罪行為として、交戦法違反のみならず、「条約に違反して武力ないし武力の威嚇によって他国に侵入することと」、「条約に違反して戦争計画に着手すること」、「侵略戦争を開始すること」、「国家政策または国際紛争解決の手段として戦争に訴えること」等を列挙した協定案が提示されたが、これはジャクソンの見解が生かされたものであった。

提示者である大統領顧問のローゼンマンは、有罪がなかなか立証し難い厖大な戦犯容疑者も処罰しなければ、彼らが「将来のナチ党の核」になるとして組織の犯罪追及裁判の有効性を強調した。ソ連代表モロトフは、米提案に重大な関心を払い、積極的に関与するという意向を示し、英側も、米ソが裁判を望むならば、これまでの裁判反対の意思を曲げるのにやぶさかでないとし、政策転換を明らかにしたのであった。またヤルタ会談で対ドイツ占領国の一つになることを認められていたフランスの裁判参加に関しても、英ソは反対せず、その後は米英仏ソ四国代表による審議が開始されるにいたった。

首席検事就任後ジャクソンはヨーロッパに赴き、マックスウェル＝ファイフ英法務次官（のちのロンドン会議英代表）とも協議、帰国後の六月六日には起訴構想を暫定的にまとめた報告書[27]をトルーマン大統領に提出した。この報告書で重要な点は、今こそ侵略戦争が犯罪であるとの原則に沿って行動すべきであるとされた点であろう。

二 「平和に対する罪」の成立および「人道に対する罪」の誕生

ロンドン会議[28]

一九四五年六月二六日、米英仏ソ代表の法律家がロンドンのウェストミンスター教会のチャーチハウスに集まった。フランスからはロベール・ファルコ判事（破棄院）、ソ連からはＩ・Ｊ・ニキチェンコ（陸軍少将、軍検事総長兼ソヴィエト最高裁判所副長官）、A・N・トライニン教授（法学の権威で戦争犯罪に関する著作でも知られる）の二名、加えて通訳官オレグ・A・トロヤノフスキー（元駐米大使の息子、ダートマス大学で学位取得、完璧な英語を話す）、イギリスからはマックスウェル＝ファイフ（法務長官）、アメリカからは無論ジャクソンが、参加した。一五回にわたったこの会議の目的は、要するにモスクワ宣言に具体的な形を与え、国際軍事裁判に関する最終合意を形成することにあった。

このいわゆるロンドン会議は、一カ月半後の一九四五年八月八日、「ヨーロッパ枢軸国の主要戦争犯罪者の訴追および処罰に関する協定」に辿りつく。第一条で「個人として訴追されるかまたは組織もしくは集団の構成員、もしくはこれらの両者の資格において訴追されるかを問わず、特定の地理的制限を有しない犯罪をおかした戦争犯罪者の裁判のため、ドイツ管理理事会と協議の上、ここに国際軍事裁判所を設立する」とうたった、この「ロンドン協定」は、それに付随する形での三〇条にわたる具体的な諸規定「国際軍事裁判所憲章」（ニュルンベルク憲章）を伴っていた。

後者の「憲章」は、①「国際軍事裁判所の構成」、②「管轄および一般原則」、③「主要戦争犯罪者調査訴追委員会」、④「被告人に対する公正な審理」、⑤「裁判所の権限および審理の執行」、⑥「判決および刑罰」、⑦「費用」の七部から構成され、それぞれ①裁判官・予備裁判官、その忌避・交代。開廷、②人および犯罪に関する管轄、被告人の公的地位、上官命令の抗弁、犯罪組織の宣言、犯罪組織への所属の犯罪、手続規則、③委員会の構成と目的、首席検察官の事務、④公正な審理のための手続、⑤権限・審理執行、証拠の採用、裁判所に顕著な証拠、裁判の場所、訴追と被告人の弁護、審理のための手続、言語、⑥判決・刑罰、財産の没収、刑罰の執行、⑦裁判所および審理の費用等を定めていた。国際軍事裁判所憲章は、文字通りＩＭＴの基礎をなすものとなった。最重要の刑罰規程は、第六条「人および犯罪に関する管轄」に含まれた三つの犯罪概念(平和に対する罪、戦争犯罪、人道に対する罪)であった。

この会議の経緯、議論のやりとりについては、大沼保昭『戦争責任論序説』が「平和に対する罪」の成立問題を中心に委曲を尽くして論じているので、詳細はこの名著に譲りたいが、本書でも以下の点は確認しておくべきであろう。

「平和に対する罪」

まず、ロンドン会議で討議の基礎として用いられたのは、後に「平和に対する罪」の条文に落ち着くことになる六月一四日の米国案だった。それは、「国際法に違反して行われる、武力によるもしくは武力の威嚇の下での他国への侵入、または戦争の開始」および「侵略戦争を開始すること」を犯罪とするものであった。①「国際法に違反した戦争の開始」そのものについては重大な議論の対象にならなかったものの、②「武力概念と結びついた侵入」にはソ連が、③犯罪に無限定の侵略戦争の開始を含むことについては英仏ソが難色を示した。アメリカは、②については自らの立場に固執することはなかったが、③についてはあくまでその維持を主張した。

七月一九日にフランス代表団から提出された、米国案と全く異なる以下の犯罪規定案が、会議の一大焦点になった点も指摘しておかねばならない。「裁判所は、欧州枢軸国によって、条約を侵犯し、かつ国際法に違反して遂行された他の諸国に対する侵略および支配政策の準備・実行を指揮し、これらの敵国のために活動している軍隊および民政当局がおかした国際法、人道の法、ならびに公共良心の規律の違反について責任あるいかなる者も裁判する管轄権を有するもの」とするこのフランス案で犯罪とされたのは、ⓐ「欧州枢軸国により」、ⓑ「条約を侵犯し」かつ「国際法に違反して遂行された」侵略および支配政策のみであった。侵略戦争自体は犯罪とされていないし、米国が何より重視していた「多くの犯罪を包含する犯罪計画の作成または実行に関与した」という共同謀議も犯罪とされていなかった。

会議参加四カ国の利害が基本的に共通し、法技術的な問題に過ぎない部分については、妥協も容易であったが、会議の主導権を握っているように見えた米国が、この仏案に関しては、他の三国と決定的に対立し、しかも自国の立場に固執したため、会議は決裂の様相さえ見せた。このまま会議が進行すれば、三対一で米国の主張は斥けられかねないと判断したジャクソンは、七月二五日の会議で、協定条文への「侵略戦争」の挿入にこだわる理由を以下のように表明した。

「米国が参戦したのは、ドイツが戦争に訴えたことを、最初から国際平和と秩序への違法な攻撃として見なしたためである。……今や我われは侵略行為を粉砕したのであり、ここで本戦争が違法な侵略行為に他ならなかったことを証明したいと考えている。我われは、ローズヴェルト大統領や政府閣僚が国民に対して言明したように、「侵略戦争の開始は犯罪であり、いかなる政治的経済的な事情もこれを正当化できない」と言明することを望むものである。……直接ドイツの攻撃にさらされた国々の利害関心が、米国のそれと異なり、この戦争が国際秩序に加えられた攻撃であるという点にないことは、理解できる。なぜなら、ドイツはより直接的にこれら諸国への大々的な侵害を行ったからである。しかし、米国の参戦に至る道筋を正当化すると我われが考えたものは、世界の平和に対する攻撃であった。侵略戦争が犯罪であるということは、戦争犯罪人処遇について大統領が米国民に対して明らかにした立場でもあった。我われが立証したいと望んでいることのひとつは、まさにそのことである。米国が従来とり続けてきた、以上の立場を無効とするような協定の成立は、協定の不成立よりさらに好ましくない事態である」。

以上のようにアメリカの利害関心を率直に表明したあと、あらためて四カ国協調による国際軍事裁判所の設立を訴えた。

なお、国際軍事裁判所憲章第六条として正式に採択された条文の最終原案となった「七月三一日に米国代表が提出した「犯罪」の定義に関する修正案」では、a項に「戦争の犯罪」という言葉が掲げられていたが、八月二日の最終会議で英国代表が、ソ連の法学者トライニンの著書『ヒトラー主義者の刑事責任』の用語法に従い、「平和に対する罪」とするよう提案し、国際軍事裁判所憲章の概念として、歴史の舞台に登場することになったことも忘れるべきではなかろう[29]。

「人道に対する罪」

続いて、従来の研究では触れられていなかった「人道に対する罪」概念が裁判所憲章に盛り込まれるにあたって、ユダヤ人側の具体的な働きかけがどのようなものであったかを、詳しく跡づけておきたい[30]。

「人道に対する罪」概念成立については、ニュルンベルク国際軍事裁判(ＩＭＴ)における「比類無き革新」という歴史的評価[31]が一般的である。この概念はそれまでの実定法に定められていない広範な問題にわたる「人道(の法)則」にかかわる問題であったが、「人道則」という言葉自体は、一九〇七年のハーグ会議において、侵入・占領軍に対する「人民の反抗の権利」をめぐって、陸戦の法規慣例に関する前文中に挿入されたいわゆるマルテンス条項に登場している。「一層完備したる戦争法規に関する法典の制定せらるるに至る迄は、締約国は、其の採用したる条規に含まれざる場合に於いても、人民及交戦者が依然文明国の間に存立する慣習、人道の法則及公共良心の要求より生ずる国際法の原則の保護及支配の下に立つことを確認するをもつて適当と認む[32]」としたこのマルテンス条項自体は、交戦者資格を人民及び不正規兵についで認めさせようとするものであった。「文明国によって確立されその間で行き渡っている国際法の原則による保護を、人道の法則及び公共の良心の要求によって全住民に」拡大しようとしたのである。その後、一九一五年のトルコによるアルメニア人虐殺について、英仏政府はトルコ政府に「人道及び文明に対する犯罪」の責任があるとみなした。一九一九年、スルタン（メフメト四世）は、虐殺犯罪容疑者が集まっていた「統一・進歩委員会」のメンバーを中心に、一〇〇名以上を国内軍事裁判にかけたものの、強制移送組織化・殺人・略奪・強盗・「人道及び文明に対する犯罪」の廉でヨズガロの警察司令官・副司令官に一五年重労働・死刑の判決を下しただけで、結局残りの容疑者の追及はうやむやになった[33]。

ナチ体制の「人道に対する罪」が、当初は何ら明示的な戦時国際法上の禁止に該当しないとみなされていた重大な虐待・虐殺を、やがて含意するようになったのは、犠牲者の国籍と密接に連動している問題だったからである。戦時中に亡命先で、ドイツの反ナチ・反ファシズム運動にかかわっていた人びとは、枢軸国の領土内で行われた迫害が、伝統的な戦争犯罪概念では戦犯裁判の追及対象から排除されてしまうのではないかとおそれた。特に、ドイツ・オーストリア・チェコのユダヤ人、社会民主党・共産党・リベラルのグループや教会の抵抗者たちはかかる懸念を強め、彼らの代表は、被った苦しみが正義の要求にもとづいて連合国に認められ犯罪があがなわれるべきだと訴えた。一九四四年に彼らの要求をとりあげたのは、連合国戦争犯罪委員会（ＵＮＷＣＣ）の米代表ハーバート・ペルだった。彼は、「このような犯罪ゆえに《人道の法則》適用が国際法として要請されている」とし、「無国籍の人に対してあるいは人種ないし宗教ゆえにある集団に対しておかされた犯罪は《人道に対する罪》をあらわしている」と述べた。ほどなくして、こうした犯罪は「それがどこで行われたかを問わず、無国籍者を含め民族性、宗教・政治信条を理由にしてある特定集団全員に対しておかされた犯罪」として委員会自体が定義するにいたり、この「人道に対する罪」がクローズアップされるにいたった[34]が、ペルが結局米代表としての地位を失い、また委員会自体の主張も三大国ないしビッグ・スリーからどのような扱いを受けたかも、すでに見たとおりである。

米裁判訴追チームは、本節冒頭に述べたロンドン会議を主宰する際の準備として、来るべき国際軍事裁判において告発されるべき犯罪について調査を中心に検討を進めていたが、侵略戦争にかかわる犯罪や法規・慣習違反（のちの「平和に対する罪」「通例の戦争犯罪」）のみならず「虐殺及び迫害」を含めたナチ犯罪の全範囲を包括するような犯罪概念を考案しようとしており、そこで含意された野蛮な犯罪は、ナチズムと切っても切り離せないものであり、かつ当時のドイツ法でも処罰可能なものとされた。

米チームの中では「人種的・宗教的理由にもとづく迫害」という言葉が繰り返し用いられていた。ジャクソンは「ドイツにおいて、ドイツ国家権力によって、ドイツ法のもと、あるいはそれにも違反する形で、おかされた」犯罪についても追及するよう、特に亡命者諸グループから訴えられたと述べている。ジャクソン報告書にもすでに、英のマックスウェル＝ファイフがのちの「人道に対する罪」という言葉でカバーされる理由にもとづく迫害について、一定の言及を行ってくれるよういくつかのユダヤ人団体から迫られたとジャクソンに報告したことが出ている[35]。ロンドン会議においては、結局ソ連もフランスも、自国の国民が被った厖大な塗炭の苦しみの経験に鑑み、他の戦争犯罪カテゴリーでは規定できない犯罪行為としての「人道に対する罪」を裁判所憲章に含めることに異議を唱えなかった。

ラウターパハトの役割

ジャクソンが「人道に対する罪」の概念を考案するに際して、ケンブリッジ大学の高名な国際法教授ヘルシュ・ラウターパハトからのサジェスチョンが大きかったという。(36) ヘルシュ・ラウターパハト博士は一八九七年ガリツィア(当時オーストリア＝ハンガリー二重帝国領)のツォルキエフ村のユダヤ人中流家庭に生まれ、レンベルク(リヴォフ)大学で法学を学んだ。ガリツィアにおける反ユダヤ主義の波の高まりのなか一九一九年ウィーンに移り、ウィーン大学では高名なハンス・ケルゼン教授のもとで学んだ。また世界ユダヤ人学生連合の委員長に選出されているのも大いに注目されよう。この組織を領導していたのは青年シオニストたちであった。その後イギリスに移り、ロンドン・スクール・オヴ・エコノミクスにおいて「国際連盟規約条項における国際委任統治」という論文で学位をとり、以後は同校で教育・研究に携わった(三七年にはケンブリッジ大学)。二九年からは国際司法裁判所英判事アーノルド・マクネア博士と国際法年報にあたる『国際法集』を編集し、三三年には『国際社会における法の機能』という著作で世界に名を轟かせた。ここには、法原則の適用が国内法と国際法で区別されるべき十分な理由は存在しない、特に犯罪の責任については、国内的責任と国際的責任の間に違いがあってはならない、という彼の特徴的な考え方が表れており、犯罪行為の責任が国家の主権性を楯に免罪化されてはならないという刑事責任の追及をめぐる国際裁判の論理に十分つながる要素をもっていた。同時に彼の考え方の基底には、何より人権が国際的に保障されてはじめてその意味が十全になる、という確固たる信条があった。

一九四〇年以降、上からの命令(究極には国家の命令)が不法であれば、下部の人たちの責任をただちに免除するものではないという、これもまたニュルンベルク原則に連なっていく彼の考え方が強調され、英改正陸軍刑法も彼のこうした考え方を色濃く反映するものになった。IMT開廷前、連合軍による軍事裁判は各地で始まっていたが、特に四三年以降の北部イタリアでの独軍による捕虜や人質の殺害、一般村民の集団虐殺を実行した下部の人たちについて、不法な命令であると知りつつそれを遂行した人間の責任は免れないという、ラウターパハトによる上官命令免責阻却論が適用された事例は多かった。

ラウターパハトの両親はリトアニアに在住していたため、戦争中ナチ・ホロコーストに遭って殺害されている。ラウターパハトは一九四四年から英政府の戦争犯罪委員会のメンバーとなり、しかも英外務省を中心に政府内に根強かった裁判反対論とは裏腹に、国際裁判法廷設置の必要性をアピールし、それに加え「人道に対する罪」概念や「平和に対する罪」概念の重要性を一貫して訴えた。息子のエリウ・ラウターパハト教授によれば、一九四五年七月トリニティ・カレッジでの晩餐会で、ヘルシュはジャクソンに対し、これまでの虐殺・強制移送・迫害概念に代えてこれらを一括した犯罪概念「人道に対する罪」を用いるよう勧めたのだという(37)。米国内で折に触れて人権問題裁判に感応鋭くかかわってきたジャクソンと、国際法の次元で人権思想の重要性を繰り返し訴えてきたラウターパハトと、両者の考え方には共鳴・共振するものが少なくなかったと思われる。ラウターパハトは、さらにジャクソンに対し世界シオニスト会議指導者のヴァイツマンを紹介したという(38)。

J・ロビンソンとの接触

これは、ニュルンベルク国際軍事裁判（ＩＭＴ）を再考する上で、一つの重要な手がかりと思われるが、かかる人的コンタクト、出会いを伝えている人物として、ジェイコブ・ロビンソン博士の証言が注目される。彼自身法学者でありながら、一種の使命感をもった「仕掛け人」ともいえる役割を自覚していた人であるが、以下みていくように、シオニストとして少なからぬ組織的背景と要請を背負っていたと類推させるに十分な言動がみられ、あらためて注目に値すると思われる。

ロビンソンは、一八八九年リトアニアのセイリイェイに生まれ、ワルシャワ大学で法学を学んだあと、リトアニアのヴィルバリスでヘブライ・ギムナジウムを創設、やがてシオニスト政党の利害を代表して国会議員となり、リトアニア議会でフラクション代表も務め、さらに政府の法律顧問、ハーグの国際司法裁判所のリトアニア代表も務めた。一九四〇年アメリカに亡命した後は、世界ユダヤ人会議とアメリカ・ユダヤ人会議が合同で四一年に設立したユダヤ人問題研究所の所長に就任。戦争中ユダヤ人に加えられた犯罪について精力的に調査し、ナチ犯罪の追及のみならず、賠償問題にも関心を寄せていた。

ロビンソンは、ジャクソンと一九四五年六月一二日に連邦裁判所会館ではじめて接触している。ロビンソンは、ジャクソンの手になるトルーマン宛て報告書を、デュー・プロセスを踏んだ正式裁判を行うことを含め、アメリカの裁判計画の輪郭を明確に公知させたものとして評価した。「このような形で我々の要望に一定応えていただいたものと理解しております」、「アメリカの裁判方針の中心には、世界を震撼させた〔ナチによる〕侵略と蛮行の数々を煽動し犯行に及んだ大規模型共同犯罪と我々が確信しうるに十分な歴史的立証が期待できます」と、ユダヤ人がこの戦争の「最大の被害者」だった点を強調し、来るべき裁判に対するユダヤ人の中心的利害関心が奈辺にあるのかを、単刀直入に述べている。被害者の絶対数という点からはソ連がまず想起されるとしても、戦前のヨーロッパ在住のユダヤ人の総数と戦後生き残ったユダヤ人の数の比は類をみないといってよく、ナチの大犯罪人および共犯者たちに対してユダヤ人虐殺の責めを問う特別裁判が必要であるとまでロビンソンは説いた(39)。

またロビンソンは、ナチには「マスタープラン」(総合基本計画)が存在したという観点を示した。ナチ体制の指導者たちとその組織を包括する共同謀議罪が成立する点を訴え、ユダヤ人の被害は、戦争あるいはその準備段階でただ単にそれらに付随していたというようなものではなく、むしろ周到に企図・計画され、念入りに遂行された共同謀議犯罪の帰結であると主張した。さらにこの共同謀議罪は、犯罪人たちの統制下におかれたユダヤ人にとどまらず、その統制をこえて広範に存在したユダヤ人にも向けられていた点が注意されるべきで、ヒトラー体制の反ユダヤ主義という目的が陰謀の核心にあったと強調するロビンソンは、ナチの企図の動機についても言及し、対ユダヤ人攻撃がデモクラシー社会全体を破砕する「ダイナマイト」であったこと、ドイツの敗北後もヨーロッパには反ユダヤ感情が蔓延していることも指摘した。「わが民族に対し行われた犯罪を追及することは、ヨーロッパに瀰漫《びまん》するこの感情を一掃し、ヨーロッパでの生存者の生活再建をより容易ならしめるでしょう」と述べ、ユダヤ人には来るべき裁判で自らの利害を代表する人物を選ぶ資格があり、ひとつの民族全体に対する共同謀議犯罪人を処罰する道義的意味合いをより明確に前面に出すために、ユダヤ人生存者の「アミカス・キュリエ」(「法廷の友」=被告・原告・裁判官以外の第三者が事件の処理に有用な意見や資料を提出し裁判所を補助する、英米の裁判において慣行上認められた制度で、別名「法廷助言者ないし法廷参考人」)の出廷がはかられるべきであるとの意見も述べていた。

一方、ジャクソンはロビンソンに対しドキュメンテーションのサポートを依頼、特に犠牲者の数の解明と確定、ナチの供述を覆《くつがえ》し確実に有罪にしうる原資料の提出を求めた。ロビンソンの要求に対しては、世界を敵としたナチの陰謀全体を把捉する一大軍事裁判の中でユダヤ人もその居場所を確保できるはずだと答えながらも、それを越えたユダヤ人側の〔特別裁判〕要求については、他の集団も同じ配慮を求めることで事態は複雑化することが懸念されると述べ、ユダヤ人代表権の問題では直ちには合意をみなかった。(40)

このあとジャクソンとロビンソンの間では、裁判開廷まで駆け引きが続くことになるが、最初の会談から一週間も経たぬうちに、第一次世界大戦中のトルコによるアルメニア人虐殺関係史料、ナチ体制下反ユダヤ主義各種法令の調査、統計資料分析、法理問題ブリーフ等が、ロビンソン側からジャクソン側へ早速届けられている。(41)中でも、ロビンソンが直接ジャクソンに宛てた書簡で注目されるのは、主要戦争犯罪人リストにさらに重要な人物としてアードルフ・アイヒマン親衛隊中佐を加えるよう進言していることである(一九四五年七月二七日付)。他の誰よりもユダヤ人絶滅政策の展開に直接責任を負う人物であるとロビンソンはジャクソンに注意を促している。(42)

ユダヤ人虐殺問題と国際裁判

ロビンソンは、のちの回顧録のなかで、七月ロンドンにすでに出かけていたジャクソンと会ったラウターパハト教授が、のちのニュルンベルク国際軍事裁判所憲章第六条に含まれることになる「平和に対する罪」「〔狭義の〕戦争犯罪」「人道に対する罪」という三つの戦争犯罪概念を示唆したと指摘している。(43)さらにロビンソンは、ジャクソンはラウターパハトに紹介された世界シオニスト会議指導者ヴァイツマンにきわめて強い印象を受け、ユダヤ人関連裁判が実現すれば主導的証人にとまで考えていた、と述べている。

八月下旬にはヴァイツマンからロビンソンに電話があり、裁判に自ら臨むにあたって、重要課題への密接な協力を依頼された。できるだけ早くアメリカからロンドンへ来るように促されたロビンソンは、数日後にはロンドンに渡りヴァイツマンとの意見交換を始めていた。しかし、「ユダヤ人関連法廷では非ユダヤ人の証人を用いたほうがよい」とする英政府の拒否的態度にあい、ヴァイツマンを裁判関連で重用するというジャクソンの計画は結局陽の目を見なかった、とロビンソンは述べている。こうした英政府の対応の要因として、シオニスト改訂派のラディカルな動きによってパレスティナ問題が緊張の極点を迎えつつあり、英政府がシオニスト対策に手を焼いていたことを、ロビンソンは臭わせており、またロビンソンの回顧録を重視したマラスの研究も、かかる英政府の対応が、国際軍事裁判においてユダヤ人虐殺問題をそれほど前面に出させなかった主因と解している(44)。

英政府の反対は、たしかに要因としては考えられないことではないが、ロビンソンもマラスも英政府から反対があったということを指摘するだけで、その事実の史料的典拠を明示しているわけではない。かてて加えて別の一つの史料(45)を参照すれば、むしろ、いったんは裁判への参加をユダヤ人にとっての「歴史的機会」と捉えた世界ユダヤ人会議が、その後諸般の事情を考量し、世界ユダヤ人会議代表の出廷を自粛すると最終的に判断するにいたったというのが実情に近いと思われる。

世界ユダヤ人会議(シオニストが多数派を占める)は、一九四四年一一月二六―三〇日の米アトランティック・シティーでの戦時緊急大会で、戦争犯罪人に対する追及・処罰のために連合国によって構成される戦犯裁判法廷に、世界ユダヤ人会議代表が「法廷参考人」として出廷することを認められねばならないと明確に決議していた(46)。ロビンソンの研究所そのものももっぱら戦犯問題に取り組むための機関であり、ジャクソンに対するロビンソン自身のバックアップも資料提供にとどまらず、法理問題に対する助言にまで及んでいたことをいま少し確認しておこう。

ロビンソンの四五年七月一九日付ジャクソン宛書簡では、のちに「ニュルンベルク原則」という名で知られるようになる憲章の諸規定のもとになったジャクソンの基本的考え方(「ジャクソン・ドクトリン」)を強化するためには、ナチの法理論や法学文献から理論的武器を拝借することさえ辞すべきではないと述べていた。ロビンソンはここでまず最初にナチの代表的法学者としてカール・シュミットの名をあげている。『国家・民族・運動』という、ヒトラーが政権を掌握した一九三三年に公刊されたシュミットの著作が、ドイツ「国家」はドイツ「民族」に奉仕するための存在であり、そのドイツ民族は「運動」(ナチ党)の道具にすぎないとする三層価値構造を定式化しており、究極的にはナチ党が犯罪人ギャング集団をなしているとする訴追モデルにピッタリである点を指摘した。次に、実際の裁判では被告側にとって証拠は圧倒的で事実そのものは反証できないが故に、法的論点を衝くことに重点を置こうとするのは間違いなく、弁護側は伝統的な「国家行為の執行人(主体)の無答責」を持ち出してくるに違いないと述べた。またジャクソンの強調する「侵略戦争の非合法性・犯罪性」についても、「戦争の非合法性」「戦争の犯罪性」それぞれの内包・外延をさらに精査し検討しなければ、近年連合国側にもみられる「脱・戦争違法化」の流れ(ケロッグ＝ブリアン条約[不戦条約]に署名しながら、その後保留の態度さえ見せたアメリカをはじめとする関係国の動き)を鋭く衝くシュミットの議論に足を取られかねず、有効に論駁する手だてを考えるのが至上命題だと説いた。ロビンソンは、コモン・ロー(一般法・普通法)をおかす犯罪、あらゆる文明国の刑法に照らして戦争を引き起こし戦争犯罪をおかす人間の責任を追及する際には、その法理をめぐる議論が決定的に重要な役割を果たすことになることを確認していた[47]。

さらに、「特に反ユダヤ主義犯罪の観点からみた、人道に対する罪の法的問題の考察」と題する報告書[48]においては、まず規定について、①犯罪が行われた当該国の国内法に違反していると否とを問わないものであること。裁判にかかわる連合国の協定にもとづく法が最高(至上)でなければならない(以上をこの犯罪概念の条件にしたのは、ナチの犯罪行為が、ナチ法体系下のドイツで実定法上は犯罪とみなされなかった場合もありえた点を考慮してのことであった)。②この犯罪の犠牲者は「民間人」であること(戦争にかかわった兵士・戦闘員や捕虜の問題でなく、無辜の、無抵抗の市民に加えられた犯罪であることが、ここでは確認されている)。③この犯罪の犯行時は戦争前または戦争中であること、戦争前とは、少なくとも訴追された者の活動がヒトラーの政権掌握から対ポーランド戦開始までの期間を含んでいること(戦争犯罪は通常、戦争中に生じたことを訴追対象にするが、国内法違反としてさえ問える犯罪行為が大戦勃発の遥か前からナチスによって行われていた点をここでは確認)。④戦争中枢軸国が占領した地域あるいは枢軸国の領土で連合国国民に対してなされた戦争犯罪が、この法廷の管轄に属する罪となるが、これ以外のもので人道に対する罪に該当するのは、以下のものになるとされている。ドイツにおいて、あるいはドイツが戦争以前に併合した地域において戦前になされ、また戦争中に、ドイツ人、枢軸国国民、衛星国国民、無国籍者に対して、さらに連合国国民に対してなされた既存の戦争法・慣習法でカバーできないような犯罪行為。⑤人道に対する罪は二種類に分類される。(1)殺人、根絶、奴隷化、強制移送、その他の非人道的行為。(2)政治的・人種的・宗教的理由にもとづく迫害。後者は、犯罪行為が犠牲者の特性と連関している点で前者と区別されている。

次に、犯罪人とその責任については、①特定の地理的位置に限定されない犯行をおかした犯罪者が主要戦争犯罪人とされること、②犯罪人の国籍は重視されないこと、③個人としておかしたか、組織の成員としておかしたかを問わないこと、④被告の特殊機能的分類として、「指導者」「オルガナイザー」「煽動者」「共犯者」等を考える。

以上の諸分析が提起されていたのだが、人道に対する罪が事後法であるという点については、ジャクソン自身が「この法廷にとって先例がないとすれば、我々がそれを創造するつもりである」としていたように、かなり危惧していたといえよう。

アイヒマンがホロコーストにおけるキーパーソンであるとした、ロビンソンのジャクソン宛て七月二七日書簡でいまひとつ注目されるのは、アイヒマンがパレスティナ・アラブの指導者いわゆる「イェルサレムの大ムフティ」（ハーッジ・アミーン・アル・フサイニー）と緊密なコンタクトをとっていたことを強調していた点である。このムフティは、シオニストたちとの対決の中で、ドイツ軍と接触し、ホロコーストに決定的にかかわった武装親衛隊に動員されたバルカンのイスラム教徒の閲兵も行い、そのことによってナチ・ユダヤ人政策にもコミットすることになったが、終戦時にはフランス軍に拘束されている。ロビンソンは、『セントラル・ユーロピアン・オブザーヴァー』紙（一九四五年二月九日号）掲載の「ムフティとその共犯者」という記事に注意を向けるようジャクソンに訴えかけ、アラブとナチスとの関係をクローズアップさせようとしているのが目につく。[49]

この問題に言及するのは、ナチスとシオニズムとの関係が戦犯問題にどう影を落としているかも検討しなければ、公平を欠くと考えるからである。「国際軍事裁判におけるユダヤ人証人の出廷に関するいくつかの基本的考察」と題する世界ユダヤ人会議サイドの文書史料では、「国家としての代表権をもたない、一民族が代表を送るのだ」ということをまず頭に叩き込んで戦犯裁判に臨むことが最初に訴えられている。ユダヤ人といっても正統派やブンドのような非シオニスト系の組織ではなく、シオニスト組織を代表した証人でなければならないということが大前提であった点は、先に触れた一九四四年世界ユダヤ人会議アトランティック・シティ大会決議でも見たとおりである。ホロコースト犠牲者の声を代弁する代表権をめぐっても、シオニストが果たしてどれほどの正当性をもっているのか、という論点がユダヤ人の内部問題としてあるだろう。もう一つの、ナチスと反ユダヤ主義犯罪の追及という観点から、この文書の結論部分だけ先取りするならば、反対尋問を自由に許す英米裁判方式では、この反対尋問が最大のネックになりかねないということであった。ことにナチ被告の弁護人からの反対尋問次第では大変なことになりかねず、よほど慎重に扱わなければ、裁判「効果」は自分たちに「ブーメラン」のように返ってきて逆効果になる。その点でシオニスト代表にとっては、リスクが大きすぎるというものであった。

ヴァイツマンをはじめとするシオニスト側の裁判への対応には、様々な問題が孕まれていたが、ジャクソンに「人道に対する罪」概念を示唆したラウターパハト教授の裁判への協力は、さらに英首席検察官ハートリー・ショークロスの冒頭論告の原稿をものしたという面にもあらわれている(50)とおり、後景の目立たぬところに立ちながらも、無視できない影響力をもっていたといいうるのではなかろうか。

第三章　裁かれた戦争犯罪――ニュルンベルク国際軍事裁判の展開

一　起訴状準備と検察官・裁判官の選任、被告人の選定

ニュルンベルク国際軍事裁判（IMT）は、一般的には、ニュルンベルク裁判所において被告人がほぼ出揃い公判が始まった一九四五年一一月二〇日を開廷日とすることが多いが、裁判所憲章の第二二条には「裁判所の常設所在地は、ベルリンとする。裁判官および首席検察官の第一回会議は、ベルリン市内の連合国ドイツ管理理事会が指示する場所において開催する。第一回公判はニュルンベルクにおいて開廷し、以後の公判は裁判所の決定する場所で開かれる」とあり、実際に四カ国（英米仏ソ）検察陣によって起訴状がベルリンの管理理事会に提出された四五年一〇月一八日をもって裁判の開始日とするのが正式の見方といってよい。

裁判所憲章成立前から、アメリカの検察チームを中心に、被告としてどういう人物を選ぶか、わけてもナチ体制の大物についていかなる経歴をもち、どの国家機関、ナチ党の何の組織に属していたかという事柄を中心とする本格的な検討がすでに始まっていた。憲章成立翌日の四五年八月九日には、アメリカの検

察代表者たちが他の三カ国（英仏ソ）に対し、大量の関連ドキュメント準備を示して三国を納得させ[1]、連合国の検察代表たちの間では、被告人リスト、訴因、訴追戦略等について数週間協議が進行する。そして四五年一〇月六日に、正式の起訴状に関する四カ国署名が行われたのであるが、いま少し、起訴状の作成過程とその間の協議を詳しく辿っておく必要がある。従来この起訴状成立過程の研究は稀少だからでもある。

起訴状の成立――作成過程と四カ国協議

米検察組織の一員でのちにニュルンベルク継続裁判で訴追の中心的指揮をとったテルフォード・テイラーは、それぞれに異なる法の伝統と政治的立場を有した四国連合国が共同訴追のための文書記録について一致した態度をとることができたのは、ナチ体制指導者に公正な罪滅ぼしをさせるための、整然たる裁きと国際的連帯を求める共同の精神の広がりの証左とみなしている[2]。訴状成立過程について詳しくみてみると、六月下旬―八月上旬のロンドン会議同様、凄まじい綱引き、権力闘争が展開されたことも事実である。以下に、訴状成立の曲折と結節点を中心に重要な局面を明らかにしておきたい。

四カ国によるロンドン協定および国際軍事裁判所憲章が成立した一九四五年八月八日にワシントンを出立した米検察陣は、翌九日夕にはロンドンのマーブル・アーチ近くのホテルに到着、マウントストリートのオフィスに事務所をおいたジャクソンの下で一〇日から起訴状作成準備活動を開始した（ロンドン・グループ）。起訴状における訴因については、四つの国際委員会が構成され、侵略戦争をめぐる第一委員会はイギリスが、東欧における戦争犯罪および人道に対する罪を扱う第二委員会はソ連が、西欧における戦争犯罪および人道に対する罪を扱う第三委員会はフランスが、ナチ体制の共同謀議者たちによる共同の計画をめぐる第四委員会はアメリカが責任担当するという具合に四カ国分業体制がとられた。しかし実質的には全体がアメリカ、それもジャクソンによって主導され、起訴状作成準備委員（各委員会のとりまとめ役）として第一委員会にはフランク・シー、第二委員会にはテルフォード・テイラー、第三委員会にはシドニー・オルダーマンという三人のアメリカ人が任命され、第四委員会にはロバート・ジャクソン自身が当たることになった。(3) 共同謀議が最も難しく最も重要であるとジャクソン自身がみなしていたのであろうが、実際裁判の行方をも左右しかねない要素をはらんでいた。

最初はソ連もフランスも侵略戦争、また共同謀議を訴因にすることに強く反対したが、やがて抵抗しながらも同意するにいたった。(4) それ以上にソ連側、フランス側で問題だったのは、検察人員の少なかったことである。前者は、担当のトライニンがいなくなりニキチェンコに随っていたわずかなスタッフも経験の足りない者ばかりとなり、後者の場合も数週間はグロひとりであった。したがって四つの委員会にきちんと出席することは物理的に不可能だったが、そもそもソ仏は第二委員会、第三委員会が取り上げようとしていた訴因にしか関心がなかった。両委員会の扱う犯罪は同種のはずのものであり、また東部と西部の共通の犯罪定義を必要とみなしたテイラーの提案で、この二つの委員会は合同委員会をたびたび開いた。(5)

第一委員会において、共同謀議の問題は、戦争突入前のナチズムについてはもちろん、ヒトラーの政権掌握、その後の権力濫用、対外政策およびそれと切り離せなかった軍事政策、オーストリアの併合、チェコスロヴァキア、ポーランド、ノルウェー、オランダ、フランス、ユーゴスラヴィア、ギリシア、ソ連等に対する征服・占領の問題群として、起訴状の冒頭に来るはずだった。しかし、実際には犠牲国への攻撃と占領を非難する第二訴因（訴因について詳しくは後述）について書くという課題だけしか残されなくなり、本質的にはこれらの国々への攻撃の日付・基本的事実を詳述し、ドイツが(一方の)締約国になった諸条約ならびに以上の行動によってこれら条約が次々に侵犯されていく一覧表を描く以上を出ないことになる。結局、明らかになったように第二訴因は起訴状では一頁でおわり、付録としておかされた条約違反のリストが載せられるという形になった。さすれば会合も頻繁には行われず、八月にフランク・シー、シドニー・カプランが英代表マックスウェル＝ファイフ、サー・トーマス・バーンズ、R・S・クライドと数回協議し、九月には任務はほぼ終了となった。

ジャクソンはシーに対してはすでに各委員会が構成される前の七月一二日に、経済界の訴追を準備するように依頼し、同月二三日にはシーが覚書を提出、被告としてヤルマル・シャハト、フリッツ・ザウケル、アルベルト・シュペーア、ヴァルター・フンク等、経済的戦争準備に大臣としての立場からかかわった面々、さらにアルフリート・クルップをはじめドイツの大企業家や銀行家の名を数名挙げていた(6)。ジャクソンおよびシーにとって、この訴追は侵略戦争の計画・開始というそれこそ共同謀議訴追全般にかかわる重要な要素となる位置を占めていた。

シーのみるところでは、大企業家や銀行家の責任は、ドイツの再軍備を可能にするための資金その他の経済的手段をヒトラーに提供したという点にあり、しかもヒトラーがこれら提供された経済的手段を用いて、軍事的征服によるドイツ国家の膨張という彼の計画を遂行するつもりであることを完全に知っていた上での協力であったという点にあった。

しかし、結論としてはそういう筋書きでいくとしても、これら経済にかかわる被告たちをナチ指導者の一味として正当に裁きうるかどうかは、彼らがヒトラーの諸計画について十分知っており、かつその犯罪的意図についても関与していたという証拠を見つけられるか否かにかかっていた。被告たちが、戦争のための手段を自在に活用できたという点については比較的容易に証拠が調達できるとしても、彼らの認識および故意を証明することが困難である点はしだいに露呈せざるをえなかったといえよう。大企業家や銀行家は、侵略戦争のための対外政策や諸々の軍事計画には直接関与していなかったし、再軍備がヴェルサイユ条約違反を意味するものであったとしても、それ自体は不法ではなかった。

すでに述べたように、シャハト、ザウケル、シュペーア、フンクは全て第三帝国当時大臣ないし全権（大臣相当）となり、ヒトラーの諸計画にかかわっていたということは諸公文書で示すことができたが、クルップはじめ大物企業家を訴追した場合、彼らの共犯、同罪性を立証できるという展望は不確かであった。シーは証拠発見に鋭意努めなければならない点を強調しながらも七月二三日の覚書の中で、これまで米スタッフが手にしている証拠が、個々の企業についてのモノグラフだけで、ちりぢりであるのが現状であるとはっきり認めていた。ジャクソンのスタッフの中でも、経済界の訴追には消極的であるロバート・ストリー大佐やハーラン・エイメン大佐（いわゆるパリ・グループ）のような人間が少なくなく、シーは専属の捜査スタッフにたよりながら証拠集めに奔走し、フランクフルトで、ヨーロッパ最大の化学産業コンツェルンであるイーゲー・ファルベン（染料）やルールの大物企業家に関する資料を押収することに、ある程度成功した。

ストリーやエイメンと同じ見解に立つオルダーマンはジャクソンにパリ・グループの見方を伝え、シーの独占資本追及という方向が結局裁判を無効たらしめかねないと警告した。ジャクソンは第三委員会の停滞についてオルダーマンが責任をとる必要はないと答えていたが、ジャクソン自身第四委員会をいっこうに開こうとせず、自らも起訴状の草稿を整えていなかった。シーのほうは、裁判の組織化が体を成していない状況に深く失望していたが、九月に入っても事態は好転したとは感じられなかったようである。英首席検察官ハートリー・ショークロス卿も外相のベヴィンに懸念を表明していた（九月一〇日）[7]。

「主要戦争犯罪人裁判の準備があまりにも緩慢であるのを憂慮しています。もちろんわが国が引き続いて準備に余念がないのには満足しております……特に我々の努力で残虐行為闡明《せんめい》に従事している二委員会〔第二、第三〕はある程度進捗しています。しかし訴追完備の鍵を握っているアメリカがどこまで準備しているといえるのでしょうか。しかも資料調達そのものが危うい状態です。アメリカがまずやらねばならないのは侵略戦争開始を独捕虜たちがしめし合わせていた事実を確証することです。これが訴追の本質的部分なのですから。我々の困難は、実際の権限をひとり握っているジャクソンがこの一〇日間部下とともにニュルンベルクに行ったきりでロンドンにおらず、肝腎の会議をもてない点にあります。裁判は一一月には始めなければならず、それも可及的短期に終了する必要があるという指示を外務関係閣僚評議会などが出してくれればそれに越したことはなく、上部レベルでの問題調整をはかっていただけるかどうか伺えれば幸甚です」。

ジャクソンからかなり信頼されていたと思われるテルフォード・テイラーも、裁判所憲章署名以降、ジャクソンへの連絡がなかなか出来なかったというのが実情であった。ジャクソンは、八月半ば数日間ニュルンベルクにいたかと思えばそのあとパリに向かい仏法相と会談を行い、一週間後にはイタリアに飛び、カプリ島訪問後ローマで教皇に謁見、ロンドンに立ち寄り八月三一日再びパリへ飛ぶとその足でワシントンへ向かうといった具合で、ようやくロンドンに戻ってきたのは九月一二日であったが、翌日にはニュルンベルクに飛び一〇月六日まで滞在、国際軍事裁判所のはじめての会合のため今度はベルリンに赴いている[8]。

ジャクソンが委員会の活動に方向性ないし指針を与えるのをかくもなおざりにしていたことは自らのスタッフには失望感をもたらしていたし、英国代表には理解できないことであった。結局、共同謀議の訴因をめぐる本格的検討はなされないままで、ジャクソンがニュルンベルクに落ち着くことになる九月半ばを待たなければならなかったのであった。

被告人リストの作成

第一委員会の米スタッフが共同謀議・侵略戦争計画の訴因問題で困惑を払拭できなかった間も、第二・第三委員会は合同協議を行い(八月半ば以降一〇月はじめまでに八回開催)、再びテイラーの指摘によれば、当初裁判そのものに乗り気でなかった英側が戦争犯罪にかかわるきわめて示唆的なドキュメントを見つけ、また証人も五〇名以上確保していたという。

すでにポツダム会談(一九四五年七月一七日―八月二日)で、「ビッグスリー」は九月一日までに裁判にかける被告人のリストを提示するよう要請していた[9]。裁判方式確定以前、英政府は、一九四四年春の段階で即決による処刑対象者のリストを準備していたが、裁判方式に従う方針に転じたあとも可能な限り裁判を短くするため被告人を限定し、四五年六月二一日に一〇名のリストを公表していた[10]。名前が挙げられたゲーリング、リッベントロップ、ライ、カイテル、シュトライヒャー、カルテンブルンナー、ローゼンベルク、ハンス・フランク、フリックのうち、ライが裁判開廷直前に独房内で自殺したのを除けば、のちに揃って死刑判決を受けた人物であるのが意味深長であるが、マックスウェル＝ファイフの説明によれば、いずれも国際社会によく知られていた人間であるというのが挙示の第一の理由であった。証拠を揃えるのに大変な労苦を要するような被告人は避けねばならなかったのである。しかし憲章第九条が要求していた犯罪組織の成員という意味での代表的な人物という点を英国政府がどこまで考慮していたか、その配慮の跡は窺われなかった。

米側はオルダーマン、バーネイズ、ドノヴァンたちがリストをもう少し拡大しようとし、六月二三日にはヒトラーの名前も含め（この段階では生死が完全には確定されていなかった）、シャハト、ザイス＝インクヴァルト、デーニッツ、フンク、シュペーアと六名を追加した[11]。英側は基本的に了承したが、若者に対して重大な影響を与えた無視しがたい被告としてシーラハの名をさらに挙げた。逆にデーニッツに対しては疑問を表明した。デーニッツの戦時日誌を押収していた英海軍省は、有罪としうる要素がなく、独海軍全体としても陸軍空軍と比較してむしろ騎士道精神を守っていたと判断できるとした。非公式会議でソ仏はもちろん米も経済界の代表的人物にまで被告を拡げようと提案したが、英外務省は、自国検察代表に対しても裁判がいたずらに複雑になり、出さないでもいいような無罪判決を出さざるをえなくなるのではという懸念と警告を明らかにしていた[12]。

八月八日のロンドン協定調印直後、ソ連代表のニキチェンコが被告選定問題を取り上げた。英財務省法律顧問トーマス・バーンズ卿が二〇名以下の被告人リストがすでに出ているではないかと述べたところ、ジャクソンは反論、できるだけ裁判を短くするとしても、親衛隊やゲスターポなどの犯罪組織を断罪する必要があり、被告を五〇人以下に絞るにしてもその内二〇名以上に有罪判決を下す必要があると述べた[13]。

仏代表のグロも最初の裁判では一〇名以上に有罪判決を下す必要があると述べ、八月一三日の会議ではニキチェンコがシャハト、クルップ、デーニッツの名を挙げ、この三名は共同の計画ないし共同謀議に参画しているので、被告人リストに加えるべきだと提言した。八月一五日、英側は、外務省の図書館長Ｅ・Ｊ・パッサントがデーニッツについて以下のような詳細な意見を述べた[14]。

まず侵略戦争の犯罪的計画に参画していたか否かについて。ヒトラー政権成立後開戦までは、三五年に潜水艦戦隊指揮官になり、三九年に海軍少将になっているものの海軍幹部将校とはいえず、ヨーロッパを侵略戦争で圧服しようとするナチの意図をデーニッツがたとえ了解していたとしても、これら計画について事前に承知していたことを証拠づけることはもちろん、その定式化に貢献したことを立証することも不可能である。知られる限り、彼が政治的役割を果たしたことは全くなかったのだから、と。

次に狭義の戦争犯罪に関して。英海軍省への照会を通じて以下のことがいえよう。日記や他のドキュメントから、潜水艦戦の方法について次第に容赦ない手段を用いるようになっていったことを示す証拠はいくつか存在する。しかし独海軍が採った容赦ない措置は英海軍も米海軍も採っていたことを想起すべきであり、したがって弁護側が検察側の面目を失わせるおそれはある。おそらく次の点も触れずにすませるわけにはいかない。英海軍省の人間の見方によれば、独海軍が容赦ない態度をとったといっても、一、二の例外を除けば、大体において真っ当な対応をしたというべきではないか、と。

被告人リストを出すための最終的な四国代表会議が八月二三日開かれた[15]。デーニッツ、シャハトとともに、クルップもリストに付け加えられ、さらに新たに、フリッツ・ザウケル、アルフレート・ヨードル、フランツ・フォン・パーペン、コンスタンティン・フォン・ノイラート、エーリヒ・レーダーの五名が追加され、計二三名をもって八月二八日に発表される予定となった。少なくともジャクソンは被告選定問題は片付いたとみなし、オルダーマンを自らの代理に立ててイタリアに向けて旅立ったのであった。

だが、すぐに二つの問題が再浮上することになる。一つは、被告としてレーダーを確保できるか否か、また第二の問題は、代表者会議ではクルップについてグスタフというファーストネームを用いていたのに対し、ジャクソンがアルフリートを当てており、どちらを被告人にするのかについての食い違いが歴然となったのであった。発表予定の二八日当日にソ連のトロヤノフスキーからオルダーマンに、急遽代表者会議を開いてほしいとの要請があり、オルダーマンもワシントンに戦犯容疑者リスト公表を一日延期するとの連絡をとった。会議席上、ニキチェンコは、レーダーの身柄はソ連が拘束していることを認め、さらに六名を確保しているものの、被告席に並べられるほどの悪名高い人物を手元にもたないのが悩みとも告白した。実際、この六名のうち四名はほとんど知られていない、主要戦争犯罪人の範疇に入らない人物と確認された。残り二名は陸軍のシェルナー元帥と宣伝省のラジオ担当のフリッチェだったが、大戦中最後の陸軍総司令官であったシェルナーについては、独陸軍の他の指導者と比較しても際立った犯罪の重大性が認められないとして却けられ、後者フリッチェのみリストに追加された。そして八月二九日、二四名の被告人リストが公表され、最初の国際軍司裁判の被告がいわば出揃ったのである[16]。

被告選定の妥当性

この間の被告選定の過程をふりかえってみれば、かなり急いだ選定であり、十全を期したとはいいがたく、選ぶための一致した基準も結局立てられないままであった。ソ連、フランスがなした貢献は、軍・経済界の指導者を被告に加えるというアメリカ案を支持したことに尽きるといっても過言ではない。国際社会ですでに最も悪名の高かった一ダースほどのナチ指導者に対するスピーディで簡単な裁判を主張していたイギリス案に代わる選択肢としての役割である。

ジャクソンの場合も、デーニッツを加えることに固執したのは、デーニッツがヒトラーによってドイツの国家元首の後継者に指名された事実を何より重視したまでであって、海軍指導者としてのデーニッツを裁ける十分な目算があったとはいいがたい。ソ連が最後の最後に追加提案し他の連合国代表がソ連の面子を立てるためだけに認めたフリッチェにしても、宣伝相でナチ体制プロパガンダの総責任者であったゲッベルスの身代わりとして追及しうるキーパースンとはとても言いがたく、無罪判決が結果的には下されることになった。

起訴状の脈絡について考えてみても、軍の指導者としてカイテルを被告人に入れた段階で、ヨードルを被告に加える意味は極言すればなくなったともいいうる。カイテルは、国防軍統合司令部を統括しながらヒトラーを支えていたが、ヨードルはただ技術的専門的アドヴァイザーとしてヒトラーのそばにいたにすぎなかったからである。ハイドリヒがプラハで殺害されたあと国家保安本部長官のポストに就いたカルテンブルンナーにしても、結局親衛隊（ＳＳ）の一部を指揮したにすぎず、ヒムラーのようなＳＳ全体の責任者というには、あまりにも代表性を欠いていたといわざるをえない。

ジャクソンは起訴状の作成にスタッフを大きくかかわらせてはいたが、被告の選定については多くのアドヴァイスを無視した。ジャクソン自身ドイツ第三帝国の構造とヒエラルヒーについて熟知しているとはとてもいえなかったが、スタッフたちもそれらに精通していたわけではなかった。しかし例えばテルフォード・テイラーの場合、戦時中は軍の情報組織に勤務しており、信頼できる情報をどこで得られるかに通じていた点でもジャクソンとは異なっていた。それに後にナチズム研究の古典的名著である『ビヒモス』をものしたフランツ・ノイマンのようなフランクフルト学派の亡命独社会科学者にも接していた。にもかかわらず八月の一連の代表者会議にアドヴァイザーとして招かれることはまずなかった。テイラーの回顧録によれば、自分の忠言が多少とも容れられたという意味でのフィードバックがなされたのは、八月三一日の会議で、彼が書いた被告選定に関する覚書をジャクソンが引照したときであったという[17]。

結局二九日発表の二四名のリストが国際軍事裁判前に提示された最終的なリストであり続けたのであるが、このリストの欠陥があとあとまで連合国に祟ったということは全体としてはなかった。

ワシントン・ロンドンでの調整

八月末ロンドンに短期戻ってきたジャクソンは、ローマ教皇が戦争犯罪の追及に示した関心は望外のよろこびであり、カトリック聖職者に対する迫害に関するヴァティカンの専門家の覚書をもらってきたとスタッフに伝え、三一日の専門家会議に出たあと、午後には二週間の米帰還のため旅立った。その直前に裁判官の選任についても言及し、かかわらない方がよいのではというテイラーの忠言に、大統領からの選任委任を避けられる手立てがわからぬと答えたという。また、大統領を通じて各国の優秀な法律専門家をニュルンベルクに派遣するよう要請するつもりであり、さらに同時通訳装置の製作をＩＢＭに依頼した[18]。こうした二つの要請は、裁判をできるだけ早く終わらせたいという意図に発していたようである。

トルーマン大統領は、先任者ローズヴェルトの死により六カ月しか司法長官を務め得なかったフランシス・ビドルを米首席裁判官としてニュルンベルクに派遣することをすでに決めていた[19]。かわりに、ジャクソンの希望を容れ、出身州サウスカロライナの裁判官を送りたがっていたバーンズ国務長官の意向をおさえて、ノースカロライナ出身のジョン・Ｊ・パーカーを裁判官代理にした。

ビドルはジャクソンより六歳年長だが、ジャクソンはビドルより先に最高裁判所に入っており、またビドルの前の司法長官であり、テイラーによれば、ビドルはジャクソンの眼からすれば信望を集めた人間ではなく、要するに彼の眼鏡に適わない人物だったという。日系米人の身柄を拘束して収容所に送る一九四一年一二月の執行命令九〇六六号の成立にビドルが積極的に関与しＦＢＩを指揮した点を想起すれば、ジャクソンとはこの点でも考え方の相違があったと考えられる[20]。バーンズは戦争中ビドルと親交のあった「戦友」であり、トルーマンに一も二もなくビドルを推した。大統領によってビドルにのみ妻を同伴する特権が認められると、これがまたジャクソンと摩擦をひきおこす種となった。そしてロンドン・グループよりも早く、ストリーやエイメン他パリ・グループが九月初めにはニュルンベルク入りしていた[21]。

ジャクソンと英検察陣の間では、訴状をニュルンベルクとロンドンのどちらで完成させるかについて、九月中綱引きが行われた。九月一二日夜にワシントンからロンドンに戻ったジャクソンは、翌九月一三日の検察代表者会議で、証拠集めにこれから直ちにニュルンベルクに出かけると述べ、共同謀議を問うにはその出所と進行過程を明らかにする必要があり、可罰性の証拠は七月から集まり始めたものの現時点では完了しておらず、大部分はニュルンベルクにあるからとの事態説明を行った。八月八日に裁判所憲章を調印した後約五週間も訴状問題を放置しておきながらのかかる弁解じみた説明は、三カ国代表もまた米スタッフをも納得させるものではなかったが、会議に臨んだ英検察副代表マックスウェル＝ファイフも最終形態の訴状はニュルンベルクで出す必要があると認めている。ジャクソンのねらいは、第四委員会に訴追のあらゆる権限をもたせていくところにあったといえるが、侵略戦争開始・遂行についてナチ党指導部はじめ他の組織の犯罪性も問う意向でありながら、その一方で陸軍参謀本部を無答責とすることは考えられないと九月二二日にあらためて述べていた(22)。

このジャクソンの見方にひっかかるものを感じた英側検察は、パッサントに意見を求め、個々の軍団の司令レベルを吟味するならいざ知らず参謀将校全員に責任を問う、あるいは参謀本部そのものを親衛隊あるいはゲスターポと同列の犯罪組織として扱うのは、現在の独軍の実態に対する無知を露わにするばかりで適切でないという彼の回答を得た(23)。米側では企業家の責任追及には積極的だったシーも難色を示し、九月二八日のニュルンベルクでの訴状すりあわせでは参謀本部は結局含まれなかった。しかし、ジャクソンは納得せず、一〇月三日の検察代表者会議では、ジャクソンにかわってオルダーマンが独国防軍統合司令部とともに参謀本部を訴えることを提案し、仏ソに支持されて、一〇月四日の起訴状には犯罪組織として結局リストアップされることになった(24)。

いまひとつ大問題になったのは、カティンにおけるポーランド軍将校大量虐殺事件であった。ソ連代表が訴状に挿入していた「一九四一年九月捕虜になった多数のポーランド人将校がスモレンスク郊外カティンの森で虐殺された」という一節である。一九四三年春この地域を再占領したドイツ軍は、大量の虐殺遺体が地中に埋められているのを発見し、ナチ・ドイツ政府は一九四一年の独軍によるスモレンスク占領前にソ連当局によってこの虐殺が行われたと断ずる調査白書を発表したが、ソ連政府はドイツ軍による犯行とした曰く付きの事件である。ジャクソンも英マックスウェル＝ファイフも起訴状への上記一節の追加に反対し、事実のいかんにかかわりなく法廷でドイツの被告たちに反証の機会を与え、公判で裁く立場の連合国自身に残虐行為への関与ありという宣伝を可能にさせるおそれがあるとしたが、ルデンコはこの一節を削除すること自体、逆にソ連側が犯行を認めることだとして面子にこだわったため、この事件の全挙証責任はソ連側がもつべきとして結局削除されないことになった[25]。案の上これは懸念したとおり法廷で争われることになる。

一〇月六日、正式に訴状の署名が四カ国代表によってなされた[26]が、席上ルデンコはこの刷り上がり訴状には誤りがなお含まれており、裁判所に提出されるまえに修正の要はあると述べた。午後ジャクソンは米スタッフを集め、ロンドンのオルダーマンが何人か独企業家を被告人リストに入れようとしながらも叶わなかったと報告、ここで第三訴因の狭義の戦争犯罪の犯行地について言及し、バルト諸国も対象にしているが、アメリカがソ連によるこれら諸国の一九三九年の占領行為自体を認めているわけではないと英ソ仏代表に釘をさしたと伝えた。

起訴状の内容

ニュルンベルク国際軍事裁判（ＩＭＴ）の起訴状[27]そのものについても従来の研究文献でほとんど取り上げられていないという状況を踏まえ、すこし細かくなるかもしれないが、まずは訴状の内容をみてみよう。訴状においていちばんに問題になる訴因は、以下の四点に構成されることになった。

第一訴因　共同謀議

第一訴因は共同謀議であり、平和に対する罪・戦争犯罪（戦争法違反）・人道に対する罪をもたらすことになった、共同の計画の策定ないし実行あるいはそれを目指した共同謀議への指導者・組織・煽動者・共犯者の参画にかかわっていた。起訴状によれば、合法的手段であれ不法手段であれあらゆる手段を利用して脅迫・暴力・侵略戦争を追求した共謀者たちは、ヴェルサイユ条約とその軍備制限を廃絶し、一九一九年にドイツが失った領土のみならずそれ以上の領域を獲得しようと欲した、とされた。そして目標が途方もないものになっていくにつれ、侵略戦争を計画し、国際条約や諸協定をおかしていった。他の人間たちをコミットメントさせ、ドイツ国民に対する支配を最大限保証するために、以下の原則が立てられ利用された。他の人種・諸民族を隷従させ根絶しうる権利を導き出す「ドイツ的血」と「支配人種」の教義、無制約の支配権力と無条件の服従を要求する「指導者原理」、ドイツ人にとって戦争は至上の必然的な営みであるという教義である。

共謀者たちは、突撃隊（SA）大部隊によるテロと暴力活動によってドイツ政府を掘り崩し倒壊させることを目指した。一九三三年にヒトラーが首相になるとヴァイマル憲法の基本権条項を無効にし、他のあらゆる政党を禁止した。グライヒシャルトゥング（強制的同質化［諸州、他の諸組織・諸団体のナチ化］）、若者に対する軍国教育、強制収容所、虐殺、労働組合の破壊、反教会・反平和主義組織闘争によって自らの権力を打ち固め、なかんずく親衛隊（SS）、ゲスターポ（秘密国家警察）等を投入したのもそのためであった。そして、支配人種論を実現するためにユダヤ人に対する迫害・根絶を、その行動計画にした。慎重な見積もりでも、共謀者たちの支配下におかれた約九六〇万人のユダヤ人のうち、五七〇万人が消されたのである。

第二訴因　平和に対する罪

訴因の二は、平和に対する罪にかかわるものであった。ドイツ経済を戦争のための軍事経済に転換させるべく、ほとんどの被告が協力したと、起訴状はみなしていた。一九三五年三月までは秘密再軍備を行い、軍備制限に関する諸国際会議や国際連盟から脱退し、一般兵役義務化を宣言、ラインラントの非武装地帯を軍によって再占領した。一九三八年から三九年にかけてオーストリア、チェコスロヴァキアを併合し、遂にはポーランドに対する侵略戦争を開始、これによって英仏と戦争状態に入ることを承知の上での行為であった。その後デンマーク、ノルウェー、ベルギー、オランダ、ルクセンブルク、ユーゴスラヴィア、ギリシアに侵入。一九四一年にはソ連邦にも侵攻し、合衆国に対する侵略戦争を遂行するため、日本、イタリアとも同盟を組んだ。

こうした過程で、共謀者たちによって計三六の国際条約や協定が総計六四回にわたって、おかされ、傷つけられたことが、起訴状付録Ｃにあげられている。国際紛争の平和的解決のための一八九九年、一九〇七年のハーグ条約、中立国・中立国人民の権利と義務を定めたハーグ条約第五条、一九二五年の独英仏伊ベルギー五カ国間のロカルノ条約、ドイツと隣国間で結ばれた数々の仲裁・調停条約、国策手段としての戦争を非難した一九二八年のケロッグ＝ブリアン条約、ドイツの一連の保障条約、宣言、不可侵条約、ならびに一九三八年のミュンヒェン協定等々であった。

第三訴因　通例の戦争犯罪

訴因の三は通例の戦争犯罪であった。まずA章では、ドイツの占領対象となった地域住民の殺害・虐待が取り扱われており、銃殺、絞首、ガス殺、餓死、すし詰め殺、計画的過労死、組織的過小給養・非衛生化による殺害、殴打、拷問、人体実験、さらにある人種・民族に対する大量虐殺、司法手続なしの逮捕・自由剝奪、強制収容所への非人間的な拘束があげられている。

以下、個別事例としてごく一部をあげれば、フランスでの大量逮捕における肉体的責め苦として、冷水に沈める、窒息、手足の脱臼、鉄のヘルメットや電流を利用した拷問具による責め苦等の措置、一九四四年七月ニースでは拷問を受けた人びとが晒し者にされた例、強制収容所に入れられたフランス人二二万八〇〇〇人のうち生存者はわずかに二万八〇〇〇人(ママ)であったとされた事案、住民全員が銃殺されるか生きたまま教会に押し込められて焼き殺されたオラドゥール・スュル・グラン事件があげられる。

イタリア、ギリシア、ユーゴスラヴィア、さらに北部や東部のさまざまな地域では数え切れない虐殺、残虐行為が行われ、ポーランド・ソ連では犠牲者の数は数百万人にのぼった。マイダネク収容所では約一五〇万人(ママ)、アウシュヴィッツ収容所では約四〇〇万人(ママ)が犠牲になった。二〇万人が虐殺されたガーノフ収容所では、腹を切り裂く、水樽で凍らせるなどの周到な残虐行為が展開された。伴奏を聞きながらの大量射殺も行われた。ソ連のスモレンスク地域では一三万五〇〇〇人以上、レニングラードでは一七万二〇〇〇人、スターリングラードでは四万人が虐殺された。スターリングラードではドイツ軍を駆逐したあと、手足や体を切断された数千名の地域住民の遺体が発見された。それらは拷問のあとが明白で、痛々しく後ろ手に針金で縛られ数珠繋ぎにされた一三九名の女性たちの遺体もその中に混じっていた。乳房を切り取られた遺体も数体あり、男性の遺体には、鉄の焼きごてでユダヤの星が烙印状に捺されていたり、ナイフで切り裂かれて内臓が飛び出しているものもあった。クリミアでは一四万四〇〇〇人が艀《はしけ》・伝馬船《てんません》ごと沈没させられ、黒海で溺れ死んだ。キエフ近郊バビ・ヤールでは一〇万人を超す老若男女、キエフ市内だけでも一九万五〇〇〇人が、ロヴノ周辺では一〇万人以上、オデッサ周辺では二〇万人、ハリコフでは約一九万五〇〇〇人が射殺・拷問殺・ガス殺された。ドニエプルペトゥロフスクでは、一万一〇〇〇人の女性・老人・子供が射殺され、あるいは峡谷に突き落とされた。

ナチスは成人のみならず子供の殲滅も容赦なくはかり、児童養護施設や病院も襲って殺害した。生き埋め、火の中への投入、銃剣による刺殺、毒殺、人体実験が行われ、ドイツ軍のために血を用いられることもあった。強制収容所では飢餓や拷問や伝染病感染によって多くの子供が死亡し、リヴォフのヤーノフ収容所では二カ月間で八〇〇〇人の子供たちがドイツ兵によって殺害された。

B章では、奴隷労働その他の目的のための何百万もの人びとの占領地からの強制移送(その際おそるべき状況・条件下、輸送途次に死亡した者も多かった)が取り上げられている。一例をあげれば、ベルギーからは一九万人、ソ連からは四九七万八〇〇〇人、チェコスロヴァキアからは七五万人が連行された。

C章では、戦争捕虜に対する殺人・虐待が取り上げられている。これまで同様多くの事例があげられているが、非人道的な行進、殴打、飢餓、ガス殺、拷問、鎖等による緊縛、射殺等、犯罪行為には枚挙に暇がなかった。

D章では、被告人たちが侵略戦争の過程でドイツ軍占領地、中でもフランス、オランダ、ベルギーにおいて広範囲の住民から人質をとって殺害に及んだ行為が取り上げられている。ユーゴスラヴィアのクラユレヴォでは一度に五〇〇〇人の人質が射殺された。

E章では、国有・公有・私有財産の略奪に関する犯罪行為があげられている。食糧がもちさられた占領地域では生活水準の急降下、食糧難がひきおこされ、原料・機械が運びさられて企業活動、工場設備が差押え状況となり、資産は「自発的」徴発を強いられた。

さらに通貨価値が切り下げられ、高額の占領税が課され、ドイツ人を入植させるため広大な領域が没収され、工業都市の数々がまるごと破壊され、文化施設・科学機関も破壊され、博物館・美術館から至宝・芸術作品が強奪された。フランスでは一億三三七〇万フラン相当のものが略奪された。ソ連邦も同様に厖大な破壊・略奪をこうむり、一七一〇の都市、七万の村落がドイツ軍によって破壊され重大な損害を受け、二五〇〇万人が家を失った。さらにドイツ軍はレオ・トルストイの所領・博物館を破壊し、この偉大な作家の墓をけがし、クリンのチャイコフスキー博物館も壊滅状態にさせた。ソ連のこうむった損害の総額は六七九〇億ルーブリ、チェコスロヴァキアのそれは二〇〇〇億クローネンと見積もられた。

F章では、集団的な財政負担の強制の例として、フランスの各自治体に科せられた科料が総額一一億五七一七万九四八四フランにのぼったことがあげられていた。

G章では、大小市町村の無法で放埒な破壊、軍事的必要性ぬきの荒廃化があげられた。ノルウェーではローフォーテン諸島の一部やテレラグの町が破壊された。フランスではオラドゥール・スュル・グラン以外の村々も恣意的な破壊の犠牲となり、サンディーの町も焼き払われ、マルセイユの港湾地区は吹き飛ばされ、温泉療養地も瓦礫の山と化した。オランダではさまざまな港湾施設、水門、堤防、橋梁が破壊され、異常潮位による河川氾濫をひきおこし広範な地域の荒廃化がもたらされた。ギリシアやユーゴスラヴィアでは無意味な多くの村落破壊が行われた。住民全員が殺害され村全体が灰燼に帰したユーゴスラヴィアの村スケラはその典型であるが、チェコスロヴァキアのリディチェも同じ運命に遭った。

H章は、民間労働者の強制補充についてで、B章の事例と並行しているが、ドイツで強制労働に従事させられたフランス人は九三万六八一三人にのぼった。

I章の標題は「敵国に忠誠の誓いをなさしめるための対占領地域住民強制」であり、主たる事例としてアルザス＝ロレーヌの住民のケースがあげられている。

J章では、占領地域のドイツ化が扱われている。ここでもフランスのロレーヌ地方へのドイツ人八万人（ザール地方およびヴェストファーレン地方出身者）の入植があげられており、二〇〇〇のフランス人農場がドイツ人の手にわたった事例、あるいはモセル県における姓名の強制的ドイツ化の事例があげられていた。

以上の第三訴因であげられた全ての犯罪行為が、法規定、諸条約、諸協定をおかしていることも確認されている。

第四訴因　人道に対する罪

この訴因は第三訴因をさらに拡げたものとして、次の二つの見出しをもつ。ひとつは「戦前・戦中における非戦闘員の一般住民に対しておかされた虐殺・絶滅・奴隷化・強制移送・その他の非人道的行為」、いまひとつは「政治的・人種的・宗教的理由にもとづく迫害」であったが、ユダヤ人絶滅政策と並んで、オーストリア首相ドルフス、社会民主党指導者ブライトシャイト、共産党指導者テールマンの虐殺のような、個人に対する（政治的理由にもとづく）犯罪もあげられている。

＊＊＊

起訴状の第一部と第二部、すなわち共同謀議および平和に対する罪の箇所は、アメリカと英国によって書かれた。ロバート・ジャクソンにとって、全告発の核心は、平和に対する罪が本質的構成部分であると宣言しているところにあった。同様にイギリスもこの目的を支持していた。第三訴因、第四訴因は、ソ連、フランスあるいはドイツに占領された他の国々によって提出された個別犯罪に関する証拠資料に主として依拠していた。

二四名の被告人

訴状にあげられていた被告は、表2に掲げた二二名および開廷前に訴追から外されていた以下二名の、計二四名の被告人であった。(28)

ローベルト・ライ（一八九〇年生）　一九三二年から一九四五年までナチ党員、党全国指導者、ナチ党組織部長、国会議員、ドイツ労働戦線指導者、突撃隊（SA）大将、「外国人労働者福祉中央監察局専任主宰者」。訴因一・三・四。裁判開廷前に自殺。

グスタフ・クルップ＝フォン＝ボーレン＝ウント＝ハルバッハ（一八七〇年生）　一九三二年から一九四五年までフリードリヒ・クルップ株式会社会長、経済総評議会メンバー、ドイツ工業連合総裁、ドイツ工業全国連合総裁、経済省管轄石炭鉄鋼金属産品集団責任者。訴因一・二・三・四。病重篤のため訴追から除外。

起訴状付録Aでは、各被告人の名のもとに犯罪事実が具体的に述べられていた。こうした形で検察代表部は被告個々人の責任を確定していた。ただし、訴因三ないし訴因四の容疑で起訴された被告人には自動的に訴因一が加えられるという構成の仕方をとったことが、起訴の特徴的な問題点であった。

起訴状付録Bには被告人二四名と並び、親衛隊、突撃隊、陸軍参謀本部、国防軍統合司令部、ナチ党将校団、ゲスターポ・保安部の六つが犯罪「集団および組織」としてあげられ、法廷で犯罪立証の説明がなされることになっていた。

起訴状付録Cには、訴因二にかかわる、ナチの侵略戦争によっておかされることになった諸国際条約がリストアップされていた。

開廷前夜

四五年一〇月七日の英代表裁判官ジェフリー・ローレンスとノーマン・バーケットのベルリン入りを皮切りに、各国裁判官代表が続々と国際裁判所の定在地とされたベルリンへ到着し、一〇月一三日には裁判長としてローレンスが代表会議で選ばれた。ここには、あまりにも自分たちが準備過程を仕切りすぎたという一種のうしろめたさや、裁判決定まで開廷に難色を示し続けた英国が裁判の指揮をとらされれば、裁判の成功にこだわるであろうといった思惑が米側にあった点は容易に類推されよう。ソ連裁判官代表ニキチェンコ(代理ヴォルチコフ)は米のフランシス・ビドル、仏裁判官代表アンリ・ドネデュー・ド・ヴァブル(代理ファルコ)はローレンスを推していたが、米の態度によってローレンスが法廷を指揮することになった。

訴状はドイツ語に翻訳され、裁判局に新たに勤務することになった英ニーヴ少佐によって、拘束されていた容疑者に一〇月一九日から渡され、その際自ら弁護人を選定できない者にはドイツ人弁護士を斡旋することも伝えられた。

被告の一人ハンス・フランクは、ナチ党の法務責任者であり、ヴァイマル共和国期には広く弁護士活動を行っていたこともあり、他の被告からも実際相談を受けたが、フランク自身自らの弁護人を求めるかどうかに迷い、結局フリック、シーラハ、ザウケルと同様にミュンヒェンの弁護士スカンツォーニに依頼した。しかし体よく断られ、フリッツ・ザウター博士がシーラハ、リッベントロップ、フンクの弁護を引き受け、フランクはアルフレート・ザイドル博士に弁護を依頼した。ザイドルはヘスの弁護も引き受けており、彼もザウターもナチ党員であった。

訴状への反応は被告によってまちまちであり、リッベントロップ、カルテンブルンナー、カイテルはかなり神経衰弱的になっていたが、ライの場合は二三日に訴状を受け取った二日後、独房内で自殺した。ゲーリングは弁護人など関係なくむしろよい通訳をつけろと要求していたが、キール出身のオットー・シュターマー博士が彼の弁護人になった。被告のなかでもデーニッツは最初から法廷闘争を意識し、独海軍きっての切れ者クランツビューラー大佐を弁護人に決めており、実際この法務将校は連合国にとってきわめて手強い弁護人になる。ザウケルにはローベルト・ゼルヴァッツィウス博士があたり(のちのアイヒマン裁判のときも弁護をつとめる)、ニーヴの努力もあって残りの被告の弁護人も何とか決定した。

クルップの弁護人はテーオドーア・クレーフィシュ博士に決まったが、裁判開廷前日午後まで、クルップの取扱は揉めに揉めた。(29) クルップに対する裁きは実質的に断念されるかわりに、企業家の犯罪は今後の戦犯裁判で取り扱われるという英仏検察官の特別声明が発せられて、ようやく世界最初の国際軍事裁判開始に辿り着いたのであった。この声明に、ニュルンベルク国際軍事裁判（ＩＭＴ）をさらに延長拡大した継続裁判が行われる可能性がはじめて出てきた、その端緒を見ることができよう。

すでに米検察陣内部にも亀裂がはっきりあらわれており、企業裁判を推進しようと努めたシーの米帰還も既定事実になっていて、Ｔ・テイラーもパリ・グループやストリー大佐の法廷組織方針を容れたジャクソンには異見を隠さず、懸念を抱きながら事態を見守っていた。以上、裁判開廷前の具体的な準備過程をつぶさに見てきたが、解決したとはとてもいえない多数の問題を抱え、ＩＭＴは多難な船出を迎えたのであった。

二　審理と判決

ニュルンベルク国際軍事裁判（ＩＭＴ）の公判は、一九四五年一一月二〇日午前に開始された[30]。ナチ体制の幹部指導者二〇名は、ここに逮捕後はじめて被告人として一堂に会したのであった（被告は二二名であったが、ボルマンは依然行方知れずであり、三日前に軽い脳出血に襲われたカルテンブルンナーの出廷は一二月一〇日になった）。

小槌を叩いて「これから始まる公判は、裁判史上類例のないものであります」とこの歴史的裁判の開廷宣言を切り出した裁判長のジェフリー・ローレンス卿は、「各国検察代表が起訴内容にかかわる証拠文書を弁護人にも提供し被告人に公正な弁護の機会を与えた措置に大いに満足しています」と述べ、裁判所憲章の公判訴訟手続の順序規定（第二四条）にしたがって、まず起訴状の朗読を開始させた（第二四条ａ）。長文

国際軍事裁判(IMT)判決

被告	〈第三帝国〉時代の地位	生年—没年	訴因1	訴因2	訴因3	訴因4	判決	備考
H・ゲーリング	帝国元帥、空軍総司令官、四カ年計画全権	一八九三—一九四六	○	○	○	○	絞首刑	執行前に自殺
R・ヘス	ナチ党総統代理	一八九四—一九八七	○	○	×	×	終身刑	ソ連裁判官はこの判決に反対し、死刑相当とした。一九八七年自殺
J・v・リッベントロップ	外相(一九三八年—)	一八九三—一九四六	○	○	○	○	絞首刑	執行
W・カイテル	国防軍統合司令部長官	一八八二—一九四六	○	○	○	○	絞首刑	執行
E・カルテンブルンナー	国家保安本部長官	一九〇三—一九四六	×		○	○	絞首刑	執行
A・ローゼンベルク	東部占領地域担当相	一八九三—一九四六	○	○	○	○	絞首刑	執行
H・フランク	ポーランド総督	一九〇〇—四六	×		○	○	絞首刑	執行
W・フリック	内相(—一九四三年)、ボヘミア・モラヴィア総督(一九四三年—)	一八七七—一九四六	×	○	○	○	絞首刑	執行
J・シュトライヒャー	ナチ党フランケン大管区指導者、反ユダヤ紙『シュテュルマー』発行人	一八八五—一九四六	×			○	絞首刑	執行
W・フンク	経済相(一九三八年—)、中央銀行総裁(一九三九年—)	一八九〇—一九六〇	×	○	○	○	終身刑	健康上の理由で一九五七年釈放
F・ザウケル	労働動員全権	一八九四—一九四六	×	×	○	○	絞首刑	執行
A・ヨードル	国防軍統合司令部作戦部長	一八九〇—一九四六	○	○	○	○	絞首刑	執行
A・ザイス=インクヴァルト	オーストリア国家総督(一九三八—三九年)、ポーランド総督代理(一九三九—四〇年)、占領オランダ全権(一九四〇年—)	一八九二—一九四六	×	○	○	○	絞首刑	執行

表2　ニュルンベルク

被告	役職	生没年	訴因1	訴因2	訴因3	訴因4	判決	備考
A・シュペーア	軍備・戦時生産相	一九〇五―八一	×	×	○	○	二〇年	満期出獄
C・v・ノイラート	外相(―一九三八年)、ボヘミア・モラヴィア総督	一八七三―一九五六	○	○	○	○	一五年	健康上の理由で一九五四年釈放
M・ボルマン	ナチ党官房長、総統秘書(一九四三年―)	一九〇〇―四五	×		○	○	絞首刑	欠席裁判判決。一九七三年西独裁判所はボルマンの一九四五年死亡を確認
B・v・シーラハ	ヒトラー・ユーゲント指導者、ナチ党ウィーン大管区指導者	一九〇七―七四	×			○	二〇年	満期出獄
E・レーダー	海軍総司令官(―一九四三年)	一八七六―一九六〇	○	○	○		終身刑	高齢・健康上の理由で一九五五年釈放
K・デーニッツ	海軍総司令官(一九四三年―)	一八九一―一九八〇	×	○	○		一〇年	満期出獄
H・シャハト	中央銀行総裁(―一九三九年)、経済相(一九三五―一九三七年)	一八七七―一九七〇	×	×			無罪	ソ連裁判官は判決文末尾でこの無罪判決に対する反対意見を附した。
F・v・パーペン	副首相(―一九三四年)、オーストリア大使	一八七九―一九六九	×	×			無罪	
H・フリッチェ	ラジオニュース解説局長	一九〇〇―五三	×		×	×	無罪	
訴因1(共同謀議)			8	12	16	16	……有罪とされた訴因(○)	
訴因2(平和に対する罪)			14	4	2	2	……無罪とされた訴因(×)	
訴因3(戦争犯罪)			22	16	18	18	……訴因合計	
訴因4(人道に対する罪)								

の起訴状が読み上げられ、終了したのは翌日の午前であった。

そのあと被告人に対する罪状認否（第二四条b）がようやく始まると、トップに名前を呼ばれたゲーリングは、メモを片手に「裁判長のおたずねに答える前に申し上げます」と裁判そのものの妥当性いかんについて縷々《るる》述べようとした。直ちにローレンスは反応し、「被告人にはここで演説する権利はありません。自らが有罪か無罪かだけ答えるように」とぴしゃり制した。ゲーリングは裁判長を凝視、抗弁かと一瞬法廷全体を身構えさせたが、「わたくしは起訴状の意味するところにおいては無罪を申し立てます」と答え、しぶしぶ着席した。

続くローレンスの淡々とした問いかけに「有罪です」と答える被告はもとより一人もいなかったが、イギリスで一九四一年以降身柄を拘束されていた、元ヒトラー秘書でナチ副総統を務めたこともあるルードルフ・ヘスは、（ニヒト・シュルディヒ［無罪］ではなく）「ナイン！」（ノー）と大声で珍妙な答え方をした（もちろん逆のイエスにあたる「ヤー」という答えも珍奇であることにかわりはなかったが）。ローレンスが「これは無罪の申し立てとして記録します」と述べたところで失笑ともいうべき笑いが法廷に広がった。すかさずローレンスは「審理を妨害すれば退廷を命じます」と応じ、空気が卑俗化しないよう釘をさすのを忘れなかった。最後の被告人フリッチェの罪状認否が終わるとゲーリングが再びマイクのほうへ向かおうとしたため、ローレンスは「弁護人を通じる以外は、あなたが法廷で声明を発表することは認められません」と冷ややかに遮った。

ジャクソンの冒頭陳述

裁判は、「文明の裁き」という言葉の起点になった、同じ二日目のジャクソンの以下のような冒頭陳述（第二四条c）からいよいよ本番に入ったといえよう。

「裁判長および裁判官の皆様。世界の平和を脅かした犯罪を裁く法廷を歴史上はじめて開くことは、われわれの権利であると同時に、われわれに重大な責任を課すものでもあります。われわれが非難し罰しようとしている悪業は、きわめて計画的かつ悪質で破壊的なものであり、文明世界はこれをあえて見過ごすことはできません。なんとなれば、もしその悪業がくりかえされるならば、文明は生き残りえないからであります。四大国は勝利に沸きながらも、なされた不法に塗炭の苦しみを嘗《な》めておりますが、あえて報復を控え、捕らえた敵を法の裁きにゆだねようとしております。権力が理性に対してこれまでにない敬意を表したのです」。

いわゆる「戦勝国による裁き」という点については、ここで審理される犯罪のあり方自体が「残念ながら起訴と判決の形で戦勝国が敗戦国を裁きにかけるということをも制約しているのです。被告たちによって行われた攻撃・侵略は、全世界に及んでおり、真正の意味での中立国をほとんど残さない事態に陥らせたのです。われわれが被告たちを今日ここで裁きにかけるのと同様にわれわれも歴史に裁かれることになりましょう。被告たちに毒杯をわたすのであれば、それはわれわれも毒杯に口をつけることを意味します。われわれがみずからの任務に、内面的優位と精神的廉直さをもって踏み出すことで、この裁判が正義への人間的憧憬を実現するものと後世の人びとがみなしてくれるよう祈るばかりです」と、ジャクソンは法廷の正当性を訴えた。そして「これまで行われた世界中の戦犯裁判で、中立を保ったものはありません。勝者が敗者を裁くか、さもなければ勝者が敗者にみずからを裁かせたのです。後者がいかに無益なものであ

裁判官

1　ジェフリー・ローレンス(裁判長・英)

2　フランシス・A. ビドル(米)

3　ジョン・J. パーカー(米)

4　アンリ・ドネデュー・ド・ヴァブル(仏)

5　ロベール・ファルコ(仏)

6　ノーマン・バーケット(英)

7　イオラ・T. ニキチェンコ(ソ)

8　アレクサンドル・F. ヴォルチコフ(ソ)

(首席)検察官

9　シャンプティエ・ド・リーブ(仏)

10　ローマン・A. ルデンコ(ソ)

11　ロバート・H. ジャクソン(米)

12　ハートリー・ショークロス(英)

被告

13　H. ゲーリング

14　R. ヘス

15　J. v. リッベントロップ

16　W. カイテル

17　E. カルテンブルンナー

18　A. ローゼンベルク

19　H. フランク

20　W. フリック

21　J. シュトライヒャー

22　W. フンク

23　H. シャハト

24　K. デーニッツ

25　E. レーダー

26　B. v. シーラハ

27　F. ザウケル

28　A. ヨードル

29　F. v. パーペン

30　A. ザイス゠インクヴァルト

31　A. シュペーア

32　K. v. ノイラート

33　H. フリッチェ

裁判関係者席

34　独側弁護人

35　同時通訳

36　スクリーン

37　証人台

38　廷吏

39　事務官

40　速記者

41　訴追弁護台

42　監獄につながるエレベーター

43　事務官

44　報道陣・傍聴人

ニュルンベルク国際軍事裁判(IMT)第 600 号法廷

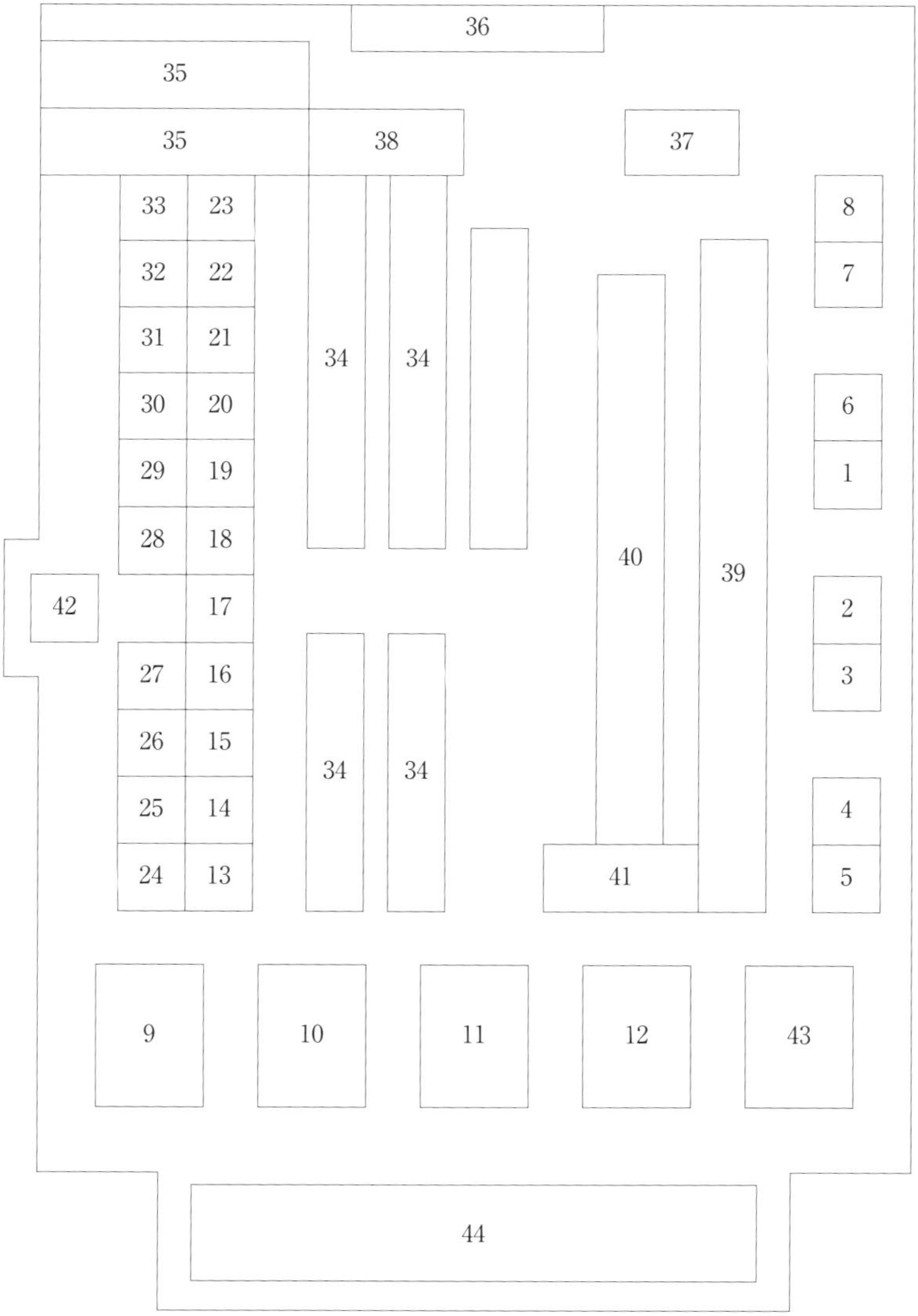

るかは、われわれが第一次大戦後に経験したところです」と総括している点が、やはり注目されるだろう。

訴訟指揮のあり方についても、「われわれは被告人の敵が述べる証言によって被告を有罪にしようとは考えていません。文書や記録によって証明できない犯罪は、ひとつとして起訴状に載せておりません」と指摘し、信じがたいような諸事件であるからこそ反証しがたい証拠を提示するのだと裁判を展望していた。ナチ党による権力奪取、ヒトラーの政権掌握の後、ヒンデンブルク大統領から緊急令を出してもらって強行したヴァイマル憲法中の国民の基本権の廃棄、授権法（執行権への立法権の全権委任法）制定、抵抗者の大量拘束・虐殺、また悪名を世界中に轟かせた強制収容所の設営等々をあげつつ、共同謀議が際立つ政策進行過程を辿り、さらに反ユダヤ主義イデオロギーからユダヤ人の排斥、ゲットーへの押し込めを経て、最終解決としてのヨーロッパ・ユダヤ人の殲滅へと向かった事態発展についても的確に述べていた。

もっとも、ジャクソンの冒頭陳述について今日の歴史認識段階から振り返れば、ダハウ、ブーヘンヴァルト、ベルゲン＝ベルゼン強制収容所の名はあげられているものの、アウシュヴィッツはもちろんのこと、ポーランドの他の五つの絶滅収容所の名前も全く出てこない点を訝しく思うのではなかろうか。アウシュヴィッツの場合は——一九四五年一月下旬になってようやく、しかもソ連軍によって解放されたこともかかわっていたが——監視スタッフはじめ収容所管理者側が生き残った被収容者を大量に引き連れて西側に逃亡した事実（「死の行進」）は知られていなかった[31]し、ラインハルト作戦によって施設の痕跡さえもほとんど消されてしまったトレブリンカをはじめとする他の絶滅収容所の名が世界に知られ出すのも、一九六〇年代半ばからであった。[32] 逆にダハウやブーヘンヴァルト、ベルゲン＝ベルゼンの場合は、まだ収容所が「機能」している間に米英軍によって解放され、多くの西側連合軍将兵の眼に直接触れる機会があった。

この経験差がジャクソンの当時の認識をも規定していたのであった。また戦争中のホロコーストの全容についての正確な情報の伝わりにくさも、戦後の裁判になお影響を及ぼしていた点について、たとえばジャクソンを支えたテルフォード・テイラーの九二年公刊回顧録にも指摘がある(33)。

ジャクソンは、侵略戦争をナチ体制がひきおこしたという点が、共同謀議に対する論告全体の要であると確信していたから、第二次世界大戦開始の対ポーランド侵略についてのドイツ陸軍の内部報告、なかんずく軍の幹部に対するヒトラーの一九三九年五月二三日の秘密演説をそのまま論告に引用する必要があった。「われわれにとって、東方の生存圏の《耕地整理》〔スラヴ系を中心とした民族の排除・移動〕と食料の確保が肝心な事柄である。……したがってポーランドを寛大にあつかうことなどは論外であり、断固、一気に攻撃する」。さらにジャクソンは、「戦争を開始するための、あらゆる宣伝の機会を逃さぬことが肝要で、虚実・信憑性のあるなしは問題ではない。戦いに勝ってしまえば、あとで戦争の大義名分を問うような馬鹿がどこにいるだろうか。われわれの心に憐憫《れんびん》という字はない。強者に権利があるのであり、必要なのは限りなく酷薄であることだ」という、ポーランド侵略開始一〇日前の軍司令官・参謀長向け総統演説も引いている。

また指導者責任観に立つか、国民責任観に立つかについて、ジャクソンは「われわれはドイツ国民全体の責任を問おうとしているのではありません。……ドイツ国民の広範な大衆がナチ党の党綱領を進んで受け入れていたとすれば、運動初期に突撃隊のような暴力組織が必要でなかったことは明白であり、強制収容所もゲスターポも同様に不必要だったでしょう。外の世界の人びとに優るとも劣らず、まさにドイツ国民も被告たちの片をつけてもらいたいと望んでいるのです」と示唆していた。

「犯罪のリストは、病的な尊大さ、残忍さ、権力欲が案出できた全てのものに事欠きません。ナチ党は、敵対者とみなした人びと、なかんずくユダヤ人、カトリック、自由な労働者集団を、世界がキリスト降誕以前より経験したことのない未曽有の傲慢・残虐・絶滅の意志をもって撲滅しました。結局、非道さと、信義を平気で破る背信とが、あまりにも言語に絶するものだったがゆえに、危殆に瀕した文明の、働き鈍っていた力を覚醒させたのであり、その団結した努力がドイツの戦力を粉砕したのです」と陳述したジャクソンが最後にあげた資料は、全体主義的共同謀議がゆきついた帰結としての戦争犯罪を如実に示していた。被告ローゼンベルクの一九四二年二月の被告カイテル宛書簡には、四一年六月の独ソ戦開始以降、そのときまでにドイツ軍側に捕らえられたソ連軍兵士捕虜三六〇万人中、「わずかに一〇万人ほどがまだ労働可能であり、他は飢餓や酷寒の厳しさに耐えられず果ててしまっており、住民にも捕虜への食料提供を禁止したため、彼らは飢え死にするがまま放置された次第です」と記されていた[34]。

ジャクソンは陳述を「人倫における最悪の犯罪は、侵略戦争を開始し遂行することです。文明は、法がかくも躊躇不決断・不振ぶりをさらしたためにかくも高位の犯罪者によって行われた重大な犯罪に全く無力だったのではないかと問うているのです。文明がこの裁判に期待しているのは戦争廃絶を可能にすることではありませんが、当裁判所の判決が平和の後見人として国際法にその規範効力・禁止効力、なかんずく贖罪効果を与え、そしてその結果、世界の全ての国の善良な人びとが隷属を強いられず法の保護のもとに暮らせるようになることを期待しています」という言葉で結んでいる。ジャクソン自らが後にこの陳述を生涯最重要の任務とみなしていたと振り返ったとおり、相当の緊張と周到な準備を積み重ねて展開したものであり、格調高い結びは法廷の拍手をもって迎えられた[35]。

強制収容所解放等の映像記録

次に裁判所は、検察側および弁護人に対し、証拠を裁判所に提出するのか、またいかなる証拠を提出したいと望んでいるかについてたずね、その証拠の認容性について決定する（第二四条ｄ）ことになった。「洪水」と形容されるほどの文書・記録資料の提出が相次ぐ局面を迎え、どんなに重要な証拠でも、過剰にすぎる、反復しているにすぎないなどと判断される場合も少なくなかった。一方では、米検察側が証拠文書を弁護人にきちんと提供していないといったケースが裁判二日目午後に早速判明し、他方では提出ずみ文書を読んだという前提のもと説明や立証が必要以上に省略され、かえって裁判の進行がぎくしゃくするシーンも避けられなかった。

そして、文書合戦にあけくれた末に裁判が退屈になってきたというメディアの反応を気にした検察側は、開廷から一〇日目の一一月二九日、苦肉の策として、スクリーンを特設し、ダハウ、ベルゲン＝ベルゼン、ブーヘンヴァルト各強制収容所の解放時に連合軍撮影スタッフが撮影したフィルムの上映にふみきったのであった[36]。

「ナチ強制収容所」と題するこのフィルムは、すでにハリウッドの大物監督として知られ、当時軍務に就いていたジョージ・スティーヴンス中佐によって製作されたものであった。この収容所の映像は、その後世界的に伝播し、一九六二年には弁護人ロルフ役のマクスィミリアン・シェルがアカデミー主演男優賞を受賞した劇映画「ニュルンベルク裁判」（スタンリー・クレイマー監督）の裁判審理中に上映される長いシーンでも利用され、古い世代の映画好きの日本人にも比較的知られた衝撃的なものである。突き出た肋骨、棒のような脚、落ち窪んだ目の、異様な風体の生き残り犠牲者、焼け焦げ炭化した、あるいは見開かれた目のままの遺体等が次々に映し出され、目を背けずにはいられない。連合軍のブルドーザーが白い裸の無数の遺体を押して巨大な穴に落とし込んでいく、解放後のベルゲン＝ベルゼン収容所の凄まじい光景も映し出される。かかる遺体群のなかには、アウシュヴィッツを生き抜きながら解放直前にベルゲン＝ベルゼンへ移送されチフスで亡くなったアンネ・フランクや姉のマルゴの遺体も含まれていたにちがいないと思われるのであるが、解放後もチフス等による犠牲者があとを絶たなかったという惨状（ケアが追いつかず解放後も二万人死亡）の中、伝染病のさらなる蔓延を防ぐために、現時点からは想像もできないような酷い方法で遺体を処理しなければならなかったことも付言しておかねばならないであろう。

被告たちもこのフィルムを見るのははじめてであった。上映中法廷内は暗くされたが、警備上の理由で被告席には照明が当てられたままであり、彼らに対するパーソナリティ調査・心理分析を監獄で続けていた心理学者ギルバートの回顧によれば、リアクションも特徴的に異なっていた(37)。

カイテルはヘッドホンを外して額の汗をぬぐい、フランクは涙をこらえ、フンクは洟《はな》をかみ目を擦り、シュペーアはごくりと唾をのみ込み、デーニッツはうな垂れ、ゲーリングは両肘をついたまま欠伸《あくび》をした、という。戦争末期、抵抗運動に関与した嫌疑で強制収容所に入れられた経験を持つシャハトはそっぽを向き、証人席の後ろにかかったスクリーンを一顧だにしなかった。国防軍統合司令部の元作戦部長ヨードル被告は、これら惨虐なホロコーストの事実は「ナチ政権がドイツ国民に残した最もおそるべき遺産」であり、「ドイツの若者の情熱や、国防軍とその指導者の存在など、わが国のあらゆるものを貶めるものである」これら残虐行為を衆人環視の場で見ることを強制されたことに怒りを募らせた。リッベントロップ、ザウケルも深い衝撃を受けた。何とか自制心を失っていない素振りを見せた被告でさえ意気消沈したのもむべなるかなといえる。この映像が被告人たちに対するマイナス・イメージを高めるのに貢献したことは間違いなかったが、個々の被告人の個別的罪状追及にはなんら影響を及ぼさなかったことも明白であった。

最初の検察側証人

翌一一月三〇日、はじめての証人が出廷することになった。初証人である元オーストリア軍情報将校エルヴィン・フォン・ラフーゼンは、ナチ・ドイツによる一九三八年のオーストリア併合後にオーストリア軍がドイツ国防軍に編入されると、新たにドイツ国防軍防諜部に配属された。防諜部長官のヴィルヘルム・カナーリス提督は第三帝国初期から軍の情報組織のトップを務め、一九一九年一月のローザ・ルクセンブルク殺害にもかかわったと指摘される謎の多い海軍軍人である。カナーリスはやがてナチ体制に批判的となり、密かにドイツ抵抗運動ともかかわるようになった。一九四四年にはそのことが発覚し、終戦直前にフロッセンビュルク強制収容所で虐殺された。戦時中のカナーリスは、カイテル国防軍統合部長官と頻繁に会っており、また政府要人の諸会議に常に出席しヒトラーと接することも少なくなかった重要人物であった(38)が、信頼したラフーゼンには、かねてより戦争にかかわる枢要会議の情報を伝えていた。

ラフーゼンの、対ポーランド侵略における(ポーランド)民族の政治的「耕地整理」計画とその実行にかかわる証言は、ニュルンベルク法廷を震撼させた。戦争犯罪をカモフラージュする「耕地整理」といったナチ特有の内部用語が実際にはどういう内容のものであったのかを解き明かす契機になったという意味でも、ラフーゼンの証言は重要であった。この隠語が含意していたのは、対ポーランド征服が進んでいく過程で、今後ポーランド人による抵抗運動の中核となるような階層（知識人、貴族、退役軍人、聖職者等々）を抹殺するという、忌まわしい措置であった。ラフーゼンは、この計画の実行について、直接組織的にかかわるナチ親衛隊や独軍将官たちにとどまらず、当時外務大臣を務めていたリッベントロップ被告も積極的に賛同していたことを容赦なく明らかにした。

ラフーゼンは、一九四〇年の西部侵攻の際フランスのウェイガン将軍等の殺害計画が進行していたことも明るみに出したが、さらに衝撃的ないまひとつの証言は、対ソ侵攻における「コミッサール」（殺害）指令にかかわるものであった。ロシア共産党から派遣されたソ連軍部隊付き政治将校（コミッサール）については見つけしだい直ちに殺害せよという、対ソ侵攻開始前のヒトラーの命令とその実行に対する責任追及は、この国際軍事裁判起訴状の重要な部分を構成していた。指令を無批判的に軍に下達しようとしたカイテルに対して、カナーリスが国際戦争法以前のヨーロッパの騎士道精神にさえも全く相反する行為と戒め、阻止しようとしたこともラフーゼンの証言を通して明らかになったが、ラフーゼンが法廷で紹介した国防軍統合司令部の捕虜取り扱い責任者であったライネッケ将軍の以下の言葉は、ナチ・ドイツの戦争の本質をこよなくあらわにしていたといえる。

ラフーゼンによれば、ライネッケは「ドイツとロシアの戦争は二つの国家の間の戦争ではない。すなわち軍と軍の間の戦争ではなく、むしろ二つの世界観の間の、すなわち国民社会主義（ナチズム）とボルシェヴィズム（ソヴィエト共産主義）との激突をあらわしている。したがって赤衛《せきえい》の輩は、わが西部戦線の敵のように同じ軍人として取り扱うべきではなく、イデオロギー的な敵、すなわち国民社会主義の不倶戴天の敵として相応に扱わねばならない」と命じた。さらに「まだ氷河期の思考回路にとどまっていて、国民社会主義の思考段階に達していないドイツ将校団は、まさに以上のような世界観戦争のイメージを明確にもつべきである」と国防軍将校たちに呼びかけ、コミッサールだけでなく、ボルシェヴィズムに「汚染」された輩ないしボルシェヴィズム世界観の積極的担い手たるすべての捕虜も殺害すべきことを命じたのであった(39)。

ラフーゼンは、ライネッケの命令にもとづき、独軍管理下の捕虜収容所でソ連軍捕虜がどのような環境、条件のもとにおかれることになったのかについても証言し、屋根のない野ざらし状態で食料も与えられず医療的ケアも全く受けられなかったソ連軍兵士が数百万人規模で難死していった状況も詳述した。

かかる命令とその遂行が、ドイツもすでに署名していたハーグ条約やジュネーヴ条約の捕虜保護規定に決定的に違反していたことは明白であった。しかし、カイテルの弁護人のオットー・ネルテ博士やリッペントロップの弁護人ザウター博士は英米の裁判の反対尋問制に慣れていなかったこともあり(その点は仏ソの検察官も同様だったが)、ラフーゼンの証言に対して有効な反対尋問を展開しえなかった。

この最初の証人尋問がようやく終わった後、ゲーリングの弁護人シュターマー博士が、裁判所憲章第一六条e項を引き合いに出して、証人に対する直接の尋問を被告に認めるよう要求したが、裁判官協議のための審理中断後、裁判長は、被告による直接の証人尋問は認められないという裁判指揮を示した。e項では被告による証人尋問は認められていたが、にもかかわらず、弁護側の要求を裁判所が認めなかったのは、裁判冒頭にも見られたようにゲーリングのような被告の場合、証人への反対尋問を通じて法廷を自己弁護あるいはナチズムの「理」の宣伝のための、絶好の場にするのではないかという懸念が強かったからであった。しかし、裁判所のこうした対応が憲章に違っていた事実自体は看過しがたい。

ナチスの侵略戦争に対するオルダーマンの追及

ラフーゼンの証言が終わったところで、アメリカ検察陣はオルダーマンを中心に第一訴因(共同謀議)を本格的に展開していくことになる。第一訴因については、すでにジャクソンの冒頭陳述のあと、米国検察官フランク・ウォリスがその要点を、被告人たちが他の人間とともに、(ドイツの内外での)人道に対する罪および戦争犯罪ならびに平和に対する罪を行う共同の計画ないし共同謀議の立案あるいは実行に関与したことにあるとしていた。

オルダーマンは、「第一訴因としてあげられた共同謀議の目的たる侵略戦争、全事件にかかわっている侵略戦争というテーマがこの裁判全体の核をなす。われわれの論拠をもって万一この主題に迫れないようであれば、事件の中核を逸することになろう。……共同謀議の初期段階におけるドイツのあらゆる劇的事件も、利用されたイデオロギーも、テロ政策も、権力掌握に際してのあらゆる人間的自由の抑圧も、強制収容所も、行われた迫害、拷問、殺人さえも、これらすべての事柄が平和な近隣諸国への侵略遂行の準備になるのでなければ国際法問題にとって重大な意味をもたないであろう。

狭義の戦争犯罪と結びついた全事態の特徴さえも侵略戦争の不可避の帰結をなすメルクマールにすぎない。侵略戦争は共同謀議を行った人間によって開始され遂行されたのだ。専売特許の戦争遂行方法、すなわち全体戦争(総力戦)は一党によって支配された全体主義国家の当然の帰結であり、野蛮化した戦争は、この戦争推進者たちの忌まわしい教義、計画、目標の自明の結果なのであった」と述べた。

オルダーマンはさらに、「全世界を戦争の劫火にまきこむことになった無法の準備、不法な計画を進行させた危機の時代は信じられないほど短かく、一九三三年から一九三九年へとまたがっているにすぎない。これらすべてが達成された速さは、共同謀議者たちの狂信的熱意と悪魔的活動のほどをただちに証示する。人類がこうむった未曽有の悲劇の生起はこの六年間に集約される。この六年と、続く戦争に揺れた六年を理解するためには、この一二年についてナチ・マスタープランの発展と詳細を映し出した時期区分をする必要がある」として、証拠資料にもとづく五段階区分を法廷に提示した。

第一期は一九三三―三六年の準備期で、この時期ナチ共同謀議者たちは、一九三三年半ばに旧ドイツの政府権力を獲得した後、対外侵略のためこの統制を利用することに目を向けた。彼らの計画はこの時点では、国境改定や勢力圏獲得をめぐる中小諸国との政治的協定をえるための軍事力および軍事的優位を獲得することにあったが、それを他の諸国に用いることで、すでに成功をおさめていた。

侵略の第二期(一九三七―三九年初め)では、共同謀議が力とともにスピードも獲得し、共同謀議者たちは、時間を要することなくより多くのことを達成できるようになり、最終的にこの時期の終わりには、共同謀議の動きがさらに促進された。対外侵略のために統制が利用されたこの時期は、オーストリア併合とチェコスロヴァキアの事実上の強奪という一連の動きも含んで成功裡に終わる。

第三期は、数年ではなく数カ月の幅で扱う必要があるとされた。事実上の戦争に踏み込む必要もないまま先行侵略攻勢を成功させ完遂した後の一九三九年三月から九月まで、共同謀議者たちは、望んだ多くの資源および拠点を獲得し、必要なら戦争によってさらなる攻撃を行うよう準備した。そして一九三九年九月に戦争に突入した。

侵略の第四期では、戦争はヨーロッパ全体にわたる侵略戦争に転換した。当初ポーランド、英仏との間で行われていた戦争は、一九四一年四月には、バルカン等への侵攻によって拡大した。第五期では、ナチ共同謀議者による対ロシア侵攻によって戦争は東方にひろがり、太平洋方面の同盟国日本による合衆国真珠湾攻撃を促した。……

オルダーマンは、ヴェルサイユ条約一七三条に違反する徴兵法が公布された一九三五年三月一六日を重視し、この法への署名が、ナチ党総統兼ドイツ国首相ヒトラーのみならず、ナチ党幹部でもあった政府文官被告の面々によってもなされた点について、法廷で注意を喚起していた。このようにして、共同謀議にもとづく侵略戦争についてのオルダーマンの全体的な意味づけと段階区分が提示された。

英検察陣の論告と米検察陣による犯罪告発映像「ナチ計画」

裁判開廷約二週間前の一九四五年一一月七日の英米検察担当者による協議にもとづき、ここで論告が英側検察陣にバトンタッチされた。以後は、証人を喚問せず論告を続けるとしたデイヴィド・マックスウェル＝ファイフ卿が、ドイツ国家がそれまでは守っていた国際諸条約の義務を独国防軍の侵略・征服攻勢によってふみやぶっていく過程を縷々陳述し、他の英検察官たちが、第三帝国によってはじめられる侵略戦争に導いていくことになった諸戦争計画について文書記録を用いながら説明していくことになった。

すでにハートリー・ショークロス卿がジャクソンに続く冒頭代表論告で触れていたポーランド侵略については、メルヴィン・グリフィス＝ジョーンズがさらにドキュメントを追加して詳述、なかでもネヴィル・チェンバレン英首相に宛てたヒトラーの書簡の一節がそのまま引かれ（「ドイツ政府はポーランドの生存にかかわる重要な諸利益を侵す意図は毫も有しない」）、偉大な国の政府の言葉とはとても思えぬ野卑なペテン師の響きをもつものという断罪が法廷を印象づけた。

続いてエルヴィン＝ジョーンズ英陸軍少佐がノルウェーおよびデンマークの占領について述べ、戦争初期局面でのレーダー、カイテルら国防軍統合司令部や海軍の将官たち、さらにナチ党幹部ローゼンベルク被告が、ヒトラーに及ぼした影響をかなり説得的に証拠づけた。ノルウェー侵入が、通常の典型的なナチ攻勢、すなわちヒトラーによるものではなく、むしろヒトラーのほうがノルウェーの戦略的重要性についてレーダーから説得され、またローゼンベルクからはノルウェー・ナチ運動《第五列》（内通者）のヴィートゥクン・クヴィスリングという指導者との緊密な関係の利用の有効性について強く説得されたことによったというエルヴィン＝ジョーンズの鋭い指摘も法廷の耳目を惹いた。

オランダ、ベルギー、ルクセンブルクの占領は、戦争犯罪資料を豊富に集めたＧ・Ｄ・ロバーツ英陸軍大佐によって説明されたが、（ドイツ軍の）「ありふれた戦争犯罪行動様式」という彼の不注意な言葉遣いに対して、ローレンス裁判長からは、可能なかぎりドキュメントだけに絞って述べるよう、厳しい注意がなされた。

続いてハリー・フィルモア英陸軍少佐が一九四一年春のユーゴスラヴィアおよびギリシアへの独軍侵攻を取り上げたが、ここで米オルダーマンがあらためて登場し、対ソ連侵攻のヒトラーの決断および一九四一年七月に本格化する攻勢のための準備を諸資料にもとづき明らかにし、対ソ連侵攻がそれまでナチ体制の手がけた他の征服戦争とは異なる、大規模でより複雑な企ての展開であったことを示した。それはソヴィエト戦力の軍事的打倒にとどまらず、ソ連国家の存在そのものの破壊・解体（ポーランド打倒にも同じような兆候は見られたが深甚さは桁外れのものであった）、広大な領域の恒久的占領・搾取を意味していたからである。オルダーマンは、英検察陣とはくらべものにならないほどの巨大な戦争計画を明らかにする課題に対峙させられていたといえよう。ソ連侵攻には、告発された軍幹部被告のみならず、ほとんどの文官被告たちも大なり小なり関与していたことをオルダーマンは強調した。

英検察陣は、リッベントロップ、カイテル、ローゼンベルク、レーダー、ヨードルの各被告に対しては重大な嫌疑をかけることに成功していたが、オルダーマンの立証により裁判は格段に緊迫したものとなり、戦前のゲーリング、パーペン、ノイラート、ザイス＝インクヴァルトの役どころの解明に加え、ソ連侵攻における、ゲーリング、カイテル、ヨードル、ローゼンベルク、フリック、フンクの個々の責任についてもかなり明らかにした。

オルダーマンのドキュメンテーションに続き、四五年一二月一一日にはプロの映像作家バド・シュールバーグを編集に加え、ナチ側のリーフェンシュタール監督の党大会映画「意志の勝利」（一九三四年）のシーンをふんだんに用いたジェームズ・ドノヴァン製作の「ナチ計画」と題する四部構成ドキュメンタリー・フィルムが上映された。第一部は「ナチ党の台頭」（一九二一―三三年）、第二部は「ナチスの権力掌握」（一九三三―三五年）、第三部は「侵略戦争の準備」、第四部は「侵略戦争」で、ドノヴァンによれば「これまで起訴状の訴因第一・第二にもとづき展開されてきたような告発のレジュメ」であった。被告たちが共同謀議の時代にまとまって公の席に並んで登場するシーンが多かったことはいうまでもない。

映画が終わると、アメリカのストリーとトマス・ドッドが、残った（狭義の）戦争犯罪と人道に対する罪に関する共同謀議、および犯罪組織の責任について追及することを明らかにした。奴隷労働者の利用について、ローゼンベルク、フランク、カイテル、ザイス＝インクヴァルト、ザウケル、シュペーアの責任を追及したドッドは、「五〇〇万の外国人労働力のなかで自発的にドイツに到来した者は二〇万人もいない」という、ザウケルの外国人労働力強制連行にかかわる一九四四年三月はじめの発言を見つけていた。人道に対する罪についてては、ウィリアム・F・ウォルシュ米陸軍少佐が戦前に始まるドイツ国内のユダヤ人迫害を侵略戦争遂行準備の一環とした（が、裁判所は証拠資料がかかる結論の引き出しをゆるさないとし、戦前の迫害を裁判所憲章の意味での犯罪とすることを認めなかった）。

戦慄の証言

一九四六年九月の裁判終了までには総計で二三六名の証人が登場し注目を浴びたが、他の裁判で死刑判決が予想されるような人物が検察側・被告側双方の証人として出廷したのも、国際軍事裁判の大きな特徴のひとつである。検察側の証人として登場したナチの大物としては、オットー・オーレンドルフをあげることができよう。オーレンドルフは一九〇七年生まれ、一八歳でナチ党入党、一九二七年にはナチ親衛隊（SS）に入り、ヒトラーによる政権掌握の一九三三年にはキールの世界経済研究所の講師、一九三六年には親衛隊保安部（SD、親衛隊の情報組織）を本格的に構築し、一九三九年九月の対ポーランド戦開始直後に成立した国家保安本部の第三局（国内保安）局長に就任した。一九四一年には独ソ戦開始とともにアインザッツグルッペン（行動部隊、A―Dの四部隊から成る）の一部隊を率いて遠征、一九四二年一一月には経済省の局長に就任、ヒトラー自殺直後の一九四五年五月、終戦間際に成立したデーニッツ臨時政府において短期間ながら経済大臣を務めた。ニュルンベルク継続裁判では第九号事件（アインザッツグルッペン裁判）の中心被告として裁かれ、一九四八年四月死刑判決を受け、五一年六月絞首された。彼の即物的証言は裁判に関心をもつ人びとの心胆を寒からしめる衝撃的内容をもっていた。

「独軍がロシアに進撃したとき、私は南部方面担当のアインザッツグルッペンDの指揮官となり、約九万人のユダヤ人老若男女を殺害しました」。ガス・トラックに押し込んだ人びとに対する窒息ガスの「効果」についても、「犠牲者たちは一〇―一五分で絶命しました」と事務的口調でいたって平然と述べた。「ユダヤ人および共産党活動家についてのあなたの指令はどのようなものでしたか」という米エイメン大佐の尋問には、「アインザッツグルッペンの共同作業室で、ロシア領のユダヤ人もソ連軍の政治コミッサール同様に片付けること、という命令を出しました」と答えると、以下、「『片付ける』とは『殺害すること』ですか」という問いには「そのとおり」、「こうしたアインザッツグルッペンの命令を陸軍司令官は知っていましたか」という問いには「この命令と実行は陸軍司令官の知るところでした」などと、淡々と答え続けた。

以上のようなやりとりを通じてオーレンドルフから聞き取れたのは罪の告白などではなく、冷たい官僚のモノトーンな説明であった。弁護側からの「あなたは命令・実行に対する憂慮や懸念を少しも感じなかったのですか」という反対尋問にも「もちろんです」と答え、上からの命令が全てであるという弁明を繰り返したのであった。ゲーリングは「敵に魂を売り渡した豚」とオーレンドルフを罵った。

この他にもアイヒマンの親衛隊の同僚へトゥルが四六年四月一日検察側証人として登場、ユダヤ人虐殺が六〇〇万人に及んだと述べ、世界を震撼させることになる。またアウシュヴィッツ収容所の所長を務めたルードルフ＝フェルディナント・ホェスは奇妙なことに弁護側証人として出廷し、世界の耳目を一身に集める瞬間をつくったのであった。

以上のように、加害者が証人として出廷したシーンの多いことにわれわれは驚かされる。一方、被害者の声が戦犯裁判にいかほど反映され生かされたのかという点について裁判をふりかえるならば、純被害者証人は著しく少なかった。証人は、何百万人という犠牲者、「法廷には現前できない告発者」の声を代弁していたともいえるが、既述したように立証のためには証言よりもむしろ文書記録を重視していた検察側にとって、証人は記録の信憑性を裏付ける具体的な表情と声をもつ道徳的・公的役回りをになっていた。

そのような検察側証人に対して、弁護側は、証言の「穴」、証人の盲点を衝き、証拠・証言の欠格性を明示暴露することだけを重視した。したがって強制収容所からの生還後すでに健康を取り戻したような被害者には、証人からは虐待された体験の痕跡一片すら感じられないとし、逆にまだ回復できていない生存者については「正確な記憶」の信憑性が疑わしいと強調するかたちで、まるで被害者を被告人扱いするがごとき執拗な人身攻撃をしばしば加えた。しかし一九四六年一月二八日に召喚された仏女性ジャーナリストのマリー＝ロード・ヴァイヤン＝クーテュリエー（抵抗運動の廉で逮捕されてアウシュヴィッツへ強制移送され、その後ベルリン近郊のラーヴェンスブリュック女性収容所に転送され奇跡的に生き残った）の気丈で貴重な証言(40)に対しては、弁護側もかかる反対尋問の逆効果を悟らざるをえなかった。裁判初の女性証人であった彼女の存在は、裁判官・検察官・弁護人すべての法廷構成員に女性がひとりも含まれない著しい裁判構成の偏り、ジェンダー偏向の問題性も浮き彫りにしたのであった。

彼女の証言は、アウシュヴィッツへの到着後ただちにガス殺の運命に見舞われた人びとに関する報告に始まり、毎日午前三時三〇分に始まる「拷問的」点呼（ゲスターポによる取り調べ中の拷問の序の口としては座らせないことが知られているが、アウシュヴィッツでは夜中に近い早朝に始まる点呼が昼過ぎまで続くことが頻繁にあり、酷寒のなかでの点呼は死に直結する恒常的拷問であった)や、一万二〇〇〇〇人の女性囚人に対し使える水道管がひとつしかない現実や、チフスの蔓延で一日平均二〇〇―三五〇名が亡くなる、強制収容所での靴が一、二週間でだめになるという極端な条件等(靴の傷みやすさは、足の保護を致命的な形で不十分にし、衛生的ケアがなされない中、怪我次第では囚人を死に至らしめる場合が多かった)、この強制収容所と絶滅収容所をドッキングさせたアウシュヴィッツ収容所の「地獄」を詳細に伝えたのであった(41)。

既述したように、ジャクソンの訴状にユダヤ人大虐殺は重大な犯罪として言及されていたが、ニュルンベルク国際軍事裁判(IMT)の審理においてホロコーストが本格的に俎上に載せられたのは開廷からおよそ二カ月半後、第五四日目のことであった。ソヴィエト首席検察官ロマン・A・ルデンコは、一九四六年二月二八日の陳述の終わりに、ホロコーストという言葉を用いたわけではないが、「ファシストの謀議者たちは、一人残らずユダヤ人を根絶することを計画した。共同謀議者として一九三三年以降の全期間この全滅政策を貫徹した」と問題に言及した。ソ連代表の中では最高法務参事官L・N・スミルノフが証拠挙示において最も重要な任務をになっており、四六年二月二五日、人道に対する罪の証拠を提出し、この種の犯罪が、これまで取り扱われ、兵士のみならず民間人の犠牲者に対してもおかされてきた戦争犯罪とほとんど区別できないとしながらも、当法廷で問題にする最大の犯罪は特定の民族集団ないし宗教集団に対しておかされたものである、とした。より重要な事実は、ユダヤ人がナチの第一の犠牲者であったことをソ連政府は当時認めたがらなかったにもかかわらず、翌二月二六日午後の審理で「ユダヤ人迫害」に関する証拠資料提出をはじめたことである。二月二七日がこの点で最大の山場になったが、「ナチ犯罪者の極端な反セム主義は、ほとんど獣的とでもいいうる残虐な形態をとった」とし、三人の証人を法廷に召喚した。ひとりはヴィリュニュスにおけるドイツの行動隊（アインザッツコマンド）の活動について証言し、八〇〇〇人いたユダヤ人が六〇〇人に減ったことを述べた。いまひとりは、トレブリンカ絶滅収容所で一三のガス室が毎日数千人のユダヤ人を到着後ただちに殺害した様について述べた。三人目の証人は、アウシュヴィッツ第二（ビルケナウ）収容所におけるユダヤ人の人体実験を含む子供たちの扱い方について述べたのだった。さらにウーチの予審判事がこの都市にほど近い別の極秘収容所（ヘウムノであることは今日あきらかであろう）の存在について語った(42)。

空軍の戦争犯罪

検察側の論告は一九四六年三月四日に終了するが、検察側は今後展開される弁護側の戦略にも大いに関心をもっていた。被告側の弁論を可能な限り短縮させる腹づもりであった検察官も、ジャクソンはじめ少なくなかった。裁判所憲章第二〇条は、裁判所が「証拠の軽重・関連性を判定するため、証拠提出前にその性質について説明を求め得る」と規定していた。ジャクソンは弁護側が証明したいと望んでいる事実の多くを認めるにしても、裁判所に対しては、弁護側に対する十分な準備を検察側に可能ならしめるべく命令を出すよう求めたが、ソ仏を中心に検察陣の中にも弁護側の証拠提出自体は制限できないと考えるスタッフがいた(43)。

弁護側が二月四日、情状酌量資料の提示および被告人の証人喚問要求の承認を求めると、裁判所は検察側よりは弁護側の提案を認める方向に傾き、二月二三日には起訴状のはじめのゲーリングからヘス、カイテル、リッベントロップまでの四名の弁護のための証拠記録の提示と証人の聴聞を行った。被告人自身が証人として証言できるかという問題自体は、裁判官の間でも意見の相違があったが、英米側の主張通り、認められることになった。

弁護側の最初の証人、空軍大将カール・ボーデンシャッツは、第一次大戦中のリヒトホーフェン航空戦隊以来のゲーリングの戦友であったが、第二次世界大戦では空軍総司令官ゲーリングと総統本営にいるヒトラーを媒介する総統付き副官を務め、一九四四年七月二〇日のヒトラー爆殺未遂事件で重傷を負った人物である。彼は平和に対する罪その他で起訴されたゲーリングについて、一九三八年のミュンヒェン危機や一九三九年の英国との対決を回避しようと努めたゲーリングの非戦的態度を強調したが、検察側の反対尋問には十分答えられないままで終わった。ゲーリングの免責的側面については、次の証人——一九三三年以降航空省次官で第二次世界大戦中は中央計画庁長官を務めたエアハルト・ミルヒも、ゲーリングはヒトラーの対ソ戦決定に懸念を表明したと証言したものの、ミルヒ自身戦争犯罪に深く関与していた点をジャクソンたちに衝かれ、有効な弁論を展開しえず、空軍元帥アルベルト・ケッセルリングの本格的弁論をまたねばならなかった(44)。

ケッセルリングの証言の核は、ドイツ空軍が純然たる防御的武力であったことを証明せんとしたところにあった。ドイツ空軍による一九三九年のワルシャワ攻撃、一九四〇年のロッテルダム攻撃、コヴェントリー攻撃はいずれもケッセルリングの総指揮のもとに行われたものであるが、全て軍事的目標に限られた攻撃であった点を断固強調した。彼は、空軍がただ防御のためだけに用いられたことを明らかにすることができれば、ゲーリングや彼のスタッフたちがけっして攻撃的侵略戦争を計画したのではないと証明したことになると踏んでいたのである。

ドイツ空軍の用意したものはまず航続距離の短い軽爆撃機であって、航続距離の長い四発エンジンの戦闘重爆撃機のような攻撃的武器ではないこともケッセルリングは指摘したが、ジャクソンは反対尋問で「防御・攻勢のいかんを問わず空軍の戦争遂行の課題は攻勢的なものにならなければならない」という、これまでとは全く矛盾したケッセルリングの本音を引き出すことにともかく成功した。もちろん航空機の機種によって防御か攻勢かが決まるというのは正確ではない。当初は重爆撃機の目的自体が防御的と考えられていた。しかし、敵の工場や飛行場という軍事的目標を攻撃することは敵の報復攻勢をそれだけ困難にするという意味では防御的かもしれないが、自軍の侵入に対する敵の抵抗を弱めるという意味では攻勢的でもある。ジャクソンがいみじくもケッセルリングに確認したように「あなたがたが防御状態にあったら空軍も防御的武器になり、攻勢的状態にあったら攻撃的武器になる」のであり、ヒトラーのドイツ国家が、主権と支配の膨張拡大をもっぱらにする軍事強国をはじめから、そして一九三五年からは公然と目指し、必要ならば侵略戦争によってこれを追求したことは争いえない事実であったという点を検察側は確認しえたといいえよう。

「ハーグ陸戦規則は航空戦がさまざまに要求しているものを全く想定していなかった」というケッセルリングの法廷における指摘は、たしかに一面を衝いていた。しかし、連合国側の検察陣は、空からの攻撃がひきおこした戦争犯罪を積極的に告発しようとはまるでしなかった。それは、連合国も同じような空襲(「戦略爆撃」)をすでに行っていたからである。戦争初期は、ドイツの空襲によってワルシャワやロッテルダム、コヴェントリーなどで多大な一般市民の犠牲者が出ていたが、その後の連合国の大空襲による枢軸国側の大都市(ハンブルク、ベルリン、ドレスデン、東京、広島、長崎)の厖大な犠牲者に比較すれば、ドイツ空軍の犯罪を云々することも結局はさしひかえられたのである。

起訴状中の訴因第一（共同謀議）には、軍事的必要性にもとづかない、あるいは正当化されえない大都市やその他の市町村の恣意的な破壊・荒廃化にコミットする犯罪的計画も含まれていたし、訴因第三（戦争犯罪）においてこのような一般的規定をさらに具体化したものはあったが、空襲犯罪には言及されていなかった。ゲーリングの起訴状（付録A）にも空襲犯罪への言及はなかったが、最終判決においてもゲーリングの戦争犯罪の項ではこの空襲面については触れられておらず、追及されないままに終わったのであった。結局、第一次世界大戦後のライプツィヒに続いて第二次世界大戦後のニュルンベルク国際軍事裁判（IMT）も空軍の戦争犯罪を不問に付したのである。

ゲーリングの弁論

一九四六年三月一三日以降ゲーリングが満を持して被告人弁論に臨んだことは、彼がそれまでの麻薬中毒を克服してかつてのそれなりに冴えた弁舌能力を回復していたことと相まってよく知られている[45]。裁判官のなかにさえ「この裁判ではじめて劇的な瞬間がやってきます。ゲーリングがアメリカのジャクソン検事による反対尋問を受けるのです。文明に価値をおく全ての者の代表と、全ての悪を支持する、最後にして最も重要な生き残りとの死闘になることでしょう。……裁判全体の行く末はこの決戦にかかっているといえます」（英裁判官ノーマン・バーケット）と日録に記すほど、二人の対決を重大視していた人物もいた[46]。

もちろん裁判の当事者以外でもメディアをはじめ関心をもって裁判を見守っていた者からは、「いよいよ本格的に、ナチ政権の意図と方法がおそるべき残虐さの形をとって暴露され、この裁判の最高の意義と目的が実現される」と大きな期待が寄せられる一方、裁判を批判的に見ていた者からは、追及する側の企図が挫折するようなことにでもなれば、裁判に対する批判ないし懐疑の念が正しかったことが証示される絶好の機会にもなりうると考えられていたこともまた確かであった[47]。

しかし裁判の帰趨をこの二人の対峙とその成否のみに帰するような見方は、この局面を過大視しているといわざるをえず、国際軍事裁判の多様な諸局面を看過し、裁判全体とその意味を過小評価ないし矮小化する結果になりかねないということにも注意しなければならない。

ゲーリングは弁護人シュターマーと申し合わせ、弁護人の短い個別的問いに対し、その問いに応じるのに必要と思われる十分な時間を費やす戦術をもって法廷に臨んだ[48]。「ヒトラーの首相指名後権力を打ち固めるためにどのような措置をとりましたか」と問うシュターマーに対し、ゲーリングは、権力の座についたナチ党が国会から州議会・地方議会にいたるまで一党独占するか廃止解体し、個人の基本権も否定するつもりであったとした上で、いかなる状況のもとでもこの政権を守り通そうとし、ヒトラー独裁を断固保障するために自分のなしうることを全て行ったことを誇りに思うと答えるのに、たっぷり二〇分もかけたのであった。今回は、裁判長ローレンスはゲーリングのかかる回答を中途でやめさせようとはしなかった。

シュターマーがゲスターポと強制収容所について説明するよう促すと、ゲーリングは「権力を打ち固めるためには、あらゆる時代、あらゆる国家に必要な内政上の権力手段、すなわち警察を新たに構築することが何よりの前提になります」、「われわれの権力奪取前は、警察が左翼を中心とするあらゆる反ナチ政党に乗っ取られていたことを忘れてはなりません。ドイツの警察はそれまで全国警察がなく地方警察組織体制であって、当初自分がかかわったゲスターポもプロイセン地方の警察だったわけです」と述べて、おそるべき権力テロを遂行する最大の中央政治警察組織になっていったゲスターポと、その責任者として自らが辣腕をふるったことを無色無害化しようとしたのであった。自らが設置していった強制収容所についても、ナチ新体制初期には重大な危険を除去する必要があった点をまず指摘し、危険分子かどうかが判明しがたい段階ではリスクを考慮する限り予防検束を実施せざるをえなかったという「防衛」的側面だけを強調したのであった。わけても共産主義者の危険性を考慮すれば、国家の緊急避難的政治行動は「自由世界」でも行われているではないかと補足する念の入れようであった。

こうした弁護人の質問とゲーリングの長広舌は三日続き、苛立ちを募らせたジャクソンはもちろんのこと、裁判官の側でも懸念を昂進させたバーケット等からローレンス裁判長にゲーリングの回答時間を制限するよう求める声があがっていた。英米間はもちろん米内部でも、たとえば裁判官ビドルと検察官ジャクソンの間での被告人への対応の齟齬があらわになっていたが、その様相をメディアはすかさず捉えて大きく報道することになる(49)。

三月一八日からジャクソンはゲーリングに対する反対尋問を展開していった。「強制収容所に放り込まれた人びとが独立した裁判所で公開の裁判を受ける権利をナチ体制では奪うことが必要だったのではないですか。まさに必要だったからこそ、あなたはゲスターポが裁判所の審査や決定にはしたがわなくてよいとする法令を出したのではありませんか」というジャクソンの問いに対し、ゲーリングは「反逆罪にあたる行動をとった人間は裁判にかけられたが、この種の行動が予想される人間は予防検束され強制収容所に行くことになったのであって、この二種の区別をしなければなりません。これは体制初期で、のちに状況は変化し、政治的理由から、国家理性的根拠によって予防検束された人間は、裁判にかけられなくなったし、一部の人間は非政治的理由からでも体制にたてついたとして身柄を拘束されました」と答えている。

　このやりとりを通して、「反逆罪」をおかしていない人間に対して政治的理由から基本権を奪う体制のあり方と、プロイセンのゲスターポを指揮したゲーリングの犯罪行動とを追及しようとするジャクソンの姿勢が明確に浮かびあがりそうになっていたが、ジャクソンはゲーリングの答えに「そんなことは訊いていないのです。わたしの質問にイエスかノーだけで答えていただかないと、時間がないのですから」と苛立った。さらにローレンス裁判長が「問いに対して答えるために必要なあらゆる説明をおこなう権利は認めねばなりません」とたしなめたため、ジャクソンは「〔被告の〕あなたは説明できるというのが裁判所の見解ですからあなたの答えも裁判所は認めるのでしょう」と痛烈に裁判長をあてこすった。「一般的に認めるというつもりではなく、この場合に限ってです」と再度釘をさしたローレンス裁判長とジャクソンの間にただならぬ空気が一瞬流れたが、これはナチ体制の戦前からの予防検束の問題を通して、人道に対する罪の本来の意味合い（戦時であると否とを問わずという犯罪概念）が掘り下げられる重要な機会を審理が逸した瞬間でもあった。したたかなゲーリングは、戦後ドイツでいま実施展開されている、ナチに対する（予防）検束の途方もない規模は、ナチ時代のそれどころではない、と法廷を混ぜ返すことも忘れなかった。

「いまや事実上、裁判所は審理をコントロールしえなくなった。裁判の威信は今後数カ月間でますます低下していくであろう」とバーケットは三月二〇日、全く悲観的なトーンで日録に記している[50]。しかし、英検察官マックスウェル＝ファイフがジャクソンにかわり、収容所からの「大脱走」をこころみた英軍将校や下士官の捕虜七六名が再逮捕され、うち五〇名が殺害された事件、いわゆる「シュタラク・ルフト・ドライ」（シレジア地方サガンの捕虜収容所）事件についてゲーリングの関与を追及するあたりから法廷の雰囲気は再度一変したといえよう。

これについて縷々「説明」することがいかに自らの首を絞めることになりかねないか察知したゲーリングは、休暇をとっていたため事件について知ったのは「処刑」が終了したあとだったと証言したが、休暇からの帰還後も処刑が続いていた点を指摘され、捕虜たちが殺害されるのを防ぐために彼が何もしなかったという不作為の責任さえ追及されそうになった。マックスウェル＝ファイフは「国家保安本部に属していたヴィルヘルム・ホェトルがおよそ四〇〇万人のユダヤ人が強制収容所で殺害され、さらに二〇〇万人が別の方法で殺害されたと供述していますが、第三帝国の閣僚のひとりとして、かかる殺害作戦が実行されていたことを知らずにいたとこの法廷でおっしゃりたいのですか」とたたみかけた。自分は知らなかったし、ヒトラー総統すらどのくらいの規模でそれが行われていたか知らなかったであろう、とゲーリングが答えると、同じ枢軸国ハンガリーの指導者ホルティ提督にヒトラーが、《健康な民族体を蝕む病原菌》としてのユダヤ人を絶滅政策の対象にしていると嘯いた言葉、さらにはある地域について「生き残っているユダヤ人は数名、数万人が処置済みです」とする、一九四二年のゲーリング宛ての報告書をあげ、「自分が知っていたのはユダヤ人出国計画だけで、絶滅政策については知りませんでした」と言い募るゲーリングの陳述の信憑性を覆すかたちで、ファイフは反対尋問を締めくくったのであった。

デーニッツの潜水艦戦とクランツビューラーの弁護

本書ですべての被告の弁論を取り上げる余裕はないが、デーニッツの証言をあげておかねばならないと思うのは、第一次世界大戦の戦争犯罪追及との連続性という点においても、第二次世界大戦中のドイツによる潜水艦戦は狭義の戦争犯罪諸事件中重大な位置を占めていたからである。デーニッツ被告の法廷での対応は、この面での海軍の行動様式を象徴していた。

商船に対する警告なしの攻撃を禁じた海戦規則を潜水艦の攻撃にも適用することを定めた一九三六年一一月七日のロンドン潜水艦協定は、乗客・乗員・重要書類を安全な場所へ運んだ上ではじめて商船を沈めることが認められるのであり、しかも救命艇や救助小ボートは、陸や他の乗り物が近くになければ安全な場とはみなしえない（海上や天候の状態含め）とした国際的取決めである。英米仏伊日五カ国で結ばれた一九三〇年のロンドン海軍軍縮条約ですでに同じ内容のものが取り決められていたのを新しい参加国にも広げて、潜水艦に特化した確認協定としたものであった。この三六年協定にはドイツも参加したが、先の世界戦争に無制限潜水艦作戦を敢行し、これがアメリカの参戦を招く一大要因になったことに対しての深刻な反省に立ってのことであったとは言い難い。まさにデーニッツのニュルンベルク国際軍事裁判（ＩＭＴ）被告としての陳述から、このことは明らかになってくる。

一八九一年ベルリン生まれのデーニッツ元帥は、一九一〇年以来職業軍人としての道を歩み、第一次世界大戦中の一九一六年に潜水艦勤務になった。第一次大戦後、ヴェルサイユ条約でドイツは潜水艦の保有を禁止されたためデーニッツも駆逐艦や巡洋艦エムデンの艦長を務めていたが、三五年にヒトラーが条約の軍備制限条項から解放されたことを宣言すると、建設がすすんでいった潜水艦艦隊を指揮するようになる。一九四〇年に海軍中将に栄進したデーニッツは、さらに四三年一月末にはドイツ海軍ではじめての元帥になるとともに海軍総司令官に就いた。「海のロンメル」とも呼ばれたデーニッツは、連合国・中立国の艦船総計二七七五隻を沈めた[51]潜水艦戦略の考案者であり、ドイツのＵボートが英国を筆頭に枢軸国以外の国の商船を撃沈したこと自体は認めていた。国際軍事裁判では英検察陣がロンドン潜水艦協定違反でデーニッツを追及することになった。デーニッツは、自らが他国の海軍軍人同様正々堂々と戦ったと弁明するためには同じドイツ海軍軍人に弁護を務めてもらうのが最良の方法と考え、艦隊法務官として名が聞こえていたオットー・クランツビューラーを弁護人に選んだ。

検察側は、まずドイツのUボートが三九年九月三日から、敵国の船であれ中立国の船であれ枢軸国以外のあらゆる商船に対してロンドン協定を無視し無制限潜水艦戦争を行ったとデーニッツを難じた。デーニッツ側は国際法とロンドン協定を遵守したと主張したが、戦争勃発にあたって潜水艦戦ではドイツの拿捕規則が事柄を決めたとも述べている。この拿捕規則は第七四条にロンドン協定の趣旨の規定を含んでいる一方、第七二条では拿捕した敵船舶を曳航することが無用ないし危険な場合にはこれを破壊してよいと規定していた。さらに第七三条の第一項および第二項では、敵に護衛されて航行していたり、力ずくで抵抗した廉であるいは敵を支持した廉で拿捕された中立国の船舶にもこれが適用されることになっていた。(52)同月二一日には、中立国船舶でも無灯火で夜航行する船は攻撃対象になっていたのである。

一〇月一日に英国政府は英商船に対し、場合によってはUボートに体当たりを敢行することも指示した。ドイツは、英国船が武装しており潜水艦とみれば攻撃するという情報を受け、一〇月一七日、予想される武装抵抗に鑑み、敵のあらゆる船舶を無警告で攻撃せよという命令を発した。一一月二四日、ドイツ政府は中立国に対し「ブリテン島、フランス大西洋岸周辺を航行する船の安全は保証できない」という警告を送った。

デーニッツに対し裁判所は武装商船への攻撃については責任を問わなかったが、作戦領域の告知、その領域を通過した中立国船舶の撃沈は別の問題であるとした。

検察側は、三六年の協定は作戦領域(封鎖領域)も例外とはしていなかったから、この領域を通過した中立国船舶に対する攻撃は違法であると判断し、さらにドイツのUボートがロンドン協定の警告・救助規定にしたがわなかったというにとどまらず、沈みつつある船の生存者を、敵国中立国のいかんを問わず故意に殺害したとして、特に四二年九月一七日の「ラコニア」命令を問題にした。

事件はこの命令が発せられる五日前にアフリカ南西岸沖で起こった。最大級のUボートのひとつであったU156は、カップシュタット近くで作戦展開中に英輸送船ラコニア号に遭遇し、攻撃を行った。一万九七〇〇トンのラコニア号は四六三名の英海軍乗員のほか陸軍兵士二八六名、子供を含む八〇名の民間人、一七九三名のイタリア軍兵士捕虜、一〇三名のポーランド兵(捕虜監視)を乗せており、デーニッツはU156に生存者の救助を命じた(53)。ドイツの同盟国であったイタリアの捕虜兵の大半は溺死したが、残る四五〇名のイタリア兵と英軍全員は救助され、U156は救命艇を曳航しながら象牙海岸に向かっていた。九月一六日、米爆撃機B24が上空を通過、船隊が赤十字の旗を掲げ他のシグナルも送ったにもかかわらず、きびすをかえして戻ってきたB24は爆弾を投下、救命艇の一隻が転覆し、U156も損傷した。今回は救助活動は行われず、「沈没しかかった船からの乗員の救助、漂流している乗員の救命艇への掬い上げ、転覆しそうな救命艇の立て直し、生存者に対する食料や水の供給はやめねばならない。救助は戦争遂行の最始原の要求たる敵の船および乗員の殲滅に反しているからである」という九月一七日指令が発せられることになった。

検察側は、この命令から生存者を生かすなという故意の殺害のメッセージを読みとったのであった。

デーニッツが戦争中の武器技術の急速な発展について、四二年五月二四日に当時海軍総司令官であったレーダーを前にヒトラーに対してなした報告と進言では、潜水艦・駆逐艦・航空機の急速な発達が取り上げられた。なかんずく魚雷の発展には刮目すべきものがあり、船の沈没もはやく乗員を救う時間的余裕もなくなってきており、さらに空軍の展開が乗員の救難を困難にしてきているとしていたが、検察側はここにすでにデーニッツの酷薄さが読みとれるとした。デーニッツはこの報告で、独海軍は犠牲者の急増によって艦隊建設に即応した乗員編制が困難になりつつあり、ますます大きくなる人命損失の危険は乗員の補充に破局的に作用していると見ており、敵船舶と同時にその乗員も攻撃対象にする効果が暗黙のうちに前提されていた、と検察側は述べた。つまり、デーニッツによる「ラコニア」命令が、乗員の救助をなすなというにとどまらず故意に乗員の殲滅をはかろうとしたものであるとして、追及したのであった。

クランツビューラーは被告側弁論を始める約二カ月前の三月五日に、チェスター・W・ニミッツ米海軍太平洋方面総司令官の証人喚問を要求。日本の船舶に対する米海軍の第二次世界大戦中の行為を確認したいとする彼の請求を tu-quoque（おまえも同じ犯罪者ではないか）論として切り捨てようとした裁判所に対し、クランツビューラーは「合衆国が展開した対日潜水艦戦が戦争法、国際慣習法に違反しているというのではなく、現在の国際法の枠内で行動している点」を強調し、ロンドン三六年潜水艦協定の規定の射程ないし解釈が問題なのであり、抵抗をなせという対商船命令が発せられたことでロンドン協定は抵抗する商船にはもはや適用できなくなっており、書簡による照会で米海軍がまさに独海軍と同様にロンドン協定の実際的な理解に沿って行動していることが確かめられたとした。

五月八日にデーニッツに対する弁護人クランツビューラーの本格的聴取が始まった。クランツビューラーは、まず開戦前のヒトラーと国防軍指導部の会議にデーニッツが参加しなかったこと、戦争計画にまったく関与していない点を明確化した。

その上で商船攻撃問題については、戦争を始めるにあたり彼の命令はロンドン協定を遵守するものだったが、開戦後数週間で英商船はすでに武装しており、独Ｕボートを攻撃し敵の位置を知らせることで英海軍と共同行動をとる命令を受けていることが判明したとし、武装商船は警告なく撃沈せよと命じたのである、と述べた。

「船が破船状態になった乗員の射殺に同意しましたか」という英検察官フィルモア大佐の反対尋問に対し、デーニッツは「Ｕボートと戦っている船上の乗員の殺害と難破状態におかれた者の殺害は区別していた。後者は、船の沈没後は救命艇その他の救助手段に頼る、もはや戦うことのできない人びとである。このような人びとを撃ち倒すことは、軍人としての戦いのモラルに反する問題であり、いかなる場合にも拒否されねばならない」と答えている。

四二年九月一七日の「ラコニア」命令においてデーニッツが潜水艦戦を戦う部下たちに対し難船状態で救命ボートに逃れた敵を射殺せよとまで要求していなかったことは、この彼の答えである程度明らかになったといえる。

第一次世界大戦では、ドイツが無制限潜水艦戦を中立のアメリカに対しても展開したため、同国が参戦するにいたったにもかかわらず、第二次世界大戦におけるアジア・太平洋戦争においては、そのアメリカが開戦と同時に日本に対して無制限潜水艦戦展開を決めたことは強調しておく必要があろう。いずれにしても、この米海軍の回答に鑑みて、裁判所は、デーニッツの責任について潜水艦戦をめぐる国際協定違反では裁けないと判断した。

デーニッツは、ヒトラーが四二年一〇月一八日に発した「コマンド命令」[54]についても責任を追及された。このコマンド命令は、わけても英軍が大戦中に編制したいわゆるコマンド（特務隊ないし行動隊）のメンバーを殺害せよというものであったが、このよく訓練されたコマンド隊員たちは、連合軍がヨーロッパ大陸に再上陸し本格反攻を開始する以前、落下傘部隊の形であるいはまた水陸共同作戦行動の形をとって、独軍の背後を衝き独軍部隊を攪乱・混乱させる、あるいはまた独軍捕虜収容所から連合軍捕虜を奪還する目的等、特殊任務を与え、潜入投入させた兵士たちであり、現地のパルチザン・グループとも提携して奇襲あるいはサボタージュ行動を展開し独軍を大いに悩ませた。こうしたコマンド展開をヒトラーはジュネーヴ協定違反とみなし、独軍にコマンドのメンバーを容赦なく殲滅するようにと命令したため、原則的に助命は考えられず、コマンド兵士が生きたまま独軍の手に落ちた場合、ただちに親衛隊保安部（ＳＤ）に引き渡して処刑するよう命じたのであった。コマンドは強制収容所送りとなり、そこで殺害される場合も少なくなかった。

ニュルンベルク国際軍事裁判（ＩＭＴ）では、このヒトラーのコマンド命令が西側連合国兵士たちに対する無数の戦争犯罪を独軍の間に誘発させていく、その大きな契機だったのではないかと重大視した。

デーニッツはＵボート提督時にこの命令を受け取り、命令の存在を知っていた点は認めたものの、自らの責任は認めず、命令が海戦中に捕らえた人間を対象にしておらず、海軍は陸上部隊をもたず、Ｕボート指揮官がコマンドメンバーを撃つようなことは考えられないと強調した。デーニッツが海軍総司令官になった一九四三年には連合軍の水雷艇の乗員たちが独海軍の捕虜となり、所轄の提督の尋問・情報聴取後、提督命令で親衛隊保安部に引き渡され射殺された。デーニッツは、この事件がコマンド命令にすら違反しており、事件自体国防軍の報告の中では言及されておらず、彼自身にこの件は全く知らされていなかったと述べた。

デーニッツをめぐる審理状況についてここで比較的詳しく検討した根拠をいま少し付言しておきたい。独軍の敵に対する扱い方の東西戦線でのダブルスタンダードが近年とみに指摘され、ソ連の捕虜に対する扱いの酷さが従来の研究では看過されていたことが明らかになってきている。しかし、この審理過程から明らかになる潜水艦戦の酷薄な現実は、ホロコースト犯罪によって覆い隠されかねない、狭義の戦争犯罪の巨大さと重大な質をもう一度思い起こす必要があることを示唆しているように思われる。

法原則問題と判決

一九四五年一一月下旬からはじまり(クリスマス期間等を除き)約九カ月続いた審理も、四六年八月末をもってようやく終了した。

九月末に言い渡された裁判所の判決[55]の主要な部分を以下にまとめておく。判決文の前半の多くは起訴状第一部「共同謀議」にかかわるものであり、ナチスによる権力掌握、「第三帝国」における権力の打ち固め、武力による征服のための準備、さらに征服の進行について、押収したドイツ外交・軍文書記録にもとづきまとめたもので、「被告の幾人かは、一二カ国に対する侵略戦争を計画・実行したがゆえに、この犯罪の廉で有罪とみなされうる」と結論付けている。検察側のテイラーは、一二カ国と述べながら、具体的に国名があげられていない点について、後の回顧録で奇妙だったと指摘しているが[56]、判決の他の個所では、九カ国としてデンマーク、ノルウェー、ベルギー、オランダ、ポーランド、ルクセンブルク、ギリシア、ユーゴスラヴィア、ソ連がはっきりあげられている。起訴状では以上九カ国に対する戦争に加え、英仏米に対する戦争も侵略戦争としているが、オーストリアやチェコスロヴァキアへの侵入あるいはまたドイツ軍のその他の行動は、侵略戦争とは表現されていない(その後の一二のニュルンベルク継続裁判の最後にあたる諸官庁裁判判決では、あるいはIMT判決のこの不備らしきものが意識されたのか、英仏米に対する戦争もはっきり侵略戦争と表現されている)。

起訴状第一部と第二部(「平和に対する罪」)以下との関係について、裁判所は自らの考え方をすぐあとの法原則問題で明らかにしている。起訴状第三部「戦争犯罪」、第四部「人道に対する罪」の証拠資料が示した残虐さについて「その途方もない規模も詳細さも圧倒的」とし、「総力戦概念」に含まれている「冷酷で犯罪的な考え方の、帰結」と説明しているのが特徴的である。

裁判所は法原則の問題を、①裁判所憲章問題、②共同の計画および共同謀議の問題、③戦争犯罪および人道に対する罪の問題、④犯罪組織(刑事被告としての組織)問題の四章に分けて検討している。

まず①裁判所憲章問題では、侵略戦争を訴因から抹消しようとした弁護側の申請を俎上にあげた。弁護側の主張は、告発の対象になっている犯罪行為の行われた時期は、どの主権国家も侵略戦争を犯罪とはみなしていなかったのだから訴因から排除すべきであるというものであった。「法律なくして刑罰なし」——すでに犯罪以前に発効していた刑罰規定がなければ犯罪は存在しないという法の大原則の普遍的適用を弁護側は求めたのである。裁判所は、一九二八年のパリ不戦条約(いわゆるケロッグ=ブリアン条約)以降、侵略戦争は犯罪とみなされるようになっていたという根拠でもって、この弁護側の請求を却下した。

さらに①では、国際法は主権国家の行為のみを適用対象にしているのであって、個人を処罰対象にするのは馴染まないという弁護側の異議も認めなかった。「国際法に違う犯罪は抽象的な団体としての国家によっておかされるのではなく、具体的な個人によって行われる」、したがって「個々人を処罰してはじめて国際法は妥当しうることになる」というのが裁判所の論理であった。

また、被告人たちはヒトラーの命令権のもとに行動したのであり、したがってその行為の有責性は問えないという弁護側の主張も、裁判所は認めなかった。「国際法に違反した殺害行為や責め苛む行動をとるよう命令された兵士の残虐行為の処罰に際し、命令が酌量軽減の事由として考慮されるようなことがたとえあったとしても、それが責任阻却事由として認められたことはけっしてない。実際にためされているのは、命令の存否ではなく、人倫の原則に相応しい選択がそこにおいて可能だったか否かという問題である」。

個人責任原則にしろ、上からの命令が免責理由になりえないという原則にしろ、戦犯裁判史上はじめての「ニュルンベルク原則」として大々的に位置づけられあるいは評価されてきたものである。しかし第一章ですでに指摘したとおり、第一次世界大戦後のライプツィヒ裁判で確認されていた原則であり、これらに対しての「ニュルンベルク原則」としての法原則的評価は、歴史的には再検証・再吟味が必要になってきているというべきであろう。

②の共同謀議問題では、共同謀議概念自体は四五年八月にロンドンで制定された裁判所憲章でも規定されておらず、裁判所は判決にあたって、裁判所憲章第六条ａの「平和に対する罪、すなわち、侵略戦争もしくは、国際条約・協定あるいは誓約に違反する戦争の計画・準備・開始あるいは遂行、またはこれらの各行為のいずれかの達成を目的とする共同の計画もしくは共同謀議への参加」という特別な表現に依拠せ

ざるをえないという技術的理由から、検察側の訴状にあったのとは異なり、「共同謀議」の妥当領域を広範には認めず、むしろごく限られた範囲で通用させようと努めたといえる。裁判所は、特に個々の被告について有罪か無罪かの重要な決め手になる要素として、「共同謀議の犯罪的目的が明々白々でなければならず決定および実行から謀議があまり時間的に隔たっていてはならない」、「証拠資料が個々の被告人の共同計画関与を証示している」場合と限定したのであった。

「全体主義独裁では共同の計画などありえない」という弁護側の異論に対しては、「ヒトラーはひとりでは侵略戦争を遂行しえなかった。諸大臣、軍幹部、外交官、企業人の協力・協働を必要としたのであって、彼らが目的を知り協力を申し出た事実が存在する以上、ヒトラーの立てた計画に自らを関与させたのである。弁護側が強調するようにヒトラーが彼らを利用したのだとしても、自らの行うことを彼らが十分に認識していた以上、無罪とすることはできない」と裁判所は判断したのであった。

③の戦争犯罪および人道に対する罪の問題では、戦争犯罪に対して弁護側は「被告人たちについてハーグやジュネーヴの条約の戦争法に相応しい行動を期待することには無理があった。第二次世界大戦の戦争遂行国、わけてもソ連邦はこれらの条約の締約国ではなかったからである」と異議を唱えたが、裁判所の見解によれば、こうした国際的取決めは、すでに以前から存在している法あるいは一般的な戦争慣習法をただ表現しただけであって「それらはすべての文明国によって承認されている」。したがって、特定の政府だけが特別の宣言に署名したか否かの事実のいかんを問わず、これら戦争法は一般的拘束力をもっているという事実を上記異論は無視しているということになる。

同じく人道に対する罪についても、③は以下のように言及していた。「政府に敵対すると予想される人間に対する迫害・抑圧・殺害政策は、開戦の一九三九年以前にドイツ国内で最も容赦ない方法で実行された。同時に行われたユダヤ人の迫害も疑う余地なく確定できる。しかし、人道に対する罪として根拠づけうるためには、戦前に行われここに引き合いに出される行動が侵略戦争の一環として、もしくはこの裁判所の管轄に属すると考えられる犯罪との関連でおかされたものでなければならない。裁判所の見解では、これらの犯罪の多くがどんなにひどいおぞましいものであっても侵略戦争の一環としておかされたことが十分に証明されえないということである。したがって一九三九年以前に行われた行為は、ロンドン協定における意味での人道に対する罪であると一般的に説明することはできない」。

しかし戦争勃発後に行われた残虐行為は、侵略との関連が明白であり、裁判所の管轄に属する。したがって戦争中ドイツ人に対してあるいはドイツと同盟した衛星国の国民(ハンガリー人やルーマニア人)に対して行われた残虐行為は、戦争法違反(交戦国間の戦争犯罪)ではないという事実は存在するものの、国際法違反であり、人道に対する罪とみなされることになる。これに対して戦前に行われた残虐行為は、それがどんなにおそるべきものであっても、裁判所の管轄外とならざるをえなかったのであった。

戦前のナチ体制によるドイツ国内のユダヤ人、ロマの人びと、その他の政治的・宗教的・民族的犠牲者への迫害は、以上の問題を突きつけていた。

もっとも、このような法理問題を煮詰められる局面ないし契機は、裁判のあちらこちらに展開されていたともみるべきであろう。たとえば、カルテンブルンナーの弁護側証人として登場した、占領下デンマークのゲスターポ最高責任者であったカール゠ハインツ・ホフマンに対する反対尋問のなかで明らかになったのは、一九三七年に合法化された(ドイツ国内での取調中の)惨虐な杖刑がやがて戦時期、他の占領地にも適用拡大されていった経緯であり、まさに人道に対する罪が警察によって被占領地住民に対してもおかされていったのであった。

同じ占領下デンマークにおいて総督をつとめたヴェルナー・ベストもカルテンブルンナー被告側証人として出廷したが、犯罪組織の犯罪性について追及する側の予備知識の不確かさにつけこんで、組織犯罪についての煙幕を張ることにかなりの部分で成功した面があった点は否めない。アインザッツコマンド(行動隊)は、アインザッツグルッペンの下属組織としてソ連では殺人部隊の中核単位組織であったにもかかわらず、裁判担当者の間にも実態認識が希薄であったため、デンマークのアインザッツコマンドは、「コマンド命令」の実施を妨げたというような自らの証言について有効な反対尋問を受けることもなく、ベストはかなり自由に組織弁護論を展開できたのであった。

判決の問題に立ち返ると、④犯罪組織の問題では、裁判所は全く新しい問題局面に対峙させられることになったといえよう。すでに裁判所は四六年二月二八日―三月二日の三日間、集団および組識の法的実践的問題に集中的に携わっていた。弁護側の証拠資料は膨大であり、裁判官たちに対する講釈が必要となったほどである。ロンドン協定の枠組では、国際軍事裁判所から犯罪組織とされた組織の成員は、組織の犯罪性の廉で有罪とされるおそれが出てきていたが、判決は「この法原則の最も重要なひとつは、刑法上の責任は個人にあり、組織をまるごと処罰するようなことは回避される」、「ひとつの組織もしくは集団の刑事責任を裁判所が確信すれば、それを犯罪的であると明らかにするのを躊躇ってはならない。……他方で、無罪の人間が処罰されるようなことがあってはならないことも保証すべきである」とした。

この問題に対する裁判所の判断の重点は、「組織の犯罪的目的もしくは行動を知らなければ、もしくは犯罪行為の実行に直接かかわりをもっていなければ組織のメンバーだからといって処罰されるわけではない」というところにおかれていたが、裁判所がナチ党の指導者団、親衛隊(SS)、ゲスターポ、保安部(SD)を、一九三九年以後それらに入り、またそれらにとどまった人間の犯罪組織であると断罪すること自体は困難ではなかった。一方、突撃隊(SA)は一九三四年のレーム事件後重要性を失い、内閣は一九三七年以後閣議がまず開かれなくなり、陸軍参謀本部も国防軍統合司令部も集団あるいは組織としてはスタッフ数が減少したがゆえに犯罪組織のカテゴリーには結局入れられなかった。

判決の最終章では、個々の被告の有罪・無罪を判定していた。起訴状でみたとおり、訴因一「共同謀議」は出廷しなかったライやクルップ含め全員に網をかけるように適用する、英米にとっての包括的概念であり、訴因二「平和に対する罪」は一八名にかけられていたが(訴因二が該当しなかったのは、カルテンブルンナー、フランク、シュトライヒャー、シーラハ、フリッチェ、ボルマンの六名)、裁判所はまさに逆の立場をとり、「共同謀議」をより狭く解し八名のみを訴因一で有罪とし、この八名は訴因二でも有罪とした。

この八名はいずれもヒトラーの個人的知己ないし緊密な関係にあった党友(ゲーリング、ヘス、リッベントロップ、ローゼンベルク)か、指導的軍人ないし外交官でかつまたヒトラーが直々に自らの意図を開陳するような極秘会議にも出席した面々(ゲーリング、カイテル、ヨードル、レーダー、フォン・ノイラート、リッベントロップ)であった。訴因一では無罪とされながら、訴因二では有罪とされた被告は四名(フリック、フンク、デーニッツ、ザイス＝インクヴァルト)であった。侵略戦争の計画・遂行を助けた点で重大なポストにありながら、共同謀議には加わっていない(あるいは参加が立証できない)とみなされた人びとである。オランダ総督を務めたザイス＝インクヴァルト(それ以前はポーランド総督代理)が訴因二では有罪とされながら、(一九三九―四〇年、ザイス＝インクヴァルトの上司であった）ポーランド総督フランクが訴因二では無罪とされた点は、注目されよう。

訴因一・二で訴えられながら無罪となったのは、シャハト、ザウケル、フォン・パーペン、シュペーアの四名であった。シャハトは一九三六、三七年のゲーリングとの権力闘争に敗れ、三九年にはヒトラーから中央銀行総裁の地位を解任されるなど、早々とヒトラーから離れた点が裁判官に無罪の印象を与えていた。パーペンは国際的に評判が芳しくなかったが、ヒトラーから信用されていなかった。三四年のレーム事件後、副首相の地位を解任されオーストリア大使に転出、戦時中はトルコ大使になっていたことも有罪をむずかしくした。侵略戦争計画・遂行の訴因でザウケルとシュペーアが無罪となったのは重要な地位に就いたのが一九四二年とかなり遅かったためであるが、この両名が無罪で、訴因三・四で訴えられたデーニッツやフリック、ザイス＝インクヴァルトが有罪とされたことにも奇異な感じを受ける。ザウケルは侵略戦争の計画・遂行に関与していないのは認められながら、労働配置総監として、八〇〇〇万人をこえる外国人労働者の強制動員・酷使と大量死の責任を問われて死刑判決を受け、シュペーアのほうは「他の戦争遂行生産企業が奉仕したのと同様、ドイツ軍需産業を監察することによって彼の活動を戦争努力に役立たせているが、裁判所はかかる活動が訴因一の意味で侵略戦争遂行に向けられた計画への参画であるという見解には立たず、訴因二にマッチした侵略戦争遂行とも解してはいない」とした。シャハトの場合、無罪が言い渡されたのは、「シャハトがナチの戦略計画を事実上熟知していたという事実について、証拠資料は合理的疑いを覆すほどに証示していないから」であった。

訴因一・二に比較し訴因三「通例の戦争犯罪」・四「人道に対する罪」は一般的に決しやすかった。シャハト、パーペンはこれらで訴えられていなかった。ヘスとフリッチェ以外の二〇名は戦争犯罪か人道に対する罪のどちらかで、あるいはその両方で訴えられており、両方で訴えられている者は一六名だった。戦争犯罪のみで訴えられていたのはレーダーとデーニッツだけだったが、二人ともこれで有罪となった。人道に対する罪だけで訴えられ有罪となったのはシーラハとシュトライヒャーのみであった。ヘスがイギリスへ飛んだ四一年には、戦争の残虐さはすでにはじまっていた。フリッチェも第三帝国の宣伝マンであったにもかかわらず無罪となり、死刑判決を受けたシュトライヒャーとあまりに対照的だった点でも注目を浴びた。フリッチェが「ドイツに打ち負かされた諸国民に残虐行為を働くよう駆り立てるような目的を彼のラジオ放送が有していなかった」のに対し、シュトライヒャーの刊行物は「ユダヤ人が東部で最も恐るべき状況下で殺害されていたまさにちょうどその時期に、殺人と殲滅を煽動していた」というのがその理由であった。

一九四六年一〇月一日、判決文の朗読は終了し、法廷はゲーリング、リッベントロップ、カイテル、カルテンブルンナー、ローゼンベルク、フランク、フリック、シュトライヒャー、ザウケル、ヨードル、ザイス＝インクヴァルト、ボルマン（欠席）計一二名に絞首刑を宣告し、ヘス、フンク、レーダーの三名に終身刑、デーニッツ、シーラハ、シュペーア、フォン・ノイラートに一〇―二〇年の刑を言い渡し、シャハト、フリッチェ、パーペンの三名に無罪判決を出した(57)。

ポツダム会議でも確認された連合国遠征軍最高司令部（SHAEF）指揮による非ナチ化政策は、一九四六年末までに米英ソ仏各占領区でそれぞれ九万五〇〇〇、六万四〇〇〇、一万九〇〇〇、六万七〇〇〇人の身柄を拘束し、それを上回る数の人びとに対し査問審判を開始していた。IMTの無罪三名もすぐ非ナチ化審判にかけるべきものとされ、自由刑（身体の拘束によって自由を奪われる）となったが、シャハト、パーペンは異議を申し立て、釈放された。ソ連のニキチェンコは、三人の無罪に承服せず、また陸軍参謀本部と内閣を犯罪組織と断罪しなかったことに納得せず、ヘスについても死刑判決を主張し、判決に対する反対意見を提出した。死刑は二週間後の一〇月一五日深更、執行された。直前に自殺したゲーリングと行方不明のボルマンを除き一〇名が処刑されたのであった。

第四章　もう一つのニュルンベルク裁判——ニュルンベルク継続裁判

対独管理理事会法第一〇号

ニュルンベルク国際軍事裁判（ＩＭＴ）が、連合国対独管理理事会[1]という枠組の下での対独四分割占領原則と密接にかかわっていたことは、「管理理事会と協議して」ＩＭＴが設立されるとした国際軍事裁判所憲章第一条規定にも明らかである。とはいえ、ＩＭＴは占領機構に指図される法廷とはならなかった。首席検察官も裁判所の構成員（裁判官）も直接管理理事会の下に置かれたのではなく、四カ国それぞれの政府に直属していたのであった。

これに対しＩＭＴ後の裁判は、管理理事会法第一〇号[2]（一九四五年一二月二〇日）にもとづき、管理理事会を構成する直接の占領主体各自の独自判断で実施されることになった。つまり、ＩＭＴに続いて戦争犯罪を裁く各占領区軍事裁判所は、四国各占領区軍政府機関の一構成部分、軍政府の一部局として構成された。管理理事会法第一〇号は、各軍政府の下おこなわれる軍事裁判の統一法規という性格をもたされたといえよう。

ＩＭＴで犯罪組織と断罪されたナチ親衛隊（ＳＳ）、ゲスターポや保安部（ＳＤ）の構成員、ナチ党政治組織の役員等、狭義のナチス幹部や党関連組織指導部員はもちろんのこと、ナチ体制期に国家の要職や行政司法組織の役職についていた者にも、「即逮捕」の措置がとられたため、一九四六年の末までに、英占領地区で六万四〇〇〇人、米占領地区で九万五〇〇〇人、仏占領地区で一万九〇〇〇人、ソ連占領地区で六万七〇〇〇人、四国軍政府下、総計すれば二五万人近くが戦犯容疑者・政治犯収容所に勾留された(3)。もちろん、この全ての者が長期勾留されたわけではなく、若年者やIMTで有罪とされた組織に属していなかった者たちはその後釈放されたが、収容所には、終戦後もナチ党の再建をはかろうとしたり、占領秩序を壊乱させようとしたりするような、戦後の政治犯が少なからず含まれていた。

さらに既述したように、米占領地区では、IMT開廷の半年以上も前の一九四五年三月末から、米軍による解放後のダハウ強制収容所(以下、強制収容所の原語 Konzentrationslager の略語KZを用いる)跡地で、被収容犠牲者に対する人道犯罪・戦争犯罪をおかした管理者やSSを中心とする監視隊員たち、人体実験を行った軍医・SS隊医等の追及・取調べが開始されており、四五年一一月一五日から一二月一三日まで通常の戦争犯罪裁判が開かれた。被告四〇名中三六名に死刑判決が出され、四六年五月二八・二九両日、二八名の絞首刑がランツベルク監獄で執行された(その後KZダハウ関連裁判は一二一件、約五〇〇名の被告が起訴されているが、これらも継続裁判ではなく、米占領区で開かれた通常の戦犯裁判であった)。これにとどまらず、ダハウでは、KZマウトハウゼン、KZフロッセンビュルク、KZブーヘンヴァルト、KZミッテルバウ＝ドーラ、KZ支所ミュルドルフ等の管理者・監視隊員たちに対する追及・裁判も行われた。なかでもマウトハウゼン裁判(四六年三月二九日―五月一三日)では被告六一名中五八名に死刑判決が下された(うち九名がのちに減刑)。ダハウでは、KZ裁判を中心に一九四八年までに四八九件の裁判(被告総計一六七二名)で四二六名に死刑判決が下り、二六八名が執行された(減刑被告はその後一九五〇年代末には全員釈放)(4)。

通常の戦犯裁判は英占領地区のリューネブルクでも、一九四五年九月一七日から同年一一月一七日まで、KZベルゲン＝ベルゼンの四四名のSS隊員裁判が行われ、一一名に死刑判決が下った。最初のアウシュヴィッツ関連裁判も並行して開かれ、その他、ハンブルクにおけるラーヴェンスブリュック女性収容所裁判をはじめKZ裁判は多数行われた。(5)(6)

仏占領地区においては、ラシュタットで一九四六年五月一六日―六月七日、ゲスターポ管理下のKZノイエ・クレムの、女性五名を含む三七名の被告に対する裁判が行われ、一五名に死刑判決が下されている。仏軍政府下のKZ裁判もこれで終わらなかった。西側三カ国占領地区では、IMT開廷や、管理理事会法第一〇号発効以前に始まっていたこれらのKZ裁判をはじめ、後述の米軍「継続裁判」を含む管理理事会法第一〇号にもとづくその後の裁判も合わせれば、計五〇二五名が有罪判決を受け、うち八〇六名が死刑宣告を受けた(実際の処刑は四六八名)。これらの裁判と並行し、英仏では、本国でも数名の大物裁判含め戦犯軍事裁判が行われ、アメリカの場合も、ダハウで行われたマルメディー事件裁判(第二章既述)は最終判決が米本国で出されているように、戦犯裁判の審理判決が本国で下されたケースもまれではなかった(米国最高裁まで上告され争われたマニラでの山下裁判等、アジア・太平洋戦争でのいくつかの例もよく知られていよう)。

ソ連の場合も、東部ドイツ占領地区で軍政府のもと通常の戦犯裁判をIMT以前から始めていた。ソ連本国で軍事裁判を並行して行っていた点も西側三カ国とかわらない。ソ連占領地区では、約四万五〇〇〇人が有罪判決を受け、そのうち一万五〇〇〇人がソ連に連行されて強制労働に従事。残りは東独の収容所に拘禁されたとされる。

ソ連占領地区の軍事裁判では米英仏西側三カ国に比べ容疑者に対しより厳しく対処したが、他の三国とは、以下の点でも著しく異なった。管理理事会法第一〇号がＩＭＴ憲章と違ったのは、第三条の第一項においてドイツ人のドイツ人に対する犯罪も人道に対する罪をはじめ裁きの対象にしていた点であったが、ソ連軍政府は、ナチ党を再建しナチズムを復活させようと企んでいると嫌疑をかけた容疑者はもちろんのこと、ソ連占領体制にたてつく者も、戦犯容疑者と合わせて収容所に拘束した。特に問題があったのは一九五〇年四月二一日―六月二九日に小都市ヴァルトハイムで開かれた三四三二名（少年含む一般市民がほとんど）の被告に対する裁判で、審理の短さも異常であり被告によっては数分で終了というケースもあったと指摘される。三三二四名が有罪とされ（一三二七名が人道に対する罪で有罪）、三三名に死刑判決が下された。東独新国家が発足した一九四九年の時点で、ソ連から東独政府に引き渡された戦犯の数は一万五一三名にのぼった。

ＩＭＴ以前についても、またＩＭＴ以後の両独国家発足に至るまでについても、これら戦犯裁判の動向に関してはソ連占領地区を中心に未解明の部分がなお多く、全体像が把握されているとはいい難い状況が続いている。現段階では、ＩＭＴに続いて同じニュルンベルク裁判所で開廷され、最も重要な被告人たちを裁いた一二の米軍裁判について可能な限り正確な像をとらえておくことが必要と思われる。管理理事会法第一〇号にもとづく継続裁判は、ＩＭＴ（ニュルンベルク国際軍事裁判）に続くこれら一二のニュルンベルク継続裁判のほかに、ソ英仏三占領地区でも部分的に行われたが、歴史上「継続裁判」といえば、ＩＭＴと対比される重要被告を多数裁いた、一二のニュルンベルク継続裁判を指すといってよい。

テルフォード・テイラーの任命

一九四六年一月米占領区では、トルーマン大統領による(最高裁判所)裁判官ジャクソンに対する職権命令(四五年五月二日)を部分変更するかたちで、IMT終了に伴う異動があり、ジャクソンの後任者は、米軍政長官任命になる「戦争犯罪(担当)首席検察官」という職責を担うことになった[7](四六年一月一六日の大統領令九六七九)。大統領令はまたジャクソンに対し、IMTでは追及されなかった戦争犯罪人について訴追する検察局を指揮する首席検察官代理を任命するよう指示していたが、四六年三月一八日にテルフォード・テイラーがこの首席検察官代理に任ぜられた[8]。

管理理事会法第一〇号にもとづく裁判の準備はIMTがなお進行中の一九四六年五月に開始され、一〇月はじめにIMTが終了し実際にジャクソンが退任した直後の一〇月二四日、「戦争犯罪首席検察官局」として知られるようになる米検察オフィスが設置され、テイラーがその責任者となった。翌二五日、管理理事会法第一〇号にもとづくはじめての起訴状が提出された[9](カール・ブラントその他に対する米指令、第一号事件)。

その間にも、ドイツ経済界指導者の面々を被告と想定する第二の四カ国国際軍事裁判の開催について協議が行われた。仏ソ両国の検察官は、「企業家裁判」を推進しようとしたが、すでに難色を示していたイギリスは態度を軟化させなかった。四六年一〇月七日大統領宛て書簡でジャクソンは、四当事国から構成された裁判所につい

テルフォード・テイラー

ての交渉にこれ以上期待するのは無駄で、そんな考え方は断念すべきですと述べていた[10]。

管理理事会法は、ＩＭＴ憲章と同じくロンドン協定を基礎にしていたものの、犯罪の定義において相違があった。管理理事会法は、「平和に対する罪」に関しては、(侵略)戦争に加え、オーストリアとチェコに対するドイツの「侵入征服」も加えており、また「人道に対する罪」に関しても、戦争前の犯罪は管轄外とする但し書きを外しており、さらにＩＭＴで認定された「犯罪組織ないし犯罪集団」に属していること自体を、処罰可能な行為とした点も、ＩＭＴ憲章と異なっていた。管理理事会法はかかる犯罪カテゴリーに包含しうる犯罪の公判を行う「法廷」を設置し、そこでの「諸規定と審理」を定める権限を、各占領地区総司令官に委ねうるとしており、米占領地区では四六年一〇月一八日、地区総司令官が発した軍政府命令第七号[11]第二条にもとづいて、軍政長官によって任ぜられる三名ないし四名の有資格法律家が担う軍事法廷が設置された。第二条ｃ項によれば、軍政長官は、管理理事会に代表を派遣している四カ国の一名ないし数名の地区総司令官と、一事件ないし数事件について、自らの裁量で共同審理を行う協定を結ぶことができたが、米占領地区で上記ｃ項は実際には適用されなかった。

米地区首席検察官には、被訴追対象者決定権が与えられていたが、ＩＭＴの経験を踏まえ不必要で時間を浪費する審理は回避された。約一〇〇名の検察官が一二の継続裁判で任務を遂行したが、在任期間は数カ月から全期間(四年間、二名)まで様々であった。被告総数は一七七名、各被告には少なくとも一名の弁護士充当が認められたが、米人の弁護人一名、独人弁護人一名、さらに予備(ないし補助)弁護人二名がつくのが相場であった。一九四七年七月—一一月の継続裁判のピーク時には、約九〇〇名の米人スタッフあるいは連合国職員と、ほぼ同数の独人スタッフが働いていた。四七年九月一日—四八年九月一日の一年間に翻訳された文書は一三万三二六二頁、一日平均で五二〇頁分が翻訳された計算になる。検察側は四万五三八七頁、弁護側は八万一八一五頁であった[12]。

継続裁判の被告たち

計一七七名の被告が審理に引き出された米軍政府下一二の継続裁判（開廷前に四名が自殺、重篤な状態で出廷が無理と判定された被告も四名）で、ほとんどの被告はＩＭＴで断罪された三つの犯罪組織（ＳＳ、ゲスターポ、ＳＤ）のいずれかに属し、他の犯罪行為とかかわってこの所属自体も問われていたが、犯罪組織に属していた事実だけで起訴された者はいなかった。親衛隊員の数は、一般ＳＳと武装ＳＳを合わせれば、大戦終末期には一〇〇万人をこえる規模にまで膨張。ＩＭＴが終了する前後には、犯罪組織成員裁判を想定し少なくとも数十万人規模の大量裁判も予想されないわけではなかったが、継続裁判としては無理だと判断された[13]。

ＩＭＴの審理が進行中の一九四六年五月、米検察局は自らの占領地区で誰を起訴するか決定するための準備を開始した。起訴状で最初の一〇〇名分をつくりあげるのに一年を要し、最後の第一二番目の裁判の起訴状が提出されたのは四八年一一月であった[14]。

テイラーが四八年五月一二日の国防長官宛て報告書のなかで、誰を起訴するかの一般原則について次のように述べていた点が注目されよう。

検察局の最重要課題は「利用可能な最良の情報を考慮しつつ、第三帝国期に行われた無数の国際犯罪に対する最も重大な人的責任がどこにあったのか決定することにある。ニュルンベルク裁判は犯罪処罰のために実施されたのであり、政治的信条あるいは他の信念が、どんな悪や誤謬におかされているものであったとしてもかかる信条故に処罰を行ったのでないことは強調しておく必要がある。したがって被告人の選定に当たっては、ある特定の人間が政治的な意味で《ナチ》だったか、またナチ党員だったかどうかという問題は決定的ではなかった。一般的に承認された国際法の諸原則からみて、その犯罪的行動様式に対する十分な証拠が揃っていなければニュルンベルクでは起訴の対象にならなかった。特定の職業集団に所属した人間を追及するというやり方は正しくないし賢明でもない。被告人選定に完璧を期すためには、あらゆる階層の指導的立場にある人間の行動を吟味し、証拠が存在するかどうかという基準で決定することが必要だった[15]」。

重要被告たちについては、米軍の管轄下にある者たちが一番多かったことが従来指摘されてきたが、それでも英仏やポーランドの管轄下にあった戦犯被疑者との相互交換が行われた場合もあり、特に米英間で注目すべき遣り取りがあった。残虐な「人体実験」を敢行した英軍管轄下の軍医・SS隊医被疑者たちの米軍への引き渡しを英軍が了承したことによって、継続裁判の第一号事件は医師裁判というまとまった形で展開され得たのであった[16]。

一二の裁判の内、四つの裁判(①医師裁判、⑥IG《イーゲー》ファルベン裁判、⑨行動部隊裁判、⑪諸官庁裁判)で被訴追者が二〇名をこえ、六つの裁判(③法律家裁判、④ポール裁判、⑦南東戦線将軍裁判、⑧SS人種・植民本部裁判、⑩クルップ裁判、⑫国防軍統合司令部裁判)で被訴追者が一〇名をこえ、残る二つが、被訴追者六名の⑤フリック裁判と、被訴追者がミルヒ(中央計画庁長官)一名の②ミルヒ裁判ということになった。一二の継続裁判では、各裁判の範囲をはっきり定め、それぞれに意味と特別の力点を与えるために、被告人の中の特定集団ないし特定人物が中心におかれ、各裁判の特徴を表わす名前で呼ばれた。
一二の裁判全体についてさまざまな分類・断面仕分けが可能であるが、被訴追者一八五名を機能エリート的観点から分けてみれば、以下のようになる。

一　アカデミカー（大学卒エリート、特に医師・法律家）　三九名（①③）
二　親衛隊（SS）・警察　五六名（④⑧⑨）
三　企業家・銀行家　四二名（⑤⑥⑩）
四　軍幹部・将校　二六名（⑦⑫）
五　大臣・政府高官（官僚）　二二名（②⑪）

もちろん、次のような点にも触れておく必要があろう。たとえば、医師裁判①の被告人たちのなかにも、V・ブラックのように、元々医師ではなく、総統官房の行政官として親衛隊その他「安楽死」殺人関与組織とのパイプ役を務めた人間も例外的に含まれていた。ミルヒ裁判②の被告は元々は空軍の出で、ゲーリングに重用され空軍元帥にまで昇進したが、裁判で問われたのは、強制労働者の拉致・強制移送に責めを負った中央計画庁長官としての役割であった。

IMTにすでに出廷していた弁護人のほとんどが継続裁判においても弁護を担当したが、それとは対照的に、検察陣は、継続裁判開始前に合衆国からはじめてニュルンベルクに飛来し審理に臨んだ者がほとんどであった。IMT後も検察メンバーにとどまっていたのは、T・テイラー、D・シュプレッヒャー大尉、それにケンプナー博士のわずか三名のみであった。もちろんドイツ語を解せる検察官は少なかったし、言語上の困難は残っていたが、IMTのときのように、仏語、露語含めて多数の言葉が飛び交うようなこと

表3　ニュルンベルク裁判の訴因

訴因	IMT	継続裁判											
		①	②	③	④	⑤	⑥	⑦	⑧	⑨	⑩	⑪	⑫
平和に対してならびに戦争犯罪(および人道に対する罪)遂行のための共同計画もしくは共同謀議	○						○				○		○
戦争犯罪および人道に対する罪遂行のための共同計画もしくは共同謀議		○		○	○								
平和に対する罪／侵略戦争の計画・準備・開始・実行	○						○				○	○	○
戦争犯罪	○	○			○			○	○	○		○	○
戦争犯罪(強制労働)			○	○		○	○				○	○	
戦争犯罪(人体実験)			○										
戦争犯罪(略奪・搾取)						○	○	○			○		○
人道に対する罪(強制労働・人体実験・《アーリア化》・親衛隊の犯罪への関与・外国民間人に対する犯罪)	○	○	○	○	○	○	○	○	○	○	○	○	○
犯罪組織への所属		○		○	○	○	○		○	○		○	○

はなくなっていた[17]。

以下、一二の裁判について、一から五の概要を紹介しながらその特質を考察したい。継続裁判は、①が終わると②、②の次に③というふうに継起的になされていったのではなく、同時に六つの裁判が並行し、被告人も一〇〇名以上が出廷するという局面もあった。通訳官や速記官はもちろんのこと、いろいろな担当職員の数も急増した。

一　医師裁判と法律家裁判

1　医師裁判(①)

正しくは「合衆国対カール・ブラント他」と題する、いわゆる「医師裁判」(継続裁判第一号事件)では、四六年一〇月二五日、元武装親衛隊中将カール・ブラン

表4　ニュルンベルク裁判の判決と量刑

被告			有罪判決を受けた者	死刑		無期	有期	財産没収	無罪	審理停止	自殺	有罪とされた訴因				
				宣告を受けた者	執行数							平和に対する罪の共同謀議	人道に対する罪	戦争犯罪	組織犯罪	侵略戦争ないし平和に対する罪
IMT		24	19	12	10	3	4	—	3	1	1	8	16	16	—	12
継続裁判	①	23	16	7	7	5	4	—	7	—	—	—	15	15	10	—
	②	1	1	—	—	1	—	—	—	—	—	—	1	1	—	—
	③	16	10	—	—	4	6	—	4	1	1	—	9	7	3	—
	④	18	15	4	1	3	8	—	3	—	—	—	15	15	13	—
	⑤	6	3	—	—	—	3	—	3	—	—	—	2	2	2	—
	⑥	24	13	—	—	—	13	—	10	1	—	—	13	13	—	—
	⑦	12	8	—	—	2	6	—	2	1	1	—	8	6	—	—
	⑧	14	13	—	—	1	12	—	1	—	—	—	8	8	13	—
	⑨	24	22	14	4	2	6	—	—	1	1	—	20	20	22	—
	⑩	12	11	—	—	—	11	1	1	—	—	—	11	11	—	—
	⑪	21	19	—	—	—	19	—	2	—	—	—	17	12	12	3
	⑫	14	11	—	—	2	9	—	2	—	1	—	11	10	—	—
継続裁判計		185	142	25	12	20	97	1	35	4	4	—	130	120	75	3
総計		209	161	37	22	23	101	1	38	5	5	8	146	136	75	15

Taylor, *Final Report*, S. 241 を参考に著者作成

ト（一時ヒトラー専属の医師を務めたこともあるブラントは、四〇歳代で当時の独医学界の最高の地位、総統ヒトラー直属の衛生・保健組織全権委員のポストに就き、軍事・民間医療全組織に対する監督権限を所有）を筆頭とする二三名の被告に対する起訴状が提出された[18]。

被告たちに対する訴因は四つからなり、狭義の戦争犯罪（訴因第二）が主点で、人道に対する罪（訴因第三）の容疑を受けたケースは、ドイツ国籍保有のユダヤ人に対する犯罪を追及するという観点からのことであっ

た。訴因第一は、訴因第二・第三を構成する犯罪に対する「共同謀議」であった。訴因第四は、被告の多くが親衛隊に所属していたことに対する「犯罪組織成員」罪であった。

訴因第二の具体的な中身は、被告たちが「強制収容所の犠牲者や捕虜の同意もなく、残虐で致命的な医学上の生体実験を行った」点にあった。

起訴状によれば、KZダハウの「実験〔パイロットがどこまで凍死しないで生きられるか〕では、高度二二〇〇〇メートルの大気・気圧状態が低圧室に設定され、実験の結果多くの犠牲被験者が死亡、あるいは重度の障害を被った。……また一連の実験では、氷水槽のなかに三時間も漬けられた犠牲者も存在した」。この犠牲者の生存状態が確かめられると再び暖められて、次の実験に用いられたりした。ダハウのほか、KZブーヘンヴァルトの被収容者たちにも、マラリヤ、流行性黄疸、チフス等の病原菌が注入され、ワクチンや薬剤の効果が確かめられた。収容所のこうした被収容者たちはモルモット然として扱われ、断種措置実験や海水を飲まされる等、実験自体の恣意性も裁判で明らかにされた。

カール・ブラントら四名は、かかる生体実験へのコミットの他、「安楽死」計画への関与も厳しく追及された。起訴状によれば「ホームや病院その他の施設を用いた、老人・精神障害者・不治の病に罹っているとされた患者・奇形の子供たちに対するガス殺、薬物注入殺が行われた。これらの人びとは、《無駄飯食い》、ドイツの戦争機構の重荷とみなされ、犠牲者遺族には、当然、別の死因、たとえば心臓発作という死亡通知がなされた」。

ルードルフ・ブラント、ズィーファースについては、ストラスブール大学で骸骨を展示するための「疑似科学」的辻褄合わせ用に一一二名のユダヤ人を殺害した罪も問われた。

四六年一二月九日に始まった医師裁判は、翌年の七月一九日まで審理が続けられ、弁護側は、起訴状に記述された生体実験の事実自体は争わなかったが、実験の倫理性侵犯をめぐる問題について、戦時・国家緊急時の調査の必要性、被験者としての囚人（なかんずく死刑囚）利用の承認、医師の選択責任上の免責性、「当時は合法」、倫理的普遍基準はない、緊急避難性、国家による決定、より「小さな悪」、被験者側に暗黙の同意の存在等の弁論を展開した。[19] 実験によっては検察側が主張するほどに危険ではなかったと反論する場合もあり、医学実験のみならず「安楽死」もどの国においても行っているではないか、とも述べられたが、弁護側が異をとなえたその大きな部分は、個人の責任の（度合い）問題であったといえよう。上からの命令に従って行動したのだ、という弁論自体は、他の裁判と共通だったが、被験者が同意していたという弁論は、当裁判に特徴的なものであった。

とにかくこの裁判は医と倫理をめぐって、世界の医師、わけても精神病理の専門家、さらには法学者の関心をも大いに喚起するところがあり、検察側が、イリノイ大学副学長のアンドリュー・C・アイヴィー博士を証人として召喚した点も注目された。全米医師会の要請で、米陸軍省次官、また継続裁判全体の首席検察官テイラーの顧問となったアイヴィー博士は、いまひとりの、すでに顧問となっていたアレグザンダーとともに出廷した。[20]

裁判を通じ、医の倫理の歴史的、また現存の基準をめぐる議論が交わされたが、論議の最も激しい対象になったのは、アイヴィーが証拠として提出した、ヴァイマル共和国がナチ政権成立約二年前の一九三一年春に発したガイドライン（内務省三一年二月二八日回状）[21]である。これは内務省衛生評議会がドイツ全国の医師に与えた一四項目にわたるガイドラインで、「医師に認められている自由は、革新的な治療法を試み、あるいは実験を行う全ての人間の生命と健康に対する大きな責任をつねに意識し続け、特別の義務に照らし、慎重にはからねばならない」という条項を最初に掲げた画期的な原則だった。

三〇年春にリューベックでＢＣＧの効果を確認しようとして注射した二五六名の幼児のうち七七名が死亡した、二〇世紀最大級の医療事故が、内務省ガイドラインの基礎にあった[22]。弁護側は、この内務省ガイドラインについては結局当時まだ通用していたわけではなく、法的効力をもたなかったとし、被告の医師たちもこのガイドラインを知らなかったと主張したのに対し、検察側は、ナチ・ドイツ以前の人体実験について誰もが認めうる限界を理解する上でもきわめて注目に値する適切なガイドラインだったことを確認した。裁判所も、ヴァイマル共和国時代に通用していたものが第三帝国時代に無視されたとみなしたのであった。

三三年一一月二四日ナチ体制は、動物に対する虐待・無関心を妨げる動物保護法を制定した[23]。この法は、苦痛や損傷をともなうあらゆる手術・措置、わけても氷や高熱物、病原菌を用いた生体実験を禁止していたし、人体実験のかわりに動物を利用することも禁じていた。どんな人体実験についてもそれに先だって動物実験を要求していた三一年のガイドラインは三三年のナチ法によって無効にされたということにもなるが、人間も動物に入れるのであれば、ナチの人体実験は違法ということになったはずである。

四七年八月一九日の判決は、「考えられる全ての基準に照らしてはかれば、証拠資料は、訴因第二・第三の対象とされたとおり、戦争犯罪および人道犯罪がおかされたことをはっきり示している。第二次世界大戦勃発以降、ドイツとは異なる国籍の保有者、ユダヤ人を含む民間人、「反社会分子」とされた人びとに対する犯罪的医学実験は、独国内でも、占領地域においても大規模に行われた。これは医師や医学研究者がもっぱら自らの責任において行う個別的な試みあるいは折に触れた行為ではない。むしろ政府・軍・ナチ党指導部による総力戦投入配置実行のための……政治の帰結だった[24]」と結論づけた。

二三名の被告中、一六名が有罪とされ、その内K・ブラント、K・ゲープハルト、R・ブラント、J・ムルゴフスキー、W・ズィーファース、V・ブラック、ホーヴェンの七名には死刑判決が下された。S・ハントローザー、O・シュレーダー、G・ローゼ、K・ゲンツケン、F・フィッシャーの五名には無期懲役、H・ベッカー＝フライゼングと医師のなかでただ一人の女性被告だったヘルタ・オーバーホイザーには二〇年、W・バイグルベックには一五年の刑が宣告された。H・ポッペンディック被告の場合は、犯罪的な目的・方法を承知の上で親衛隊に入っていたこと自体を問われ、「犯罪組織所属」という訴因だけで有罪とされ、一〇年禁固刑を言い渡され下獄した。あとの七名の被告は無罪とされた。被告人K・シェーファーの場合は起訴状に欠格が認められるという理由で、またS・ルフ、H＝W・ロンベルク、A・ヴェルツの三人については証拠不十分で無罪が言い渡されたが、「合理的な疑いの余地が一点もなく」責任が証明されなければならないという原則が維持されたといえよう[25]。

裁判所が、アイヴィーとアレグザンダーによって提出された医と倫理に関する六項目からなるガイドラインを参考に、以下の一〇原則（医の「ニュルンベルク・コード」）を判決文のなかで提示したことは、ここで再確認するに値しよう[26]。①被験者の自発的な同意は無条件に必要。②実験は、社会の福利にとって実りある成果が期待され、他の調査手段や方法によっては達成されえないもので、恣意的であってはならない。③動物実験の結果にもとづく必要。④実験は不必要な肉体的精神的苦痛・傷害を避ける形で行う必要。⑤死亡や障害が予め予想される場合、どんな実験も行ってはならない。⑥危険をひきおこす要因は、解決されるべき問題の人道的重大性の限度を超えてはならない。⑦被験者を護るための適切な準備、十分な安全措置がなされる必要。⑧実験は、科学的有資格者によってのみ遂行されることがゆるされる。⑨実験の継続が肉体的精神的臨界点に達した場合、いつでも実験を終了しうる自由が被験者に与えられている必要。⑩実験の過程で、実験責任者は自らに要求される良心と高度の洞察・判断力を用い、実験の継続が傷害・いつまでも残る健康毀損・死をもたらしかねない危険がある場合、実験を停止できなければならない。

2 法律家裁判③

いわゆる「法律家裁判」として知られる「合衆国対ヨーゼフ・アルトシュテッターおよびその同僚たちの裁判」(継続裁判第三号事件)の被告人は、いずれもナチ司法体制において高位を保持した裁判官・検事・法務官僚たちであった。だが、司法界における代表的な三人が、すでに物故していた。すなわち、ヒトラー政権で最初に法務大臣のポストを占めたフランツ・ギュルトナー博士は一九四一年はじめに病死。一九四二年八月はじめから終戦期まで法相を務め、戦後は英収容所に身柄を拘束されていたゲオルク・ティーラクは、自らが起訴されたのをラジオで知り、四六年一〇月に自殺。悪名高い「民族裁判所」(一九三四年四月二四日、専ら反逆罪[抵抗運動者]を裁くために開設)長官として四二年ティーラクの地位を継いだ、R・フライスラーは、終戦間際、ベルリン「民族裁判所」で抵抗運動者を裁いていた審理の最中に、連合軍の爆撃の直撃弾をうけ死亡した。したがって、被告人のなかであえて最重要人物をあげれば、ギュルトナーの下で法務次官に就任し、ギュルトナー死後も次官のままで法務省を代表し、ティーラクがギュルトナーの後任に就くまで法務業務をになったF・シュレーゲルベルガーであった。ティーラク法相時の次官二人、

K・ローテンベルガー、H・クレム、さらに四人の法務省高官(J・アルトシュテッター、W・フォン・アモン、G・ヨエル、W・メットゲンベルク)もシュレーゲルベルガーとともに起訴された。さらに法務官僚では、K・ヴェストファル、K・エンゲルトの二名が訴追されたが、前者は自殺、後者は審理に耐えられないと判断され、外された。裁判官では、ブラウンシュヴァイク上級裁判所所長を長らく務め、民族裁判所第四部(抵抗運動者裁判)部長も務めたG・ネーベルング、民族裁判所の名誉裁判官で、特別刑事部にも属したH・ペーターゼン、さらにその他の特別裁判所(ヒトラー政権以前、一九三二年パーペン政権下で政治犯を即刻裁いて政治的混乱を防止するために一時設置されていたが、ナチ体制下三三年三月から本格的に機能)にとりわけ深くかかわったとされるシュトゥットガルト裁判長H・クーホルスト、同じくニュルンベルク裁判長ロートハウク、彼の後任のR・エーシャイ。加えて民族裁判所最高検事長E・ラウツ、同検事正P・バルニッケルの総計一六名であった。

起訴の核心は、「ドイツにおいて法と正義を破壊し、人を迫害・奴隷化・殲滅するために、法律を偽装した厖大な空疎条項を利用することによっておかした司法殺人その他の残虐行為」を追及することだった。起訴状は、法務省関係被告について、違法な命令・指令の起案・施行に参画したことを明らかにした。際立っていたのは、ポーランド人、ユダヤ人、その他占領地住民への酷薄な措置であり、特に占領地の抵抗者あるいはまた命令に不服従とみなした人びとを、裁判にもかけず家族にも通知しないまま占領地からドイツへ秘かに拉致連行する「夜と霧」命令を典型例としてあげていた。また、法的手続きを嘲弄するような見せしめ裁判の形をとってユダヤ人やナチ敵対者を殺害したことも告発。訴因第一を共同謀議、訴因第二を戦争犯罪、訴因第三を人道に対する罪、訴因第四を犯罪組織所属とした点で、医師裁判とかわらなかった。訴状は四七年一月四日提出(27)。

裁きの対象になった事件の諸事実とそれを確認した審理(四七年三月五日開始)を辿ると、第三帝国の裁判官が、法体制が破壊され独裁の手段に変えられていく諸法律・命令・行政措置によって、急速に堕落していく過程が見て取れる。起訴状の総括部分にも、「告発されるのは、戦時国際法に違反し、法務省の権威下、裁判所の助けを借りつつ法の名において人道法をおかしつつ国全体に拡大し政府によって組織された残虐・不正の体制に意識的に参画した犯罪であり、殺人者の匕首《あいくち》はまさに法服の下に隠されていたのだ」とある。無論、被告人たちは、ヒトラーの命令に従うよう、また命令が国際法に違反しようともこれを実行するよう強いられていたと弁解したが、法廷では結局通用しなかった。

証拠調べは四七年一〇月に終了、同年一二月四日以下のような判決が下された。

「事後法原則を、国家間条約、国際慣習、普通法にもとづく国際裁判所の決定、さらにはかかる出来事に続く国際的承認に(機械的に)適用せよというのは全く馬鹿げている。事後法原則を、諸国慣習法の形をとった裁判の決定に適用しようというのは、国際法に関しそもそも成立段階からその息の根をとめることに他ならない」。「管理理事会法第一〇号が現行法の集大成か実体法かにかかわらず、管理理事会法第一〇号によって処罰される行為を故意におかした者は、行為の責任を問われることを知らなかったとは主張し得ない」。以上の形で事後法原則の機械的運用が批判される一方、継続裁判法廷も法的性格上《国際的》であることが強調された。

「管理理事会の立法行為、起訴状の形式、この裁判所のために定められた訴訟手続は、通常の米刑法・刑訴法の規定に支配されているのではない。この裁判所は慣習法の制度と規則によって訓練された米裁判官によって構成されているが、裁判自体は国際的権威にもとづいて行われており」、したがって、あらゆる文明国の法と法的手続の考え方を基礎にした、広範な法と公正の諸原則にもとづいているとされた。「証拠物件から引き出される結論は明らかである。ドイツの法理論によれば、ヒトラーの諸法はこの法の下、法務官をつとめた人間たちを保護するものになっていたが、国際法を適用する権限を与えられたこの裁判所において、ヒトラーの命令は、国際共同体の法に違反したのだから、総統みずからも、ヒトラーの部下たちも保護し得ない」。

以上のように第三帝国の司法犯罪を総括した後、裁判所は、個々人の責任を問い、中でも最重要被告人シュレーゲルベルガーの、犯罪的命令起案・公布に寄与した罪を非難し彼の弁明に以下のごとく反駁した。「シュレーゲルベルガーは、被告全員が一定程度は注意力を集中して考えてみる興味深い、自らに対する弁護論を展開している。すなわち、ヒトラーとヒムラーの下で無法の勢力が、法務行政を独占してしまったとしたら、国民が置かれた状態は実際よりもっと酷いものになったであろう。自分が法務次官の地位を去れば、悪人がその地位を占めるのではないかとおそれたのだ、と。様々な出来事が照らし出したとおり、この主張には多くの真実が含まれているように見える。だが一見説得的に響くこの弁護論も、よく吟味してみると全く真実を反映しておらず、論理も破綻し、状況に反していたことがわかる。証拠書類が決定的な形で明示しているのは、こうした正当化に躍起のシュレーゲルベルガーその他の法務官僚は、ヒトラーに法務省へ大いに目をかけてもらうため、またヒムラーの警察への、法務省の完全従属を妨げるため、汚い仕事を引き受けたということである。この仕事を要求した国政指導者は、ユダヤ人・ポーランド人殲滅のため、占領地域住民へのテロ展開のため、独国内の政治的抵抗運動根絶のために、法務省を道具として利用した」[28]。「規範国家」と「措置国家」の『二重国家』としてナチ体制を鋭く把握したE・フレンケルの邦訳が近年ようやく出された日本では、ナチ体制について、ゲスターポのコマンドによるテロや強制収容所での殺人等、「措置国家」の面が圧倒的だったというイメージを抱いている人が少なくないが、「規範国家」も「国家テロ」性を遺憾なく発揮しいかに猛威を振るったかについて、「法律家裁判」が抉り出した点を看過しえない。

この裁判の審理で特に耳目を惹いたのは、三七―四三年にニュルンベルク特別裁判所裁判長を務めたO・ロートハウクに対する公判だったが、判決を導く決定的要素となったのは起訴状の訴因第三「人道に対する罪」であった。ロートハウクの主たる犯罪は、特定の人種集団ないし民族集団の成員に対する迫害で、わけてもニュルンベルクのひとりのユダヤ人に対して下した死刑判決が焦点になった。犠牲者はカッツェンベルガーという六八歳の地区ユダヤ教信徒共同体の責任者。「アーリア人」女性との間で「人種的汚染」を引き起こしたというのが当時のロートハウクの判決の根拠であった。「裁判長ロートハウクは、……《人種的汚染》の罪が問えるか否かは疑わしかったにもかかわらず、……公判の間中、自らに提供されたあらゆる手段を用いてカッツェンベルガーに不利な申し立てをするよう出廷証人を鼓舞し、カッツェンベルガーの申し立て自体、ほとんど罵声で聞こえず、無視され一顧だにされぬよう法廷を指揮した」と事実認定し、「カッツェンベルガーがユダヤ人だったから有罪とされ死刑に処せられたのであり、これはユダヤ人を迫害し責め苛み根絶しようとしたナチ体制の政策に合致していた。ロートハウクはこの迫害と絶滅の計画をよく心得た自発的道具になった」と結論づけた[29]。

法律家裁判では、シュレーゲルベルガー、ロートハウク、クレム、エーシャイが終身刑を宣告され、アモン、ヨエル、ラウツ、メットゲンベルクの四名が一〇年の刑。ティーラクの代理、ローテンベルガーは七年の刑、アルトシュテッターは犯罪行為を知りながら犯罪組織ＳＳに所属したとみなされ五年の刑を言い渡された。あとの四名は無罪とされた。

二　親衛隊（ＳＳ）と警察

一二の継続裁判における被告人の約三分の一、六〇人以上が、親衛隊の将校であり、他の被告たちも何らかの形で親衛隊とつながっていた。医師裁判や法律家裁判の被告人に限らず、諸官庁裁判や企業家裁判の被告人の中にも、高いＳＳのランクをもっていた者が少なくない。ＳＳのメンバーであることとは直接関係ない職に就いていたにもかかわらず彼らは頻繁に、進んでヒムラーに貢献した。

Ｈ・ヒムラーの統括したナチ党親衛隊は、第三帝国初期には小さな一種の会員制の組織で、いわばナチの「人種・血統貴族」から構成されていた。その隊列は、ヒトラーとナチ党幹部のボディーガード組織および強制収容所監視隊に発していた。一九三六年ドイツ警察長官に就任したヒムラーは、続く時代多くの官職を兼任し、同時にＳＳの武装と訓練も行っていった。ヴァッフェン・エスエス（武装親衛隊）という名の親衛隊軍事組織は、戦争に突入すると国防軍とともに野戦部隊としても戦い、最大時には約三〇個師団にも膨れあがった。かくてＳＳは巨大な本営組織と各司令官、傘下の広範な下部組織をもつ総社会的な支配体制に発展。四三年には一二の本部組織に分かれ、このうち一個ないし数個の重大な本部組織の幹部たちが三つの裁判で追及されることになった。

1　SS—経済管理本部裁判(ポール裁判④)

四七年四月八日に開廷された「合衆国対オズヴァルト・ポール他の裁判」(継続裁判第四号事件)では、SS内の経済管理本部(WVHA)長官ポールの他に一七名の本部委員が被告になった。この組織は五つの局群に分かれ、三つはSSの財政・法律問題を処理(第一は制服・営舎・その他の装備の供給にかかわり、第二はSSの建物・バラック・堡塁の建設と手入れ、第三は強制収容所[KZ]含む収容所の建造と保守をまかされていた)、第四局群はKZの管理に直接責任をもち、第五局群はKZに併設された鉱山業、石材業、煉瓦業を所有する経営体であった。SS大将のランクをもつポールの他、長官代理であるSS中将A・フランク、SS少将G・レルナー、および他の局群や諸局を指揮した一五名の高級SS幹部将校が被告で、ただ一人SSの職員(軍ならば軍人でなく軍属に該当)H・ホーベルク以外はいずれもSS准将以上の親衛隊「将官」であった。

ポールに対する訴因は医師・法律家裁判同様、四つあり、訴因第一は平和に対する罪、訴因第二は戦争犯罪、第三は人道に対する罪、第四は犯罪組織SSの成員だったことである。訴状は被告のいずれについても、WVHAによって統括されたKZの囚人に対しておかされた殺人その他の犯罪の刑事責任を追及していた。(30) 犯罪の一部は、WVHA経営のSS鉱山や、KZ囚人が奴隷労働者として派遣された工場においても行われた。

裁判は四七年九月二二日に結審。判決は一一月三日に宣告された。親衛隊組織の集団としての、また隊員個人のイデオロギー的確信度をより重視したムスマーノ裁判官の独立した判決理由が特別に付されていた点も注目される[31]。

ポールと他の三名、G・レルナー、F・アイレンシュマルツ、K・ゾマーに死刑判決、一一名に一〇年―終身刑、三名(J・フォークト、R・シャイデ、H・クライン)に無罪判決が下された。死刑以外の有罪判決において、強制労働を科したのが際立った特徴だった。

「ナチズムに心酔した被告たちは、何百万人にも及ぶ民間人を暴力的に拉致し奴隷労働させたことに今日でも罪の意識をほとんどもっていない。人間を奴隷にすること自体が犯罪だという考えが全く思い及ばない。彼らの態度は以下の言明に最もよく表れている。《われわれはこれら囚人たちに可能な限り食料・衣服・住まいを与えた。飢えや寒さに苦しんだというならドイツ人だって同じ苦しみに耐えたのだ。つらい条件のもとで働かねばならなかったというならドイツ人も同じだった。なぜそれが不当だというのか》。被告たちに、ドイツ人が自由な人間として自らの故郷において祖国のために働いたのとは決定的に違うと説いても、彼らにはその違いが理解できなかった。電流が流れる鉄条網、武装した見張り、人に噛みつく獰猛な犬、監視塔等(強制収容所の異常な環境)も《当然であって、それらがなければ囚人は必ず逃亡する》と全て単純な説明で弁明が行われる。あらゆる言葉の中で自由がどんなにかけがえないものであるか被告たちには想像もつかない。あらゆる記録が虐待・徹底飢餓化・殴打その他野蛮な方法が繰り返されたことを証拠づけている[32]」。

判決宣告後、弁護側は、四七年二月一七日米軍政府政令第七号第一七条(関係国占領司令官間協議による処罰緩和を規定)による減刑申請を行い、裁判所も四八年八月一一日レルナーに対する死刑判決を終身禁固刑に、キーファーの終身刑判決を二〇年に、ファンスラウの二五年を二〇年に、ボーバミンの二〇年を一五年にそれぞれ修正した。[33]

2　人種・植民本部裁判⑧

第二のSS裁判は「合衆国対ウルリヒ・グライフェルト他の裁判」(継続裁判第八号事件)で、被告はSSの諸組織の幹部一四名であった。起訴状によれば、これら組織の共通目的は、「北方人種」の優越性を保護促進し、その「希釈化」や「毒殺」に努めるあらゆる勢力を抑圧・殲滅することにあった。被告は、ヒムラーが全権を務めた「民族強化本部」の実質的指導者U・グライフェルト、SS人種・植民本部(RUSHA)長官O・ホフマン、その後任のR・ヒルデブラント、民族ドイツ人センター部長W・ロレンツ武装SS・警察大将、さらに「生命の泉」協会幹部(中にはインゲ・フィアメッツという、医師裁判に続く二人目の女性被告も含まれていた)等であった。起訴状は四七年七月一日に提出された。[34] 訴因第一は人道に対する罪で、同じ行為が戦争犯罪(訴因第二)としてもあげられ、女性被告を除き他の一三名の被告全てが犯罪組織SSの成員だったこと(訴因第三)も追及された。

主に咎められたのは、ナチ人種計画への寄与だった(①「ドイツ化」の目的のため占領地から「人種的に価値ある」子供たちを誘拐した犯罪行為[生命の泉]、②民族ドイツ人[独語を話すが独国籍をもたない外国在住のドイツ系住民]に対しドイツ本国等への移住を強制する「ドイツ化」、③ドイツ人および民族ドイツ人の[入植の]ために、他民族、たとえばポーランド人を故郷から駆逐し他地域へ強制移住させた措置、④ドイツ全土・ドイツ軍占領地域のユダヤ人を同じ目的で迫害・根絶した行為等)。

四八年三月一〇日の判決では、SS組織全体の存立条件について「主としてヒトラーのイデオロギーと計画を実行する目的のための組織だったのであり、一方で他の諸民族の弱体化、最終的には滅亡をはかり、他方で打ち負かした他国を犠牲にしてのドイツの領域的拡大・人種的強化をめざすという、二重の目標をもっていた」と結論づけた。[35]

裁判は、犯罪的なナチ人種神話実現を任務としたRUSHAその他の組織の行動の具体相を明らかにし、特に証拠文書は民族学の豊富な素材・民族史の鉱脈を提供する一面も有していた。[36] 審理のなかで提示された事実は、判決が示した法的な問題よりはるかに興味深い問題を提起していた点で、医師裁判と似た面もあった。

グライフェルトには終身刑（彼はその後ポーランドに引き渡され、死刑判決を受け処刑された）、ホフマンとヒルデブラントには二五年の刑、ロレンツには二〇年の刑、その他四名の被告には一〇―一五年の刑が言い渡された。以上八名の被告は、訴因第一―第三についていずれも有罪と判定された。ただし、オーコネル裁判官は、特別の意見を付し、これらの判決のうち、六名については重すぎ、有期刑も二〇年を超えないのが妥当であるとした。[37]「生命の泉」組織の女性被告には無罪判決が下され、残り五名についても人道に対する罪では無罪とされたが、違法行為を知りながらSSのメンバーだった点で有罪とされた。しかし、二年八カ月ないし二年一〇カ月の刑とされたこの五名は直ちに釈放された。すでに裁判開始前に拘束されていた期間で罪は償われているという解釈だったが、実際は釈放するために拘束期間を二年八カ月ないし二年一〇カ月にしたのだった。

判決は、検察陣はじめ少なからぬ人間にとって異常に軽い判決とみなされた。[38] 医師裁判や法律家裁判と比較してみても、犯罪組織に所属していたという訴因だけで有罪とされたポッペンディック被告には一〇年の刑（医師裁判）、アルトシュテッター被告には五年の刑が下されており（法律家裁判）、この二人と同じSS准将のランクを有していたRUSHA裁判の被告の場合、有罪とされながらも直ちに釈放されたからである。

3　アインザッツグルッペン（行動部隊）裁判⑨

SS裁判の中でも他に比べはるかに強く高い関心をもたれたのが「合衆国対オットー・オーレンドルフ他の裁判」（継続裁判第九号事件）で、「行動部隊」裁判の名で知られた裁判である。行動部隊とは、ドイツ軍に同行し、軍がソ連に侵入し占領した地域で、「政治的安全・保安」を確保保障するという一般的任務をゆだねられた、国家保安本部長官ハイドリヒ統括下の特別編成部隊である。SSはこの任務を、東部占領地域全てのユダヤ人を直ちに抹殺する「行動」、作戦と解釈し、ソ連共産党の活動家や「ジプシー」についても同様の措置をとるよう努めた。現在では、独軍支配下ソ連地域で約一〇〇万人がこの行動部隊の犠牲になったことが判明している。

二四名の被告は、いずれもこの部隊の指揮官ないし幹部将校であり、裁判当時から、史上最大の殺人部隊事件と報道されたのもあながち不当ではなかった。部隊の指揮官は、主に親衛隊保安部（SD）と、保安警察（ゲスターポ［秘密国家警察］と刑事警察から構成）から充当された（兵士中一番多かったのは武装親衛隊員）。機械化されたA―Dの計四部隊は、各隊五〇〇―八〇〇名の成員によって編制され、下部単位として多数のアインザッツコマンド（行動隊）ないしゾンダーコマンド（特別行動隊）を擁していた。行動部隊は、東方派遣の三つの方面軍（北部・中央・南部）に付属しており、フォン・レープ元帥、フォン・ボック元帥、フォン・

ルントシュテット元帥の指揮下にあった。

特にここで裁きの中心になったのは南部方面で活動した行動部隊Dで、第一一軍に配属され、最初はフォン・ショーベルト、ついでフォン・マンシュタイン将軍の指揮下、ルーマニアから黒海北部を通過し当初ドン河沿いのロストフに向かって進撃した。すでにIMTで証人として出廷し、九万人の殺害を公然と認めたSS中将O・オーレンドルフが、行動部隊Dの指揮官であり、この裁判の中心被告であった。

ポール裁判後、同じ第二軍事法廷で四七年九月二七日に行動部隊裁判は始まった。被告たちへの検察局側からの事件吟味は、もっぱら押収したドキュメントによったこともあり、わずか二日で済んだが、弁護側は審理を尽くすにはきわめて慎重を要すとして証拠提示・弁論に長時間を費やし、期間は実に一三六日間にわたり、四八年二月一二日までかかった。

事実関係はきわめて明瞭明白であったが、事件の重大性と意味合いがきわめて深く甚だ劇的であったという点で裁判は稀有のものであった。「途方もない規模の犯罪事実は常人の想像力と経験をはるかに超えるもので、司直による徹底した調査と細心の詳らかな公判によってのみ、犯罪事実が真実であることを検証し確証することができた」と裁判所が述べたのもむべなるかなと思われる[39]。

さらに注意しなければならないのは、被告たちがありふれた意味での悪漢・無頼漢の類ではなかったことである。「被告たちはいずれも、文明の恩恵に浴さない野蛮人ではなかった。生《せい》の洗練された意味を心得ない人間ではなかった。……いずれも十分な教育を享受した利点さえ有していた人びとで、一人は、行動部隊を率いてロシア遠征を始める前は、オペラ歌手としてドイツ全国でコンサートを開いていた。このようによき出自をもち教養もある被告たちの中には、さらに以前は聖職者だった者もいる。彼は聖職者としての品位も威厳も脱ぎ捨てて恥じなかったのだ[40]」。

行動部隊の面々の活動は殺人であったが、その理由づけも根拠薄弱で、迷妄的観念と隣り合わせだったとされた。「全てのユダヤ人が根絶されて然るべきだと考えた行動部隊指揮官たちは、いかなる存在が殺しの対象になるのかについて、厳密な規定による、説得的な根拠づけができなかった。たとえば、行動部隊の一隊がクリミアに到着したとき、クリムタタール人を殺してよいのか否か、部隊指揮官には判然としなかった。この民族が地中海南部の出身でクリミア半島に移住してきてトルコ語を話すということを除けば、クリムタタール人についての僅かな知識にも乏しかった。しかし、遠い過去のどこかの時点でユダヤ人の血がこのエキゾチックなクリムタタール人に流れ込んだという噂も立っており、指揮官はベルリン中央の国家保安本部宛てに、彼らをユダヤ人とみなすべきか否か照会を書き送った。クリムタタール人はユダヤ人であり、したがって射殺すべしというのが回答で、クリムタタール人はただちに殺害された」。

証拠書類としての部隊報告は、信じがたい大量殺戮が行われたことを明らかに示しており、法廷では四一年六月―四二年半ばに書かれた報告書の次のような一節が紹介された。

「ラホイスク村で反ユダヤ主義的大作戦〔大量狩り出し行動〕が展開され、SS師団《帝国《ダス・ライヒ》》行動隊の支援も受けて九二〇名のユダヤ人が処刑された。村は「ユーデンフライ」〔ユダヤ人ゼロ地域〕と呼べるようになった。モギリョフのユダヤ人は大群をなして出奔をはかることでゲットーへの移送をサボタージュしようとした。第八行動隊が普通警察の助けを借りて街の外に通ずる通りを封鎖し一一三名を片付けた。クルプカとショロパニチェで二つの大作戦が実行され、前者で九一二名、後者で八二二名のユダヤ人が一掃された。都市ミンスクでは、〔四一年〕七月二八日、二九日の二日間で六五〇〇名の在住ユダヤ人〔ほとんどは老人・女性・子供）が一掃された。他は、前年一一月のヒトラー総統命令にもとづきウィーン、ブリュン、ブレーメン、ベルリンからミンスクに強制移送された労働不能ユダヤ人である。スルスク地方でも同様に数千人規模のユダヤ人が片付けられた。同作戦はノヴォグロデク、ヴィレイカでも行われた(41)」。

自らの関与の事実自体を否定しようとした被告も見られたが、ほとんどは「上からの命令」論で弁明をはかった。オーレンドルフを中心に、殺害を「軍事的必要性」で正当化しようとした被告も何人か存在した。ユダヤ人の子供の殺害命令に関しては、「きわめて単純に説明できると考えます。この命令によって一時的治安にとどまらず永続的治安が打ち立てられることを顧慮してみてください」と、オーレンドルフは嘯《うそぶ》いている(42)。

四八年四月八・九日の判決で、オーレンドルフの他にさらに一三名の被告に対して死刑が宣告された。二名に終身刑、五名に一〇―二〇年の刑が言い渡された(43)。M・グラーフ被告に対しては親衛隊保安部要員であったことのみが有罪の根拠とされたが、公判前の拘束期間が考慮され即釈放された。本来ならば被告として判決を受けるはずだったエーミール・ハウスマンは公判開始前に自殺、オットー・ラッシュ被告も「パーキンソン病」を理由に結局除外された。

三　企業家・銀行家裁判

第二次世界大戦前の数年間でドイツの軍事経済は驚くべき発展を遂げた。ヒトラー政権誕生以前は完全に非武装化された状態の一国家がスピーディに驚異的な武力を再獲得することは、いかにして可能だったのか。これは、ナチスあるいはナチ体制と独産業界の関係がどれほど緊密だったかという問題と密接に結びついている。米軍下の継続裁判においてはとりわけ戦時の強制労働、占領地に対する略奪搾取という面でドイツの企業家がどんな役割を果たしたのか、その責任が厳しく追及されることになった。企業裁判は合計一二の裁判中、三つを占め、計四二名の経済界を代表する面々が被告となった。

1　フリック裁判⑤

企業家裁判の最初は、「合衆国対フリードリヒ・フリック」(継続裁判第五号事件)であった。ドイツの「鉄鋼王」と呼ばれるほどの大コンツェルンを形成した当主フリックと、五人の企業幹部が訴えられたこの裁判での検察側の訴因は五つから成っていた。

第一は、首魁フリックに加え、フリックの右腕として戦前に「コンツェルン全権」を務め、戦中占領したルクセンブルク・ベルギー・北仏の「鉄鋼全権」も務めたO・シュタインブリンク他、K・カレチュ、B・ヴァイス、H・テルベルガー、O・ブルカルトら六名の被告全員について、何千という外国民間人、強制収容所や捕虜収容所に拘束された人びとを、非人間的な状態の下で、フリック鉱山や工場に強制移送し強制労働させた罪だった。第二は、フランスとロシアにおける工場その他の資産略奪。この二つの訴因は、主として一九〇七年ハーグ陸戦規則(第四六条「占領権力は被占領住民の生命と財産を尊重する義務がある」)にフリックたちが違反した疑いがある点にもとづいていた。

第三の訴因は、戦前の国内犯罪も追及可能とした管理理事会法第一〇号に則っての「人道に対する罪」。被告の三名は、戦前の三六年から三九年までユダヤ人迫害に関与し、ユダヤ人所有の工場設備や鉱業所を強奪した点が咎められたが、「アーリア化」政策（ユダヤ人資産接収）がナチ政権の政策だったとして責任を逃れようとした。

第四の訴因は、フリックと彼の最も密接な協力者であったシュタインブリンクを対象とする、他の残虐行為、迫害への関与、そしてＳＳへの包括的な利益供与という点にあった。さらに、それとぬきがたく結びついていた、ＳＳ全国指導者ヒムラー、ポール、オーレンドルフ、ズィーファース（医師裁判被告、絞首刑）その他ＳＳ幹部たちとの緊密な関係も、検察側の重要な追及点であった。この関係を象徴したクラブ組織である大企業家たちと親衛隊との接点「ヒムラー友の会」は、裁判の一大焦点にもなった。

第五の訴因は、シュタインブリンクがＳＳのメンバーだったことで、彼は企業フリック社の幹部であると同時にＳＳ准将のランクを有していた(44)。

フリック裁判は、戦争法が適用されたという意味での企業裁判としては実は史上二番目のものだったが、有罪判決が実行されたという点では史上初の裁判となった。第一次世界大戦後、フランス軍事法廷が、独ザール地方の有名な企業家、Ｈ・レヒリングおよびＲ・レヒリングとその協力者について、戦時法規を無視し大戦中の仏人資産を没収した罪を追及した事件例がすでにあった。レヒリング裁判は被告たちに最高一〇年の有罪判決を宣告したが、技術的な理由から判決は取り消され、審理が再開されることはなかった(45)。

フリック裁判は四七年四月一九日開廷、半年以上続いた。弁護側の弁論の主眼は、第三帝国の企業家たちが全てナチの暴虐をおそれて生きなければならず、強制労働者についても、彼らを雇うことをナチ体制側から強いられたのだとしたところにあった。

四七年一二月二二日の判決は、検察側からみれば、誇張でなく、きわめて軽い宥和的なものといわざるをえないものとなった。裁判所は、「被告たちが外国人労働者雇い入れを望んでいなかった」という被告側証人の証言を認め、「緊急避難」だったという被告側の根拠づけを、検察側の訴因第一に対抗しうるに十分で法的に是認できると認定した(46)。

「ここで被告たちのために持ち出された緊急避難の弁論を認めぬままにすれば、判決を下すかわりに復讐をのさばらせるという非難を裁判所は被るだろう。この緊急避難原則は、英米の判例でかなり広範に認められており、他でも承認されている。我々の見解では、今回の場合、《明白でさし迫った危険》が言葉の真の意味で存在したことを証拠書類は明らかに示している。我々はドイツにおける恐怖政治をすでに検証・吟味してきた。被告たちもこの体制下で生きていた。独国家は、密偵集団、秘密警察員を常に「緊急待機」させ、政府の政策遂行を妨げるものとみなした人間の処罰を直ちに実行する用意をしていた(47)」。

フリックとその協力者ヴァイス被告は、フリック貨車車両工場用として一定数のロシア兵捕虜の確保を達成するためにイニシアティヴをとった廉でも告発されていたが、判決は、二人の被告の緊急避難という抗弁を覆しうる点も指摘していた。「それは緊急避難や虞《おそれ》からとったのではなく、自らの工場のために生産を最大限維持していく目的であった点は被告本人たちも認めていた」。訴因第一に関しては、この部分で二人の有罪が判示された(48)。

経済的略取の訴因第二についてはフリックのみ有罪と判定された。これに対し三名の協力者には無罪が言い渡された。彼らはフリックに「情報を与え提言したが、決定をなすわけではない「有給職員」だった」というのがその根拠であった(49)。

被告側は、東部占領地域の企業を押収したのはあくまで独「国家」であり、自分たちが行ったのは受託管理的占有という継承行為にすぎない。私的個人の「継承行為」に国際刑事責任を問うのは、刑法の不当な作為的拡張であり、「法律無ければ犯罪無く、刑罰なし」の法原則に悖《もと》る。従来の（国際）法規にないものを新「原則」として持ち出し罪を着せようとするもので、承服し難いと反論した。

さらに被告人たちはフリック企業が被占領地企業を搾取したという点についても否定、自分たちの活動がもっぱら建設的なもので、自分たちの投資のおかげで占領前と比較しても被占領地企業の状態は改善され、しかも住民たちに就業と生活保障のチャンスを与えたという意味でハーグ陸戦規則の趣旨にも沿っていたという弁論を展開した。

判決文の中で、訴因「略奪」に関しては、ＩＭＴの判例を引き、あくまで国家の占領措置に裁断を下したもので、私人の行為には適用できず、「通常の意の略奪」についての証拠調べを被告の誰に対しても行わないとした。刑事責任が問えるのは、戦争法規違反や軍紀違反の場合に限るとして、裁判所はハーグ陸戦規則第四六条に適応させようとした。

その上で、フリックがハーグ陸戦規則第四六条を無視していた以上、正当な所有者からの所有権剝奪は民事上のみならず刑事上も重大な責任を問われる行為である、とされ、独当局の押収自体不法といえないとしても、正当な所有者に対する、そのあとのフリックの経済的略取行為は、受託管理者としてではない、自主的占有者としての振舞いであって不当であり、訴因二でフリックは有罪とされた。

注目に値したのは、三名の被告の戦前の犯罪行為に対する訴因第三「人道に対する罪」の追及であったが、これは完全な失敗に終わった。裁判所は「戦前の、戦争と関係なく行われた犯罪」は、管理理事会法第一〇号の範疇・枠内に入らないとし、管轄外とした(50)。

さらに裁判所は、人道に対する罪とみなされるのは、「他国を抑圧し、その生命と自由を損壊する」行為のみであり、「強制的に企業所有権を奪うのは、それ自体がどんなに非難に値しても、人道に対する罪のカテゴリーには入らない」と判定した。裁判所に仮に管轄権があると認められても、「ユダヤ人の企業資産を買い入れ、あるいは国家による没収を通じて入手するため反ユダヤ主義的圧力措置をただ利用したというだけで、人道に対する罪として一個人を追及しうる」とする見解を裁判所はとらないとした(51)。

フリックとシュタインブリンクは、親衛隊の犯罪への関与という訴因第四についても相当とされ有罪とされた。彼らの資金援助、親衛隊との結びつきの事実が、はっきり証明されたとみなされたからである。シュタインブリンクの場合は、親衛隊のメンバーだったことから訴因第五でも有罪とされた。以上の点から、二人の被告がこの組織の犯罪行為について十分知っていたとされ、有罪とみなされうるという結論が導かれた。にもかかわらず、裁判所の見解では、「仕返しへの恐れ」「恐怖に満ちた第三帝国の時代に個人の安全を保障するための代償」等、多くの酌量・処罰軽減の事由が見られたのであった。シュタインブリンクの場合には、さらに、M・ニーメラー牧師(告白教会の抵抗を担いKZにも入れられた人物)のためのヒムラーへのとりなしも情状酌量の根拠にされた。ニーメラーは、第一次世界大戦時、独潜水艦艦長を務め、撃沈した敵船の生存者を、部下とともに命がけで救助した経験も有していた。以上を勘案すれば、シュタインブリンクが、「何千という無力な人間たちの虐殺・殺戮に加担した」とはとても「考えられない」とした(52)。

これらの事由は、有罪とされた被告全ての量刑判断にも影響を及ぼした。フリックには七年、シュタインブリンクには五年、ヴァイスには二年半の禁固刑が言い渡されたが、開廷前、審理期間中の拘束期間が算定相殺された。L・D・クレイ米占領地区軍総司令官による判決追認後、被告たちは米弁護人を通じて、コロンビア地区裁判所に対して、「人身保護」令状（身柄提出令状：拘禁の当・不当を調べる目的で被拘禁者を出廷させる令状）の発給と、フリック裁判の審理・判決自体の無効宣告を求めたが、申請は当地区裁判所、のちには米連邦最高裁判所によっても却下された。米裁判所は、継続裁判の国際的性格に鑑み、自らの管轄の外にあるとの見解を表明した。(53)

2　クルップ裁判⑩

独重工業をめぐる、いま一つの裁判が、「合衆国対アルフリート・クルップ・フォン・ボーレン・ウント・ハルバハ他」（継続裁判第一〇号事件）であった。「死の商人」として世界の軍需企業の代表格ともみなされた超有名会社クルップ社の当時の当主であったアルフリートの他、E・レーザー始め一一名の会社幹部が訴えられ、四七年一二月はじめに開廷した。

裁判では、この巨大軍需企業が武器製造・供与の形で第三帝国の軍事的成功を決定的に助けたとして、侵略戦争の計画・遂行たる「平和に対する罪」が重要な訴因（第一）をなした。また、強奪・略取（訴因第二）、捕虜や外国人労働者の強制連行・（労働）搾取（訴因第三）も重要だったが、訴因第一との関連で共同謀議が独立の訴因（第四）として追及された。(54)

訴因第二・第三については、フリック裁判と共通する部分も多かった。クルップ裁判が異なったのは、フリック裁判の訴因第三・四・五に含まれていた「アーリア化」あるいはSSをめぐる犯罪的活動に相当するものがなかった点にある。ヴァイマル共和国下、非合法の秘密再軍備計画において指導的な役割を演じたこと、ヒトラーの権力掌握を支援したこと、工業界をナチ原理に則って組織化し、意識的・意図的に外国征服のためのドイツ再軍備に関与したこと等に訴状は論及。さらに「侵略戦争行動の構成部分として、被占領国の資産・補助資源の強奪・略取、かかる地域の住民の奴隷化にも容赦しなかった」点の事態解明も忘れなかった(55)。

クルップの追及は、他の被告人より審理そのものを混乱させる要素をはらんでいた。被告選定に関してはすでに第三章でも若干触れたが、先代のグスタフ・クルップについては、たしかにヴァイマル共和国の秘密再軍備への関与を含め犯罪構成要件事実が多数あった。だが、グスタフは審理には耐え得ない病床にあり(一九五〇年死亡)、訴因第一・第四について、四三年から企業代表の地位についたアルフリート被告をグスタフのかわりに追及すること自体に、そもそも無理があったといわざるをえない。案の定検察側の論告が行われると、弁護側はただちに訴因第一と第四についての当法廷の無罪性判断を求めた。裁判所は、検察側の論告を一通り聴くよう求めたが、弁護団は、抗議のため退廷した。裁判所はその復帰を数時間待った後、廷吏に対し、示威行為をとる者を逮捕させ、また翌日釈放された補助弁護人の内、釈明を行わず法廷無視の対応を続けた一人に対しては今後の出廷を禁止した。しかし、数週間後には被告全員について二つの訴因(第一・第四)の除外を宣告した(56)。侵略戦争を訴因から外した当裁判所の判断には、平和に対する罪についてシャハト、シュペーアを無罪としたIMT判決が強く意識されていた。だが、裁判長アンダーソンと陪席ウィルキンスの見解が異なっていた点にも言及しておく必要がある。アンダーソンが、侵略戦争の計画・遂行の責任は、「総統ヒトラーおよび指導的な国政担当者にのみ帰せられ」、「個別の戦争行動に関与した私的市民としての個人にまで拡大しえない」、「後者は、戦争指導権も宣戦の権利ももっていないからだ」としたのに対し、ウィルキンスは、共同謀議と侵略戦争計画に関して証拠書類の大部分がグスタフの関与を明示している点を認めていた[57]。

裁判所の判決は、四八年七月三一日に宣告された。訴因第二「強奪・略取」で訴えられた一〇名の被告中、有罪とされた者は六名、四名が無罪判決を受けた。訴因第三「強制連行・搾取」は一二名の被告全員の咎を問うていたが、K・プフィルシュひとりを除き(この被告は全ての訴因で無罪)、一一名が有罪とされた。判決は総じてクルップ社の、西欧、特に仏蘭における略奪その他の犯罪を断罪したが、オーストリアの略奪については管轄外とした[58]。ユーゴスラヴィア、ギリシア、ロシアについての同種の訴えは、言及がないまま無視された。ウィルキンス裁判官は以下の異見を述べた。戦争法は、戦争状態が存在しなくても「武力介入、侵入、侵略」には妥当する。したがって、被告クルップとレーザーは、オーストリアにおける略奪についても有罪と判定されなければならなかったところである、と[59]。彼によれば、対ユーゴ、ロシアの犯罪も、有罪とされるべきであった。

訴因第三「強制連行・搾取」をめぐり判決は、裁判官全員一致の厳しいものになった。クルップ社と被告たちには、永続的、広範かつ明白に戦争法違反が認められ、特に戦時捕虜を働かせ、強制労働計画に進んで協力、捕虜・強制移送者・強制収容所囚人に恐るべき虐待を加えた事で有罪とされた。犠牲者たちはクルップ諸工場・作業所で酷薄な取り扱いを受けた。

弁護側は、クルップたちの行為が一種の「強制」「脅迫」状態の下で行われたためであると抗弁したが、きわめて強力に根拠づけられた証拠書類分析の下、この異議申し立ては却下された。

被告たちは「強制法という範囲内で、国家官庁によって行使された強制ないし圧力の下で行動したのではなかったはずで、被告たちの意思は《圧倒された》のではない、むしろいうところの脅迫状態を作り出した者たちの意思と一致していた」。さらに被告たちによって行われた不法は、彼らをおびやかした災いよりはるかに大きかった。彼らのいう強制・脅迫状態をたとえ斟酌しても、「個々の被告の観点からみれば、問題は以下のいくつかの点に集約される。自分の立場あるいは資産を失わないためには、何千という強制移送対象者、民間人、戦時捕虜、強制収容所囚人を働かせ、奴隷の境遇下におき、日々死の危険あるいは重度の肉体的損傷の脅威にさらし、しかも実際にその多くを死なせても当然だとした点である。……クルップがナチ・ドイツの政策に反対した結果、自らの工場に対する監督権を失い、その協力者も地位を失ったと仮定してみた場合(実際にはありえなかったが)、脅迫・強制状態だったという異議は、彼らにとってかくも好条件の選択、しかしその不幸な犠牲者にとってはかくも不都合な選択、しかも犠牲者の側では選ぶ権利もなかった選択を、正当化しえなかったという結論に達せざるをえない」(60)。

有罪被告のうち一〇名が六―一二年の刑を宣告されたが、起訴までの勾留期間が考慮された。二年一〇カ月の判決を受けたクプケの場合は、勾留期間と相殺され判決後ただちに釈放された。A・クルップは、ミュラー、フォン・ビューロとともに一二年の刑を言い渡されたが、同時に全財産を失うことになった。この刑罰は管理理事会法第一〇号の「罪科として権利を失う」と宣告された資産は全てその処分に決定権をもつ対独管理理事会下におかれる」(第二条第三項)という規定によるものであった。

量刑問題で裁判官の意見は再び分かれた。裁判長のアンダーソンはクルップとクプケの刑期については ウィルキンス、デイリー両裁判官に同意したが、他の被告についての量刑は厳しすぎるとみなした。処罰軽減事由があるのに判決では言及されていない例として、たとえばレーザーについては、ヒトラーおよびナチ体制を倒そうとした地下運動（抵抗運動）との結びつきがあった点が斟酌されるべきであるとした。アンダーソンによれば、これは説得的に証明されたという。[61] その後レーザーは病気を理由に釈放された。

A・クルップの財産接収についてもアンダーソンは両裁判官の判断に反対であった。四三年一一月一二日のヒトラー法にもとづきA・クルップがクルップ社の唯一の所有主となり、母のベルタは彼にクルップ家の全資産を譲り渡したが、戦後の以上のような戦犯追及の事態進展に至り、クルップ家の資産を守るため別解釈もされるようになり、接収阻止が企図された。[62]

3　イーゲー・ファルベン裁判⑥

「合衆国対カール・クラウホ他その社員たち」（継続裁判第六号事件）は、企業家裁判の中では最大で、最も複雑な裁判となった。IG《イーゲー》ファルベン株式会社は、第一次世界大戦下、爆薬に必要なチリ硝石の輸入をドイツが途絶させられたとき、化学物質・合成物質を製造してドイツの戦争機構がその後も機能していくことを可能ならしめた前史を有する巨大コンツェルンであった。IGは当時、合成窒素や毒ガスの製造のためハーバー＝ボッシュ・ニトロゲン・プロセスを開発発展させた。第一次大戦敗北後の独再軍備におけるIGファルベンの役割は、ヒトラーの下で以前にもまして重要なものになった。ドイツの石油・天然ゴム不足も、IGの開発した合成ガソリン・合成ゴム製造によって埋め合わされていく。これらは陸戦・空戦の機械化戦争にとって死活的要素となった。

二〇名の被告はいずれもIGファルベン役員会メンバーで、別の四名の被告もコンツェルンの重要な幹部職員であった。ブリュッケンが健康上の理由から免訴され、結局被告の数は二三名となった。最重要被告人としては、役員会トップ、H・シュミッツ、取引・技術委員会議長G・フォン・シュニッツラーとF・テル＝メーア、監査役会トップのK・クラウホの四名があげられる。特にクラウホは、三六年の四カ年計画庁創設後、ゲーリングの司令部に所属、やがて彼の最も重要な技術科学顧問、御意見番となった。

被告全員がクルップ裁判の被告と同じ犯罪の廉で起訴された。侵略戦争の計画・遂行（訴因第一）、この目的のための共同謀議（訴因第五）、経済的略奪（訴因第二）、戦時捕虜・強制移送者・収容所囚人の強制労働および奴隷化（訴因第三）、三名についてはさらに親衛隊のメンバーであったこと（訴因第四）である。

検察局の見解によれば、IGファルベンの被告にかかわる証拠書類は、ニュルンベルクで企業家が追及対象になっている中では最重要のものになった。これは特に侵略戦争とその共同謀議について当てはまった。証拠資料は次の諸点を証明するものと信じられていた。①IGファルベンの指導者たちは、ヒトラーの権力掌握のはるか前に、大衆の意向に頓着しない「行動」を可能ならしめる独裁を望んでいた。②彼らは、全欧州の（あわよくば欧州外も）化学産業の支配を追求。③ヒトラーが権力を握る以前に、自らの合成ガソリン用設備を拡張させるべく、政権支持の申し合わせをヒトラーととり結んでいた。④かなりの資金援助、組織的プロパガンダによってヒトラーの政権掌握と権力強化を支えた。⑤ヒトラーおよび軍指導者たちと最も緊密に協力し、巨大ドイツ陸軍・空軍の構築計画に積極的に参画した。⑥ヤルマル・シャハトとゲーリングの権力闘争においては、後者を全精力をかけてバックアップ。前者がドイツの無制限の再軍備が財政安定を危殆に瀕せしめるのではないかと恐れていたのに対し、後者が財政的考慮を度外視した再軍備の先頭を切って戦っていたからである。⑦IGファルベン裁判の中心被告クラウホはゲーリング直属の助言者で、化学産業全体を指導しうる立場にあった。⑧ゲーリングの四カ年計画は実にその七五％がIG

ファルベンのプロジェクトだった。⑨IGファルベンの指導者たちは、ゴム・ガソリン・毒ガスを生産分野での戦略的物資に据え、再軍備が考えられる限りのあらゆる防衛目的をはるかに超えていることも承知していた。⑩独軍に襲われた国々の化学産業を併呑するための自分自身の計画を、同時に軍事諸計画も立てながら発展させており、国々の征服が完了すると直ちに計画を行動に移した。⑪軍・政治指導者たちとのIGファルベンの協議は、技術的な事柄をはるかに超出するもので、きわめて侵略的な特徴をおび、あらゆる点で戦争に照準を合わせてきた。

以上の諸点をあわせ具体的に明示するものとして、折しもズデーテン危機が出来した三八年四月、カール・クラウホがゲーリングに送った報告があげられた。

「ドイツにとって不可欠なのは、自らの戦争ポテンシャル、戦争能力ならびに同盟国のポテンシャルを強化することであり、この提携を実際世界の他の諸軍に匹敵しうるまでに強めることです。しかもこれは、あらゆる同盟国の、新しい強力な共通努力によってはじめて達成できるものですが、わが同盟国の原料状況改善に対応し、経済〔支配〕領域がまず平時にバルカン、スペインにまで拡大されることで可能になります。このような熟慮に大至急実行が伴わなければ、次期戦争のすべての血の犠牲が無駄になり、かつて我々が先見の欠如と無目的性によって自ら招いた酷い結末に再び遭遇させられること必定です[63]」。

しかし、かかる証拠資料も、歴史叙述に与える影響がどんなものであれ、二人の裁判官にはほとんど影響を及ぼすことができなかった。四八年七月末に下された判決では、全ての被告に対し共同謀議、侵略戦争の計画・遂行について無罪が言い渡された。クラウホも侵略戦争計画に参加しなかったと認定されたことになる。彼がヒトラーの侵略の意図について知っていたことが十分窺える文書も、「証明力ある」「有力な」証拠とはみなされなかった。

判決によれば、クラウホの右の覚書が示しているのは「ただ彼がドイツ強化のための計画をゲーリングに勧めた事実であって」、「彼の見解によれば、ドイツは外国諸国によって包囲され脅かされており、したがってこの状況はいずれかの時点で戦争に行き着くことが考えられ、実際行き着くことになろうというもので、侵略戦争をある特定の敵に対し開始せんとするドイツ国総統ヒトラーの計画をクラウホが知っていたと証示するものではない」。他の被告の証拠書類は、侵略戦争関与にかかわるものとしてはさらに弱いとみなされた。

「IMTは、国を戦争に飛び込ませた者の関与の度合いをはかるための厳密な基準を確定した。我々の眼前に立つ被告たちは、政府文官領野の国家公務員でもなければ軍人でもなかった。彼らの関与の度合いは、指導者レベルではなく、付和雷同者レベルのそれである。かかる人びとも包摂するために、関与確定に要求される基準を下方に引き下げれば、ドイツ国民大衆の間で、有罪人と罪のない者との境界線をどこに引くべきか、その適切な位置を筋の通った形で見つけることは困難にならざるをえなくなろう。ドイツ国民大多数が平和に対する罪をおかしたという理由で断罪されるべきだという議論が成り立たないのは自明のことである。そんな議論に与することは集団責任論に同意するに等しい(64)」。

ヒーバート裁判官は、この点での無罪判定自体には同意したが「他の裁判官たちは、公判記録に集められた証拠書類を完全な被告免責という間違った意味において解釈している……しかもそれは被告の道徳責任の観点でも誤っており、理解できない。IGファルベンの行動が、ナチ体制に共感し、しかも通常の営業態度をはるかに超える形で自らをナチ体制と同一化させたことによって、きわめて憂慮すべきものだった」と述べ、「ヒトラーの侵略を可能にした戦争機構の構築においてこれら被告たちが果たした、包括的で拭いさることのできない役割のゆえに、判決の公正さが貫かれたのかどうか、重大な憂慮を抱かざるをえない」としつつも、ヒーバトは結局判決には同意した。(65)

訴因第三の強制労働の問題をめぐっても、裁判官の間で意見の一致はみられなかった。緊急避難概念の適用妥当性の解釈について判決は、フリック裁判よりもはるかに大きな疑念を表明した。悪名高いKZアウシュヴィッツができた直後に隣接地に合成ゴム工場を建てたIGファルベンの企図と結びつけてはじめて、裁判所はIGファルベンの「主導権」の十分な証拠を見出し、被告の幾人かが援用した「緊急避難」の欺瞞性も暴露しえたといえよう。(66)

しかし刑事責任はきわめて狭く解釈されることになった。O・アンブロス、H・ビューテフィッシュ、W・デュルフェルトの三名の被告はアウシュヴィッツの施設計画・実行に対する「直接責任」を有していた。クラウホは、自らの公式の立場を利用してIGファルベンによる強制収容所労働力導入に手を貸した。テル゠メーアもアンブロースの直接の上司としてアウシュヴィッツを何度も訪れているが、強制収容所の悪名高いホェス所長と、囚人の割り当てや配置について検討・協議するためであった。(67) ホェスがIMTで証人として出廷したのは既述したが、IGファルベン裁判でも証人として再登場し、人的関係について、また毒ガスのツィクロンBについても重要証言を行った。彼はその後ポーランドへ護送され、戦犯法廷で絞首刑判決を受け、アウシュヴィッツで処刑された。(68)

訴因第三では五名の被告だけが有罪判決を受け、他の一八名については、該当するところ少なしとみなされ、無罪判決が下された。ヒーバート裁判官は、この点でも異見を提出し、無罪とされた者のうち一五名に緊急避難は当たらずとして次のような持論を展開した。

「当時もっぱら政府による命令・指示の強制・圧力があったがゆえに強制労働者を働かせたというのは事実に反する。非独国籍保有者の強制労働については戦争犯罪および人道に対する罪とみなせるというのが事実に即している。諸規定に反映された、政府によるこうした労働市場問題解決について被告の誰かが実際に正反対の意見をもっていたことを証示する説得的で重要な証拠を、公判では何ら明示しえなかった。逆に審理が明らかにしたのは、IGファルベンがいつでも進んで〔政府に〕協力することを申し出ており、新たな労働力の源泉が登場する度に好んでそれを利用した事実である。……強制労働力の利用についても、IGファルベンの機構全体の政策に第三帝国との協働の精神が浸透していた。役員たちはまさにこの政策に責任があった。以上の理由から、刑事責任は、アウシュヴィッツに直接関与した者に限定しえない。それは、役員会の他のメンバーや工場責任者にも及ぶものであって、それと知りながらこの政策全体の形成に故意に参加した者も含まれる。私は証拠書類にもとづき、役員会メンバー全員がこの政策の承認に共同責任を有するのだという確信に達した(69)」。

結局、裁判官の間で完全に一致をみたのは訴因第二(経済的略奪)の判決だけであった。ポーランド、ノルウェー、フランスにおけるIGファルベンの犯罪行動は、戦争法の謂う経済的略奪と認定された。この訴因ではシュミッツ、フォン・シュニッツラー、テル゠メーアを含む九名に有罪宣告がなされ、一四名に無罪が言い渡された。

二三名の被告中、一三名が経済的略奪か、外国人労働者の奴隷化かのどちらかで(テル゠メーアの場合は両訴因で)有罪とされ、一〇名に全ての訴因で無罪が言い渡された。量刑では、他の被告が比較的軽かったのに対し、アウシュヴィッツ・プロジェクトで有罪とされた被告は最重刑をこうむることになった。アンブロスとデュルフェルトが八年、テル＝メーアが七年、クラウホとビューテフィッシュが六年、フォン・シュニッツラーが五年、シュミッツが四年の禁固刑であった。他の六名には三年から一八カ月の刑が宣告された。他の裁判同様、勾留期間が考慮され、イルグナー、クーグラーは、判決後即解放された。さらにシュミッツ、オースター、ビュルギン、ヘーフリガー、イェーネの五名は、一年も経過しないうちに釈放された。

四　元帥たちと将軍たち

二つの継続裁判が、二六名の軍指導者に対する起訴にかかわった。海軍のシュニーヴィント提督、空軍のシュペルレ元帥(二人とも無罪判決を受けた)を除けば、他の被告たちは全てドイツ陸軍の元帥か将官たちであった。空軍元帥のエアハルト・ミルヒの第二号事件は、被告がたったひとりの特別法廷に訴えられたが、起訴内容は直接軍にかかわるものではなかった。

1　南東戦線将軍裁判⑦

四七年五月一〇日に開廷された「人質裁判」とも称される南東戦線将軍裁判「合衆国対リストその他」(継続裁判第七号事件)においては、一二名の陸軍幹部がユーゴスラヴィア、アルバニア、ギリシアに対する独軍占領の際におかした戦争犯罪の責任を問われた。

中心被告はヴィルヘルム・リスト元帥で、独陸軍元帥の中では最長老であった。彼は四一年四月、ギリシアとユーゴスラヴィアへの侵入および占領を実行する命令を発し、四一年一〇月まで、両国の独軍部隊の総司令官をつとめた。彼のあとを継いだ工兵大将W・クンツェも同様に起訴された。起訴された者のうち二名が出廷しなかった。一人は、戦争最後の二年間この地域で最高司令官をつとめた陸軍元帥フォン・ヴァイクスで、病のためこのグループには結局入らなかった。いま一人は、四一年セルビア派遣軍司令官をつとめた陸軍大将F・ベーメで、本格的審理が行われる直前ニュルンベルク監獄の独房内で自殺した。リストとクンツェの他、四三―四四年ユーゴスラヴィア第二装甲軍を指揮したL・レンドゥリッチュ大将、リスト、クンツェ、フォン・ヴァイクスの参謀長をつとめたヘルマン・フェルチ歩兵大将、その他H・フェーリング、H・ランツ、E・デーナー、E・フォン・ライザー、W・シュパイデル等ほとんどが軍団司令官であったが、セルビア駐留軍参謀長K・フォン・ガイトナー少将のような者も被告の中に含まれていた。

訴因は、ギリシア・ユーゴ・アルバニアにおける、特に大量人質射殺・報復と関連した何千という民間人の殺戮(第一)、ノルウェー・ギリシア・ユーゴにおける私有財産・公的資産の略取・強奪・破壊(第二)、なかんずく戦時捕虜の殺害と関連した犯罪的命令の発令・実行(第三)、人種的迫害および経済的略取、特にセルビア民間住民の強制収容所への強制移送・奴隷労働と関連した残虐行為(第四)から成っていた。[70]

独軍人たちに対する最も重大な訴因は「人道に対する罪」であり、法的基礎を欠いたまま実行されたユーゴ、ギリシアの数千人にのぼる民間人の殺戮が対象とされた(訴因第一)。これら犠牲者たちの多くがフォン・ヴァイクスの命令にもとづき殺害された。命令は、パルチザンによって独軍人が殺されればその一名につき一〇〇名の一般市民を処刑するというものだった。

同じ訴因のカテゴリーに入れられたいま一つの犯罪ケースは、パルチザンの作戦が展開された近くの村の住民が皆殺しにされ村が焼かれるという、頻繁に起きた事件であった。

さらに、狭義の戦争犯罪、また経済的略取や強制労働についても訴追され、たとえば陸軍大将レンドゥリッチュは、四四―四五年の冬にノルウェー北部地方フィンマルクで恣意的な破壊を行ったという廉で訴追された。彼はフィンランドからの独軍撤退を命じた責任者で、事件は撤退中に起きた。ロシア戦線で戦っていた他の被告たちは、捕虜殺害事件で訴追されたが、これはいわゆる「コミッサール」指令（第三章で既述）の実行過程で多数生じた。

公判は、四七年七月から、判決が下される四八年二月一九日まで続いたが、とりわけ処理の手際と、国際法保守主義が際立った判決そのものが注目される。この事件で焦点になった論点は二つある。第一は、パルチザンや義勇兵が、戦闘部隊としての権利を正規軍同様に要求しうるか否か、特に捕らえられた場合、戦時捕虜としての扱いを受けられるのか否かという問題である。いま一つは、占領権力が一般市民、非戦闘員から人質をとり、場合によっては処刑もできる権利を果たしてもっているか否かである[71]。

第一の問題について判決は、「スパイが自国の国益のため合法的に行動しても、同時に敵国からは戦争犯罪人とみなされる場合があるのと同様、義勇兵も祖国に対して大きな貢献をなし、勝利の暁には、英雄になりうるが、敵にとっては戦争犯罪人となり、まさにそのような扱いを受けることもありうる。抵抗運動者に《サシバエ戦術》（刺客戦術、攻撃的ゲリラ戦術）を展開されたらどんな正規軍も他に自らを守る術がない。他方抵抗運動の成員もこのような闘争形態と切り離しえない、付き物のリスクを引き受けざるをえない。かかる抵抗運動グループは、純技術的にみれば、厳密な法的意味での戦闘部隊ではない……戦闘は、一国の戦争を行っている部隊にとってのみ合法的である。戦闘部隊だけが戦時捕虜としての取り扱いを受けることを要求しうるのであり、捕らえられた後あるいは降伏後の拘引のほかにはどんな困難にも身を晒さなくてよいのである」[72]。

さらに、「ユーゴとギリシアにおける特定ゲリラ部隊が国際法の要求するところにしたがって行動し、そのことによって戦闘部隊としての地位の承認を要求する権利を獲得していたことを説得的に示す証拠文書を公判は明示した。しかし、パルチザン集団の大部分は、戦争遂行者としての地位を承認してもらう機会があったにもかかわらず、戦争法にはしたがわなかった。証拠文書は、この裁判における諸事件にかかわるゲリラ部隊が、一般に認められているような、戦争遂行者とみなされうるパルチザン部隊に相当するということを示せていない[73]」。したがって戦時捕虜のための保護規定の適用を求める権利は有していないと結論づけられたのであった。

第二の問題、すなわち一般住民からとった人質を、占領軍への暴力行動に対する報復として処刑する行為の当否について、裁判所は以下のように説明し判断した。

「他人の犯罪行動のために無辜の人間を〔身代わりに〕殺して構わないという考え方は、道理としてのあらゆる法解釈と相容れない。我々はこのような考え方の不正を古き時代からの野蛮な残滓として断罪する。しかし国際法を新たに創り出すことは我々の任務ではない。むしろ国際法が存在するのを見出すがごとくに適用することが必要である。関連の証拠書類の吟味から我々が納得できるのは、人質がとれるとすれば、それは占領地域住民の平和を好む態度を確証するための場合だけだということである。他にどんな手段もない、特殊な状況が出来した場合、必要な準備も行った上での人質射殺は、考えられないことではない。人質をとるのは、原則的に集団責任論にもとづいている。……占領権力は自らの安全保障と法・秩序維持に必要な規則を遵守するよう求める十全な権利をもつ。この目的達成のため占領権力は人質をとり処刑しうるが、それは極限的手段としてのみ認められる」[74]。

しかしこの権利には無数の留保事項があるとも裁判所は述べている。犯罪と、人質とされる住民との間には密接な関連が存在しなければならない。「外からの個別グループあるいは徒党による行為が、住民の全く知らないところで、あるいは住民の同意なく行われ、したがって住民がこれを妨げられないような場合」、人質をとる、あるいはすでにとっていた人質を射殺するのは全く理不尽なことであろう。

戦争慣習法に則っていれば、当時人質をとり拘束することは、合法的とされていた。「射殺対象となる人質の数も、射殺恫喝が抑制をめざしている犯罪の軽重の程度に見合ったノーマルなものでなければならない。以上のような前提が満たされなければ、人質の射殺は国際法違反であり、戦争犯罪とみなされる」[75]と判決は述べている。

「今回の事件の証拠文書が明らかにした一連の殺戮と破壊は近代史上類を見ぬほどのものである。被告軍人たち同様、生きたいという切実な願いをもった悲運の住民が射殺隊によってあるいは絞首によって命を断たれねばならなかった。ユーゴ、ギリシアにとどまらず、他の国々においても行われた、無辜の人びとの大量射殺、強制労働のための無慈悲な移送、公私のいかんを問わず全く無差別の破壊等を正当化したのは、恐怖支配と威迫こそ独軍の意思に反するあらゆる反抗を撲滅するのに普遍的に用いられるべき手段だという考え方である。これが一般的実践となり、独軍の戦争遂行の中心的武器であったことも明らかである。……提出された証拠書類によって十二分に次の点が証明された。起訴状の中であげられた行為は犯罪と呼びうるもので、実際に行われたこと、しかもユーゴ、ギリシアの隷属化のための全体計画をなす行動の無数の各構成部分をなすものにすぎぬことも、事実として証明された。被告たち自身はつねにヒトラーの政治と一線を画す形で状況を認識しており、恐怖支配・威迫の計画に合致して発せられた上司命令に抗議していた、と弁明した[76]」。

法的には何ら弁解になりえぬ「上からの命令」という弁護側の抗弁は、量刑段階では、酌量軽減の事由として考慮され、この裁判では死刑判決は言い渡されなかった。しかし「処罰の際、酌量軽減の事由が認められるとしても、それは犯罪の極端性を少しも減殺しない。抗弁が確証されたのではなく恩赦行為なのである。いいかえれば、科される刑罰は、未曽有の犯罪についての裁判所決定の評価基準になるものではない[77]」とした。

リスト陸軍元帥、クンツェ将軍は終身禁固刑の判決を受けた。さらに五人の将軍が七―二〇年の禁固刑を言い渡された。レンドゥリッチュ大将は、二〇年の刑を受けたものの、ノルウェー北部の破壊については無罪とされた。「緊急の軍事的必要性」が、彼の下した決定を正当化するという結論を引き出した事由であったように思われる。参謀長をつとめていた、フェルチ歩兵大将とガイトナー少将の場合、全ての訴因について無罪とされた。残虐行為を導く犯罪的命令と知りながら、それに連署し命令を伝達したとされたにも拘らず、そのような判断になったのは、二人が命令権をもっていなかったこと、また個人としての直接責任を示す証拠がなかったという理由にもとづいていた。判決は、ジェノサイド的措置の徹底追及がなされうるという米検察陣の期待に全く反するものであった。

人質裁判の判決は、かつて独軍に占領された国々において、またソヴィエト軍に統制された報道においても、刑が不当に軽いと非難された。場合によっては人質を射殺することも可能な占領権力の権利を認める一方で、パルチザンには戦争遂行者としての地位を承認しなかった判決について、非難は一層激しいものになった。特にユーゴの地下抵抗運動のかつての成員は、判決を「異端排斥」とみなし(78)、ノルウェーでもレンドゥリッチュがいくつかの訴因で無罪判決を受けたことは、憤激の嵐をひきおこした。

2　国防軍統合司令部裁判⑫

軍に対するいま一つの裁判、国防軍統合司令部(Oberkommando der Wehrmacht、略称ＯＫＷ《オーカーヴェー》)裁判として知られる、「合衆国対ヴィルヘルム・フォン・レープとその同僚たち」(継続裁判第一二号事件)は、継続裁判最後の四八年二月に審理が開始された裁判であるが、同年一〇月二八日には判決が出され、第一一号事件よりも早く終了した。

四七年一一月二八日に提出された起訴状は、一八〇〇万人の兵士を擁した国防軍全体の組織としての犯罪性を問わんとするもので、コミッサール殺害指令とその実行(79)、ドイツ軍の捕虜となったソ連軍兵士に対する虐待・殺害指令とその実行(80)(五七〇万人中三三〇万人が死亡(81)〔六割近い未曽有の死亡率〕)、軍事裁判不必要令(敵対活動容疑ソ連人に対する裁判抜きの殺害、ソ連民間人に対する犯罪をおかした兵士の処罰免除、独軍部隊攻撃者が発見できない場合「パルチザン撲滅」を口実とする地域全体への破壊・暴力行動の承認等)、ユダヤ人虐殺への積極的寄与(国防軍による戦闘地域の裁判権独占、ハイドリヒ指揮下行動部隊のユダヤ人殲滅作戦承認)等が、東方の戦争の計画・遂行にとっての反ボルシェヴィズム、反ユダヤ主義、反スラヴ主義の中心的位置を証示するものとし、人種的イデオロギーの一貫した政治の不可分の構成部分をなすものだとしていた。対ソ戦（バルバロッサ作戦）を開始する約三カ月前の四一年三月三〇日、東部侵攻軍司令官・参謀長たちを前にしたヒトラーの演説（「われわれは、お互い敵でも戦っている者同士というような軍人精神から離れなければならない。コミュニストはこれまでもこれからも戦友などではない。まさに〔相手を殲滅する〕絶滅戦が重要なのだ」とした「世界観絶滅戦争[82]」）の場合、伝統的独国防軍の軍備と作戦をナチスのファナティックなイデオロギーで粉飾したといったような性質のものでは無論なく、敵の社会全体を徹底的に略奪し破壊し殲滅してしまわなければ自らの体制の存立さえおぼつかなくなるという、破壊的エネルギーに満ちたものであった。もとより、人種論的・政治的に動機づけられた犯罪に個々の被告がいかに具体的に関与していたかを闡明するのも、訴追の第二の重要な柱であった。

四七年一二月三〇日に初出廷した被告たちの代表格は、陸軍元帥フォン・レープであった。対ロシア戦で、彼は独軍の北翼を担いバルト三国を通過してレニングラートへ向かって進撃、ボック元帥はモスクワまで進出、ルントシュテット元帥は南部ウクライナを蹂躙したが、四二年にはいずれも司令官のポストからおりていた。対ロシア戦線でレープの下で部隊命令を出し、四二年レープのあとを継いだフォン・キュｰヒラー元帥も起訴された。

第二次大戦中は西部独空軍のトップにいた空軍元帥シュペルレ（スペイン内戦に介入してゲルニカ爆撃等を敢行したコンドル軍団司令官も務めた軍人）も訴追された。被告はこの他五人の大将、H・ホート、H・ラインハルト、H・フォン・ザルムート、K・ホリット、J・ブラシコヴィッチュ（公判開始前に自殺）、前線司令部の参謀長格K・フォン・ロク、O・ヴェーラー、海軍軍令部長シュニーヴィント、ヒトラーの側近の二人の将軍W・ヴァルリモント、H・ライネッケ、陸軍参謀本部軍法会議長官R・レーマンの面々がいた。

この裁判では、全ての被告が侵略戦争を計画し遂行した廉で訴えられていた。証拠書類もまた、被告のほとんどが、ポーランド、オランダ、ロシアその他の国々を攻撃せんとする自らの意図を説明したヒトラー参加の重要会議に出席していたことを示していた。IMTは、カイテル、レーダー、ノイラートたちを平和に対する罪で有罪とする上で、彼らが会議に参加していたという事実に決定的に依拠した。継続裁判においては、会議に出席していなかったという幾人かの被告についても、侵攻計画立案に協力した作業チームにいた点は立証可能であった。こうした事由が存在したにもかかわらず、裁判所はそれに見合った証拠文書類を用いることを拒否。判決によれば、ヒトラーの侵略の意図を承知し、侵略戦争の計画と開始にかかわっていたというだけでは、高位の軍指導者たちについてさえ、戦争への関与を断罪するには十分ではないとされた。「ヒトラーの意図について知ったとしてもかかる認識を得たあと政策を形成し、それに影響を及ぼしうる地位、立場にあったこと、しかも政策を促すか阻止するかのいかんを問わず、政策について出し抜くにしろ未然に防ぐにしろ、いずれにしても先手を打てる、機先を制しうる状態にあったこと」が、必要とされた。

判定基準はよりソフィスティケイトされたかにみえるが、むしろこれはIMT判決からの後退であった。個々の被告の機能、あるいは行動様式についての吟味・検討を行うことなく、裁判所は「被告たちが政治リーダーと同じレベルにおかれていたのではなかろう、したがってこの訴因では無罪である」[83]との結論を下した。

狭義の戦争犯罪、および人道に対する罪で、被告たちを有罪とすることもこの裁判では容易ではなかった。コミッサール指令が実際には全く下達されなかったという弁論を反証されると、被告側は、殺害命令実施のふりをすべく陸軍最高司令部[84]に対しては命令実施狂言を行ったという弁論さえ張った[85]。命令には明らかに不同意であったが、命令拒否の嫌疑にさらされないために傘下部隊にいったんは送付し、それを口頭で取り消したのが実際で、その後コミッサールが射殺されたとは耳にしなかった、また検察側が提示した、自らの部隊投入地域でコミッサールの処刑が執行されたという数々の報告も日誌も見たことがない、したがって法廷に提出された証拠が示しているコミッサールとは戦闘中に倒したコミッサールのこととしか思い至らない（キューヒラー裁判[86]）と述べることもあれば、部下に下部部隊への送達を命じたことは認めた上で、厳密には命令遵守を要求せず、コミッサール射殺実行の上への報告は上司を欺くための虚偽報告だった（ホート裁判[87]）といった具合に法廷を平然と謀《たばか》った。

ＩＭＴにおいてすでに、ジャクソン首席検察官は一九二六年のドイツ軍事刑法を引用しながら、ヒトラー政権成立以前からドイツの軍人にとっても不法命令に従ってはならないという抗命原則は戒律の一つになっていたことを確認していた[88]が、「上からの命令」に関するこうした立論に対しては、規律と服従は軍の中で絶対に必要であり、戦闘の真っ最中に法律論的ゼミナールはなしえないとの駁論が無論展開された。特に前線部隊の指揮官の責任をめぐっては、判決自体「すべて軍隊が動く根本は命令である。およそ軍隊の本源は、いったん命令が下れば必ず実行される点にある。この原則の上に軍紀は成り立っている。……もし上官の命令の適法性いかんに疑念がある場合でも下級の軍人がそれをチェックしなければならない責任のないことは確かである」とした上で、「被告の多くは前線部隊司令官で、本来の戦闘行動の間重い責任を負っていた。法律的助言を求めうる可能性はごく限られていた。被告らは軍人であって法律家ではなかった。部隊長に命令の適法性を細かに分析したり、またこの点についての明瞭な結論を期待するのは無理である。……そこで現地部隊長は、自らが命令手続きによってさらに他の者に伝達した時に限り、しかもその命令が一貫して犯罪的なものであったか、または部隊長が……その命令の犯罪性を知っていた場合に限り、かかる命令を伝達したことの責任を負わされうるのである(89)」とした。

コミッサール殺害指令の場合は誰の眼にも明らかに違法であり、かかる命令の犯罪性についてはどんな法律的知識も必要ではなかった。第一二号事件判決は、この秘密指令を「どんな時代のどんな軍隊も発しなかった最も邪悪な、最も忌まわしい、最も犯罪的な命令のひとつ」と呼んだ。そして、国防軍統合司令部のような上級司令機関は「自分たちが国際法に違反し、殺人をおかさせられるような命令に対しては拒否を、明確に誤解の余地なく行動によって表わさなければならない(90)」として、命令をチェックする義務を判決は厳しく要求した。「戦争に勝つためには何をやっても構わないというような見解は、あらゆる人間性、人間の品位、あらゆる法を戦闘行動から抹消してしまうし、文明諸国民の承認せる慣習に背くものとして、この裁判が斥けるところのものである(91)」とした。

部下の(場合によっては不測の)犯罪行動について知らなかった(不知、不可知)、また阻止不可能だった、あるいはまた何もしなかった(不作為の)上官の責任を問う、いわゆる「コマンド責任」の問題をめぐっては、フィリピン・マニラでの本間雅晴中将裁判、わけても山下奉文《ともゆき》大将裁判が、ニュルンベルク継続裁判の特に第一二号事件の判決に影響を及ぼした点も注目に値する。テイラーが主導した検察官チームは、被告たちが自らの作戦地域における部隊あるいは他組織(親衛隊)の犯罪行動を知っていたことを証明する必要はなく、山下裁判判決同様、本来知っておかなければならなかった筈としていたが、第一二号事件判決自体、自らの司令地域において何が行われているか、司令官は野戦報告を自らが受けているか否かのいかんを問わず、常に知っておくことが義務であると強調していた(92)。

五　大臣・政府高官たち

1　エアハルト・ミルヒ裁判②

対独管理理事会法第一〇号にもとづく最初のニュルンベルク判決は、既述のようにE・ミルヒに対して宣告された。この裁判は唯一の被告が一人の裁判であった。

ミルヒは空軍元帥であり、航空省における大臣ゲーリングの代理であった。しかし彼の主たる訴因は、四三年一〇月二九日に設立された中央計画庁の中心メンバーとしての活動に起因していた。中央計画庁の指導メンバーは、IMTによって有罪を宣告されたシュペーアであり、IMTは、この官庁がドイツの生産計画の立ち上げと原料配分・完成品化のための最高機関であった点、さらにこの官庁がIMTによって有罪を宣告されたザウケルに対して当官庁の監督下にある企業のための労働力調達に関する指令を与えることができた点を確認していた。ザウケルとシュペーアは二人とも主として強制労働計画に関与していたがゆえに有罪とされたのであり、ミルヒに対する訴因も結局同じ要因だったが、ミルヒの場合、さらに医学実験、たとえばKZダハウにおいて独空軍のために実施された高度・寒冷耐性の人体実験の共同正犯の咎でも訴えられていた。

四六年一一月一四日に訴状が提出されたミルヒ裁判は、後のポール裁判の時と同様の裁判官構成で公判が行われた。裁判所の解釈は、医学実験へのミルヒの関与については、実験の時期に彼が空軍軍備に集中専心し、人体実験の詳細を知らず、実験に晒された強制収容所囚人たちが死亡したり傷つけられたりしたこと自体を彼が関知していたことも検察側から明示されておらず、健全な疑念をこえるほど十分に証明されえないとし[93]、この訴因では無罪とした。他方シュペーア、ザウケルとともに強制労働計画に関与した共同責任は十分証明されたとし[94]、量刑は終身刑になった。判決理由の補足意見として裁判官フィリップスとムスマーノは、判決自体には同意するものの別の判決根拠を提出した。

2　ヴィルヘルムシュトラーセ（諸官庁）裁判⑪

継続裁判の最後に結審することになった諸官庁裁判では、二一名の被告の内、八名が外務省の高官、三名が大臣（内閣官房長官・財務相・農業食糧相）、そのほか国立中央銀行副総裁や二名の親衛隊本部長官（主管・対外諜報）も含まれていた。混成被告たちの共通性はさまざまな「官庁」の「顔」という点にあった。「合衆国対エルンスト・フォン・ヴァイツゼッカーその他」がこの裁判の正式名称であったが、フォン・ヴァイツゼッカー外務次官の勤務した本省の建物がヴィルヘルム通り（シュトラーセ）七六番地にあり、その他の省庁も同じ通りに沿って建っていたことから、ドイツ人の間ではヴィルヘルムシュトラーセ裁判という名がしだいに定着していった。

諸官庁裁判は、ナチ体制の広義の官僚制をヨーロッパ・ユダヤ人絶滅機構としての機能面から検証し、そのメカニズムの実際と展開を明らかにしようとした。公判では、すでにフリック裁判を経験していた裁判官の一人W・クリスティアンソンが裁判長を務めた。四七年一一月一五日に起訴状提出後、審理は翌年一月八日開始、四九年四月一四日の量刑判示まで公判自体には七カ月がかけられた。さらに弁護側の判決修正申請についての決定がなされるまで九カ月を要した。公判記録二万八〇〇〇頁、証拠文書の数も九〇六七にのぼり、[95] IMTをこの点で凌駕していた。計二一名の被告の弁護のために六八名の弁護人があてがわれた。その内、F・ベルゴルト、C・ヘンゼル、E・クーブショック、F・ザウター、A・ザイドゥル、R・ゼルヴァツィウスの六名がすでにIMTで戦犯被告弁護を経験済みであった。ヴァイツゼッカー被告の場合は、米弁護士W・アギーのほかに独弁護士H・ベッカー、元裁判官の補助弁護人、元外務省吏員、息子のリヒャルトと五名が弁護を担った。この裁判ではただ一度だけ（ボーレ被告の弁護のため）女性のエリーザベト・ゴンベル博士が首席弁護人を務める形で出廷した。

検察側も審理期間中に三四名のスタッフを揃え、論告は経済関連省庁論告部、外務省その他省庁関連論告部、SS関連論告部に分かれて準備された。[96] 公判には、IMTでゲーリングおよびローゼンベルクをフランスからの美術品強奪の廉で追及したCh・ゲルトフェが、仏検察代表として再び参加したことも注目に値する点であった。

被告の内訳は、第三帝国の大臣・高官が一八名、あとの三名はSS大将G・ベルガー、SS大将W・シェレンベルク、銀行家K・ラッシェであった。SS主管本部長官ベルガーは、武装親衛隊の総合的統括（わけても徴募）に大きな役割を果たすと同時に、戦争後期には捕虜収容所にも責任をもち、一九六三年公開の映画「大脱走」でも知られる英米軍捕虜将校・兵士の脱走を企てた人物たちを殺害した責任を問われた人物である。戦争末期の親衛隊保安部（SD）責任者W・シェレンベルクは、ヴェンロ事件の主役としてクローズアップされた人物である。三九年秋、オランダでSSの保安部が英軍の諜報機関員二名を拉致し、国境の町ヴェンロ近くまで拘引し、その際オランダ軍将校一名が撃たれて犠牲になった。劇的な形で世界に報道されたことでも知られる。シェレンベルクは、SDの生き残りの代表格として裁かれることになった(この二人のSSリーダーは、平和に対する罪では無罪とされたが、戦争犯罪と人道に対する罪で有罪判決を受け、ベルガーは二五年、シェレンベルクは六年の刑を言い渡された)。

ドレスナー・バンク頭取ラッシェは、フリック裁判の被告フリック同様、「ヒムラー友の会」の重要会員で、戦争計画自体に参画したのではないが、占領地域の経済的略取、強制労働、SSメンバー(親衛隊中佐)だった事が問われた。

ヴァイツゼッカー被告は、職業外交官で、海軍退役後、ノルウェー公使、スイス公使をつとめ、一九三八年リッベントロップがノイラートの後任として外相におさまったとき、外務次官に栄進した。四三年ヴァティカン大使となり、彼の後任(外務次官)にはグスタフ＝アードルフ・シュテーングラハト・フォン・モイラントが就いた。他には四カ年計画庁次官でゲーリングの代理であったP・ケルナー、巨大コンツェルン「ヘルマン＝ゲーリング工業所」の中心人物P・プライガー、経済行政で重要な機能を担い教会の経済的締めつけも行ったH・ケーアルなどがいる。以上、諸官庁裁判の被告席に座った人びとの中では、外務関連被告と経済関連被告が圧倒的に多く、この点IMTの被告構成に似ていなくもないが、後者と比べ軍人がいない点が全く異なっていたといえる。

起訴状は、平和に対する罪をおかした廉(訴因第一、第二)で一六名を、狭義の戦争犯罪の廉(訴因第三。パラシュートで降下した連合軍パイロットに対するリンチ殺人への関与、戦時捕虜の殺害・虐待等も含む)で七名を、人道に対する罪の廉(訴因第四。ここでは戦前のドイツ人に対する犯罪を含む)で一三名を訴えた。

戦争中の犯罪について検察側は、戦争犯罪と人道に対する罪で被告全員を訴えたが、人種集団ないし宗教集団への迫害・根絶（訴因第五）、占領地での経済的略取・略奪（訴因第六）、強制労働のための強制移送（訴因第七）と三つの訴因に分けたのも特徴的だった。犯罪組織（SSあるいはナチ党指導者団）の成員だった廉（訴因第八）では一五名を訴えていた。

外国人労働者の奴隷化という訴因第七については、以下のような司法判断があった点が注目されよう。「決定的問題は、外国人労働者をその国の法や国際法に違反した形で働かせる事業へ調達するために、当該企業が資金をおそらく運用するであろうと意識しながら、あるいはそう信じながら、資金借り入れに応じることが犯罪になるかどうかである。銀行は他のもの〔たとえば武器〕の売り手と同じように金あるいはクレジットを与える。この種の〔商〕取引をまず犯罪とは呼べないであろう。われわれの義務は国際法をおかした責任のある者を処罰することであるが、このような借り入れを認めること自体違法であるとは断じえない(97)」。

しかし経済的略奪に関する訴えは認められた。ラッシェは自らのドレスナー・バンクにおける地位と活動によって、チェコの諸銀行・企業の差押に積極的に関与し、またチェコおよびオランダでのドイツ国家による「アーリア化」にもかかわった。さらにラッシェはSSのメンバーであった点も有罪とされ、全体で七年の禁固刑を言い渡された。裁判所は、戦前の犯罪の処断については、IMTと同じ根拠をあげて管轄外とした。

この諸官庁裁判で初めて提出された証拠資料がある。ヨーロッパ・ユダヤ人の根絶を目指し、東部絶滅収容所への強制移送と殺害の実行にかかわった省庁間の計画、政策の定式化を示し、ホロコーストの国家犯罪性（官僚制組織を軸にした国家総体による犯罪であるという性格）の本質をあますところなく明らかにした、四二年一月二〇日ベルリン・ヴァンゼー会議プロトコル（議事録）である（国家保安本部第四局［ゲスターポ］ユダヤ人問題課課長アイヒマンＳＳ中佐の手になる会議録で、裁判に提出されたのは四二年当時作成された三〇コピーの内の一つ）。後に、ホロコーストにかかわる決定的史料と評価されるにいたった(98)。

会議を主宰した国家保安本部の責任者で保安警察・親衛隊保安部長官ハイドリヒを始めとする会議参加者一五名のうち、大戦をくぐりぬけ、裁判の審理が展開された時点で生き残り、しかも継続裁判を通じて被告となっていたのは、元内務次官シュトゥッカート一人であった。彼自身は法廷で、第三帝国の反ユダヤ主義諸法の法案作成にはコミットしたものの、絶滅計画については知らなかったとの弁論を開陳した。この弁論を突き崩して彼個人の責任を明確にしえないまま、審理は四八年一一月に終了するにいたる。しかし裁判所自体がＩＭＴ判決を踏まえつつ、ホロコースト犯罪の重大性について一層認識を深めた跡は、五カ月をかけて詳細かつ慎重に判決文を作成したという事実にも一端をみることができる。

中でも、独国立中央銀行（ライヒスバンク、以下では国立銀行と略記）副総裁（四一―四五年）で、銀行の実質的最高執行官だったプール被告に対する判決は、精細な分析と迫真の事態描写力、継続裁判最後のこの裁判の意義のみならず、ニュルンベルク裁判全体を締めくくる意味での戦犯裁判全体の意味合いを打ち出そうとしているがゆえに、そのまま再録してもよいと思われるほどである。以下、長文の判決原文を整理して紹介したい。

「プールが厳しく追及されるにいたった主因は、親衛隊が収容所で殲滅したユダヤ人たちから奪った財産の受領・選別・供託・金塊化銀箔化・売却を規定した経済省兼国立銀行総裁フンク〔既述、ＩＭＴで終身刑」と親衛隊全国指導者兼ドイツ警察長官ヒムラーとの間での協定を監督・主導したことにあった。

冷酷に計画されたユダヤ人の絶滅は、ナチ体制期間中行われた犯罪の長い歴史における最も痛ましい、最も恐るべき章をなしているといわざるをえない。経済的排除・公民権剝奪から「アーリア化」・強制移送を経ての大量虐殺は、ナチ体制に巨大財政利得を約束し、それは侵略戦争遂行のために用いられた。その過程では、外国為替、通貨、証券、宝石、金時計、犠牲者の衣類さえも用意周到かつ組織的に集められた。女性の髪も刈られ最後には水も漏らさぬ執拗さで遺体の歯から金が奪い取られた。衣服も支配民族と称する者たち一人ひとりの体を覆うために与えられ、毛髪はクッションやマットレスに利用され、貨幣・紙幣・宝石・金銀細工は国立銀行の金庫に運ばれ、ベルリンの質屋業者に売られ、あるいはまた溶かして純金にするための措置を受けた。

被告プールは、ユダヤ人や強制収容所被収容者からその個人財産を押収することそのものはけっして人道に対する罪にはならないと考えていたが、大量の盗みは、計画的絶滅の不可欠の構成部分、かつ目的の一つを構成していた」。

「略奪したものの利用有効化のために故意に参加し異議なく協力した事実は人道に対する罪をおかしたことになる。我々が決すべき唯一の事柄は、被告の有罪・処罰化を正当とするに値する態様で協働したか否かという問題だ。……被告は非のうちどころない、専門能力に長け、きわめて高度の教養をもち高い知性を有する人物である。……無理強いされ協力させられたという証拠はない[99]」。

このように断じた裁判所は、四二年九月二六日、親衛隊准将で武装親衛隊少将のA・フランクが、ヒムラーの命令にもとづき、「処刑」ユダヤ人の所有物の利用のため、国立銀行発行紙幣の同銀行親衛隊経済管理本部口座への払い込み、外国為替(硬貨・紙幣)、貴金属、装身具、宝石・準宝石、真珠、金歯、金塊等の経済管理本部を通じての国立銀行への引き渡し等の手続きをとるよう命じた事実も明らかにした。また裁判所は、国立銀行吏Ａ・トムスが、被告から、この問題については誰にも話さず極秘扱いにし、言及は厳禁だと命じられた事実、さらに詳細についてフランクＳＳ准将およびヒムラー幕僚部ヴォルフ親衛隊大将と連絡を取り合うよう指示された事実に着目した。

すでに四六年五月三日、ＩＭＴにおいて証人尋問されたプールは、以下のような宣誓供述を行っていた。すなわち、四二年夏、プールと国立銀行フンク総裁との要談において、フンクは、親衛隊用の金・装飾品を国立銀行が預かって保管するという協定をヒムラーと結んだとプールに語った。さらにフンクは、親衛隊経済管理本部長官ポールと必要な協定を結ぶようにと自分に指示した。プールがフンクに対し、親衛隊から引き渡される金・装飾品・紙幣の出所・由来を尋ねたところ、フンクは東部占領地域の差し押え財産だと答え、プールはそれ以上は問わなかったという。ＩＭＴでの宣誓供述においては、盗品・略奪品のなかに金歯や金縁眼鏡があったことを知らなかったとプールは述べたが、継続裁判の証人としてトムスは、プールが詳細を全て知っていたと暴露した。

四六年七月一五日、経済管理本部長官ポール(継続裁判第四号事件の中心的被告)はＩＭＴにおいて宣誓供述を行い、四一年か四二年、宝石、金の指輪・眼鏡等、大量の貴重有価物件を絶滅収容所で集め、国立銀行に引き渡すようヒムラーから指示された、と述べていた。ヒムラーからは、この件では国立銀行フンク総裁と交渉済みとの説明があったという。ポールは、引渡し方法についてプールと交渉したと述べた。親衛隊のＡ・フランクは継続裁判のポール裁判において、ポールとプールの会談は四二年七月に行われたこと、それに先立ちヒムラーとフンク間の、またヒムラーと元財務大臣被告フォン・クローズィク間の会談が行われたことを証言した。国の貸借勘定として計上されたのが肝心で、現価は財務大臣の特別口座に書き込まれた、という。

四八年五月二六日、継続裁判の宣誓供述において国立銀行吏トムスは、親衛隊から国立銀行への引渡しが計七六回行われた、と述べた。被告プールは、国立銀行が、このような押収物件、特に金・銀・現金を受領することを法律で義務づけられていたとして、三九年六月一五日の銀行法の条項を引き合いに出した。しかし、裁判所は、この規定が義務と解釈しうるようなものを何も含んでおらず、盗まれた物件の受け入れ、利用、他の機関への引渡しも銀行の通常業務ではないと判断した。「侵略戦争中に占領地域住民あるいは独国籍保有者から盗んだ資産・有価物件を引き入れることが国立銀行の目的だったとすれば、この規定は国際法に違反しており、無効であって、弁護のために持ち出すことはできない」。

フンクの指令を受けてポールと話し合った後、プールは、自らが受け入れ利用すべきことになっていた有価物件が強奪されたものであることを、しかも強制収容所被収容者から奪われたものであることを知っていた。プールは、通常の職責範囲を逸脱して国立銀行の所轄部署にこの事柄を極秘として取り扱うよう指示した——裁判所は以上の事実を確認した上で、以下のように断じた。「プールがユダヤ人や他の強制収容所被収容者の殲滅に直接関与していなかったことはたしかだが、この全体計画の一部に関与したことは明らかで異論の余地はない。仮に関与の度合いが重大だとはいえなくても、われわれは訴因第五について被告を有罪と認める」。

以上、プールの事例のみやや詳しく紹介したが、ナチ体制の強奪経済の実態については、この第一一号事件で諸ケースが明らかにされながら一般に知られていないのが実情である[100]。継続裁判最後になったこのヴィルヘルムシュトラーセ裁判の法廷に提出された証拠の中では、ヴァンゼー会議の議事録だけがクローズアップされてきたものの、この会議に集まったのが、総統府・外務省・内務省・法務省・四カ年計画庁・東方占領省・ポーランド総督府等の省庁代表たちであったという具体的な事実を知る人は少ない。ましてやヴァンゼー会議に代表が出席していなかったドイツ軍・財務省・国鉄、とりわけここで取り上げた国立銀行も絶滅政策を了承し、それに関与・協力していたという事実を認識している人は専門家以外ほとんど存在しない。かかる状況に鑑みれば、この紹介も意味なしとしないであろう。

四九年四月の判決で、一九名の被告が有罪判決を受け、O・マイスナーとフォン・エルトマンスドルフには無罪が言い渡された。訴因第八(SSの成員あるいはナチ党指導者団のメンバーだった)のみで有罪とされたナチ党外国機関長ボーレは、犯罪的な行動を知りながら、その犯罪組織のメンバーであり続けたことに自らが責任を負わねばならないことを、継続裁判で唯一認めた被告であった。他の一八名の被告は、平和に対する罪か戦争犯罪か人道に対する罪かのいずれかまたは複数の罪で有罪とされたのであった。

この裁判で人びとの関心を最も集めた被告は、名門出の外交官ヴァイツゼッカーであった。最良の教育を受け、物腰・態度も好感をもたれる人物であった彼は、ヨーロッパ全体に広くすぐれた知己をもっていた。裁判所は、三八―四三年におけるリッベントロップ外相代理としての彼の役割について細心の慎重さをもって証拠書類を吟味・点検し、いくつかの訴因については無罪を宣告したが、欧州各地からのアウシュヴィッツはじめ絶滅収容所への強制移送については、彼と外務官僚・外務担当ナチ党幹部等六名の関与を確定した。

さらにヴァイツゼッカーは、ケプラー、ヴェルマン、ラマース、ケルナーとともに、平和に対する罪の訴因についても有罪とされた。弁護側は、ヴァイツゼッカー、ヴェルマンに関する判決と、第一一号事件判決とでは判決の基準が異なるとして、四九年一二月一二日に判決修正を申し立てた。これに対して、裁判所が、IMTの先例を引きながら、次のように回答していた点は、注意する必要があろう。

「条約の違反者の侵攻を武力でもって阻止し、侵略された国を救ける権利を疑うものはいないが、同様にこの任務を成功裏に終わらせた後犯罪国家に制裁を行いうることも疑いを容れない。そうであるならば、その決断、協力、実行が違法な戦争あるいは侵攻を開始させ遂行させた個々人に対してかかる制裁がなされるべきではないという根拠はいったいどこから出てくるのであろうか。いったい刑罰は責任のない無辜の人間にのみふりかからせるべきとでもいうのだろうか。国家の行動の理由について知ることなく、あるいは国家の宣伝に欺かれ、戦場に駆り出されて死傷し捕虜にされた単純素朴な市民が責任を負うべきだというのだろうか。自分の家が砲弾や空爆によって破壊され女性や子供が苦しみ欠乏に泣いていなければならないのを、また営業者や労働者が、自分の工場が破壊され、商船が撃沈され乗員が溺れ死に、捕らえられるのを見過ごせとでもいうのだろうか。結局のところ戦争の補償は無知の罪もない人びとへの課税によって支払えとでもいうのだろうか。真に責任がある者の責任が問われることなく、これら全てのことがなされて然るべきとでもいうのだろうか。有罪のもの、真に責任のあるものが無罪になり、無辜の大衆が苦しまねばならないという考え方の唯一の根拠は、《王者は不正をなしえない》《戦争は王者のスポーツだ》という古い原則にもとづいているにすぎない」(101)。この回答においては、真の責任者こそが裁かれねばならないことが強調されている。

だが判決の中心部分は、個々の被告に対して確証的・反証的な証拠文書の慎重な分析に終始しており、これをここで一人一人について分析の妥当性をあげて吟味するゆとりはないが、被告たちの犯罪の重大性に鑑みれば、検察側を中心に判決が軽すぎるとみる関係者(T・テイラー、ケンプナー等)も少なくなかった。官房長官ラマースは五つの訴因で有罪とされたが、二〇年の刑であった。ハンガリー派遣全権のヴェーゼンマイヤーは、アウシュヴィッツをはじめとする東部収容所への、四〇万人をこえるハンガリー・ユダヤ人の強制移送に重大な責任を有していたが、これも判決は二〇年であった。(102)

ＩＭＴにおける量刑との比較にとどまらず、継続裁判の他の判決量刑と比較しても、たしかにこの諸官庁裁判の判決は、ヴァイツゼッカー被告の刑が判決修正申請後七年から五年に減刑されたことも含め、緩和されたものになったことは否めない。医師裁判の被告多数が死刑判決を受け、法律家裁判のシュレーゲルベルガー被告が終身刑判決を受けたのと比べれば、そのことは一目瞭然である。裁判間におけるこうした量刑の違いが、戦犯裁判全体の公正さ、公平さについてのイメージにどれほどの影響を及ぼしたか、それを正確に伝える史料はないが、被告の間に不公平感を与えたことは間違いなかろう。

ニュルンベルクの一連の裁判で重大な犯罪とみなされた強制労働計画への関与について、この諸官庁裁判ではケルナー、プライガー、ケーアルに対して一五年の禁固刑が言い渡された。やはり強制労働関与犯罪を問われた他の被告に対する判決は、四―一〇年の禁固刑であった。例外は元内務次官シュトゥッカートで、彼は、上述のごとくヴァンゼー会議出席者のひとりであったが、言い渡された判決は三年一〇カ月の禁固刑であった。しかし勾留期間が考慮され、しかも生命の危険にかかわる重篤現状に鑑み、判決後すぐ釈放された。ヴァイツゼッカーの他に外務官僚のヴェルマン、シュテーングラハトも七年の禁固刑(からのち五年に減刑）の判決を受けたのに対し、頑迷固陋・非情冷酷な骨がらみナチとみなされたダレ食糧農業大臣やディートリヒ政府広報担当官が同じ七年の刑であったことも、判決の公平性が問われる一因となった。判決が、管理理事会法第一〇号にもとづき、個々におかされた実際の犯罪の重大性を、ナチ党にどれほど染まっていたかという点より重視したことも間違いない。

第五章　ＩＭＴと継続裁判の法理問題をめぐる追加考察と両裁判の比較

ニュルンベルク国際軍事裁判（ＩＭＴ）とそれに続く継続裁判が、法律の専門家にとって極めて重要な意味をもっていることはもちろんだが、社会科学・人文科学の多くの分野の研究者にとっても、二〇世紀における世界的な戦争にまつわる重大な出来事として格好の分析対象であることはいうまでもない。もちろんこの一連の戦争犯罪裁判は、職業・使命ないし職業倫理に関心のある市民なら誰でも関心を寄せないではいられない切実な、退《の》っ引きならない問題を、多数、多様な形において、また独特の普遍性をもって示しているように思われる。これまで第三章、第四章の裁判の記述において重要な法理問題について吟味・検討してきたが、各裁判が何より際立って示していたのは、裁判官たちが問題をいかに把握し、それにどのような応答を決めたか（判示したか）ということであり、きわめて重要な問題のいくつかについては、ここでいま一度立ち戻り、その重要性と意味の地平について、あらためて確認し、整理することが必要ではないかと思われる。もちろん本書のごとき密度では、問題の輪郭をある程度描き出すにとどまらざるをえないし、各論点、争点がもっている射程の一部をカバーできるにすぎないことは、あらかじめおことわりしておかねばならない。

裁判に対する異議

ＩＭＴと継続裁判の四年間にわたる審理と裁きの構想・展開・実践のなかで、大きな二つの異議が、裁判に対する法律家たちの合意を妨げたことは否めない。第一の異論は、国際犯罪を規定・定義し、また実際に刑罰を科し、国際法貫徹のために裁判機関を用いうる国際刑事制度は存在しない、というものであった。こうした異論は「法律なければ犯罪なし」という罪刑法定主義原則に支えられた欧州大陸法に馴染んだ法律家の、裁判への異議の理由をなしていた。米法曹界にも、米憲法の「事後法」禁止原則に抵触するとする見方が少なからずあったことは確かである。第二の異見は、裁く側が戦勝国で被告側が敗戦国という、裁判官構成におけるアンバランスのために公正な裁きが期待しえないというものであった。

裁判所に対するこうした二つの異論は、裁判を阻害するのに十分な各国政府への影響力をもたなかったし、法律家の間にも、ニュルンベルク原則は十分に根拠付けられているとする――必ずしも全員一致ではないが――、一般的な見方に対する対錘として機能するほど十分な説得力は結果的にもちえなかった。ニュルンベルク法廷の被告たちも、咎められた自分たちの行為が不法な行為であり、あるいはまた不意討ち攻撃その他の不法行為が自分たちの起訴の原因となることは、当時わかっていなかった、あるいはそう意識していなかったと大きな声で主張できるほどでもなかった。

「戦勝国が敗戦国を裁く」という問題について、戦争犯罪人を自国政府による処罰にゆだねたいと考えている人びとに対しては、第一次世界大戦後のドイツにおけるライプツィヒ裁判が茶番だったと総括することで、納得させうる反論を構成したといえよう。

しばしば指摘されたのは、裁判スタッフは中立国の代表によって構成されるべきであるという意見である。かかる中立国案は、たしかに公正・正義という点では、もっとも評価・承認しうる案であったであろうが、非現実的なものとして降ろされた。第二次世界大戦の時期、連合国と枢軸国の間でほぼ世界が二分されるといっても過言ではない中、スイスやスウェーデンをはじめ少数ながら中立国は存在したが、この二国に関しても近年ナチ金塊疑惑問題を通じて、実質的にナチ寄りだったことが露わにされつつある[1]。真の中立性に関する評価問題も含め、はたして中立国による裁きを貫徹しうる現実的な可能性が歴史の選択肢としてあったか否か、当時の各国事情とその国際環境が精査されねばならない。

審理過程を含めたニュルンベルク裁判は、「法の支配のもとでの世界秩序」をめぐる闘争のデモンストレーションのひとつとも解しうる。国際法という言葉で我々が何を理解しているか、また国際法はいかにして成立したかという問題は、確かに何ら新しい問題ではなく、オッペンハイムの国際法の教科書[2]はじめこの種の教科書の第一章に掲げられるテーマといえる。

しかし戦犯裁判を通じてはじめてこの問題が一気に巨大な現実味を帯び、重大な意味をもってきたともいいうるであろう。それは裁判によって、世界各国の政府・国民が俄然国際法を国際関係・国際問題におけるひとつの現実的な力とみなしはじめたことによる。

我々は国際法の生成をどのように認識しているのか。ニュルンベルク裁判に対してくりかえされた異論のひとつは、「侵略戦争」という概念の決定的な「定義」自体存在しないのだから、侵略戦争の計画と実行は犯罪とはみなされえないという主張である。それは一面としてはあたっているかもしれないが、ニュルンベルク裁判のさまざまなドキュメントによって明らかにされた事例を通して「侵略戦争」の概念が自ずと明確化されていったともいいうるのではないだろうか。第三帝国の戦争が、およそ言葉で想像することができる、あらゆる意味において侵略戦争であるということを看過したまま、ヒトラーと将官たちの戦争作戦会議録を読むことは誰もできまい。にもかかわらず、この概念規定を求める模索は、国際法の本質にかかわる根本的原則的問題をはっきり示している。

もちろん、世界の存立が平和と秩序の維持のための措置・政策にかかっており、またそれをおかしたものを処罰しうるか否かにもかかっていることについて、戦後の新しい世界を迎えた者はわきまえつつあったといってもよい。したがって、概念規定を求めていたのではなく、むしろこの処罰のための手続きを発展させていった。たくさんの裁きの個別事例をかさねてはじめて厳密な概念規定の基礎が輪郭をとりはじめたともいいうるし、高度に発展していく裁きの場が成立してはじめて国際法の法的な形も実質的に存立しうるといえるが、事実上法が貫徹してはじめて機構も成長するという面もある。ここにまた国際関係にとって直接プラクティカルな意味、重要性をもち、分析の対象としても現代史研究にとってもきわめて検討に値するフィールドが生まれたのであった。

平和に対する罪

IMTで導入された概念である平和に対する罪は、継続裁判では六つの事件で「侵略戦争の計画および遂行」としてあらためて吟味された。四つの事件(二つの将官裁判、IGファルベン裁判、クルップ裁判)の判決ではこの訴因が認められなかった。しかし他方ヴィルヘルムシュトラーセ(諸官庁)裁判では、一人の大臣と二人の次官に対する起訴が、有罪判決を獲得することになった。

この間、一九四八年六月三〇日にはラシュタットの仏占領地区継続裁判において、資本家レヒリングが侵略戦争遂行（計画ではない）への関与で有罪となっている。同時に彼は経済的略奪、民間人の強制移送・奴隷化でも有罪とされた[3]。ラシュタットの裁判の法廷裁判官はベルギー人一名、オランダ人一名、フランス人五名（裁判長は仏人マルセル・ピィエール）によって構成されていたが、このような構成も管理理事会法第一〇号で認められていた。ところが一九四九年一月の上訴裁判所でレヒリングは、他の犯罪では有罪とされた（一〇年禁固、財産剝奪の刑）が、平和に対する罪という訴因は認められなかった[4]。ちなみに東京裁判では二五名の被告が平和に対する罪で断罪され、ひとつの裁判としてはＩＭＴ・継続裁判をしのぎ、最大数の被告が有罪とされている。

平和に対する罪の裁きにおける最大の難問は、不法な企図に対する個々人のかかわり方をいかに評価するかであった。その被告は、戦争計画について、戦争の侵略性についてどの程度知っていたのか。行動において彼はどのような道・方向をとったのか。彼の立場がどれほど重要だったのか。国家の政策遂行にどのような影響力をもっていたのか。犯罪の企図にどの段階でかかわったのか。侵略戦争の計画や開始にはかかわらず遂行にのみかかわったというだけで十分なのか。以上のような問題群について、継続裁判はＩＭＴから、さらに一歩進んだとは必ずしもいえないであろう。

継続裁判のＩＧファルベン裁判判決や国防軍統合司令部裁判判決では、個々の被告について提出された豊富な証拠資料から明らかになりえた重要な問題――必ずしも狭義のナチと見なされていなかった企業人、軍人の侵略戦争計画・開始・遂行における関与と役割――を素通りないし看過してしまったといわざるをえない。判決は「指導者か従者か」「政治への決定的影響力」といったごく一般的な仕分けで満足し、ＩＭＴで国防軍統合司令部長官カイテルが軍事行政における（共同）「正犯」で有罪判決を受けた際のような、綿密な検討はなされなかった。シュニーヴィント海軍提督は、デンマークやノルウェーへの独軍侵攻計画に決定的にかかわりながら、Uボート艦隊を総指揮したデーニッツのような「政治的影響力」をもたなかったという理由で、この訴因では無罪とされた。

もっとも、諸官庁裁判のラマース官房長官やケルナー四カ年計画庁次官に対する有罪判決では、IMTの内相フリックやフンクに比肩しうる検討がなされており、またヴァイツゼッカー外務次官がリッベントロップ外相と同等の扱いを受けた点も注目されよう。

さらにオーストリア、ボヘミア＝モラヴィアに対する併合、懲罰行動を「平和に対する罪」と断じたことは、IMTが「侵入」「侵略行為」という言葉を用いながらほとんどこの問題に立ち入らず、共同謀議の一部としてしか扱わなかったこととは対照的であった。諸官庁裁判判決は問題を戦争行動に限定しようとしたパワーズの反対論を排し、ナチ・ドイツのような大国が部隊を動員すれば、軍事的衝突（戦争）に至らず狭義の戦争犯罪をおかさずとも、弱小国に恫喝を与え、目的を達成しうるという見方をとった。IMTはこうした問題には言及しなかった。もっとも、IMTの判決はこの侵入を侵略行為と呼んでおり、継続裁判でも引き続きこの問題は吟味・検討されたといいうるのである。

戦争犯罪

一連の継続裁判では、戦争慣習法についてけっして多くの新規な要素がもたらされたわけではなかった。連合国と枢軸国の間で激しく展開された空の戦争については、IMTではゲーリングに対する追及のなかでオランダ・ロッテルダムの住民被害が言及されたにとどまったが、継続裁判ではほとんど問題にすらされなかった。軍需工場や補給線を対象、軍事目標にした攻撃（戦術爆撃）と区別される、一般住民の生命や住居の殲滅という「戦略爆撃」の「効果」は連合軍側によって確かめられていたが、その犯罪性が当時正面から問題にされることはなかったのである。もっとも、この攻撃の適法性をめぐる問題の重大性は、継続裁判全体を統括したテルフォード・テイラーによって当時から感知されており、政治的性格をはらんで今後の論争の焦点になると予見されていた。

一方、海戦、わけても潜水艦戦はＩＭＴではデーニッツおよびレーダーに対する審理においてかなり大きく扱われ、判決自体注目されたが、ドイツのＵボート戦は、連合国の戦い方の質とそう違ったものでなかったと判断され、この点ではデーニッツもレーダーも結局有罪とされなかった。

捕虜の取り扱い方についての訴追は、大部分がその最悪例たるコミッサール指令、コマンド命令に集中された観を呈した。両命令とその実行はきわめておぞましく人を戦慄させる最たるものであり、捕虜の法的保護の原則維持を第一にすれば有罪は避けられなかった。

この問題と密接に絡んでいたともいえるパルチザン、義勇兵的部隊に関する判示には、注目されるいくつかの要素が出来していた。軍による人質の扱いをめぐる判決の中では、ゲリラ戦士や義勇兵は制服を着装していても戦闘部隊に比定されなかった。この点は既述したようにヨーロッパの被占領国の非難あるいは批判にさらされることとなり、ハーグ、ジュネーヴで戦争慣習法の再吟味・再検討をはかろうとする動きを惹起することにもなったといえよう。占領権力と被占領一般住民との関係についての規定に関しては、継続裁判判決、とりわけ企業家裁判は無数のさまざまな個別問題を取り扱うことになった。

「国際法の主体」としての個人

継続裁判の第五号事件（フリック裁判）では、個人が国際法の主体であるかどうかが問われた点も注目に値する。この裁判における被告人ヴァイスの弁護を務めたヴァルター・ズィーマース博士は、四七年七月一八日の弁護人冒頭陳述で「世界の法史上はじめてこの裁判で、企業家、したがって私的個人がいわゆる国際法違反の廉で被告席に座らされている」と述べた。博士はこれを法的にゆるされないこととみなした。たとえば、一九〇七年のハーグ陸戦規則、二九年のジュネーヴ協定は国家に向けられたものであって個人に向けられたものではないとし、帰責対象は国家であるというのが一般原則であるとした[5]。ＩＭＴは、非人格的国家の責任を問うばかりでなく、国家のために行動した個々人の責任も問うたという意味で、この原則から逸脱しているとしながら、ズィーマースは、国家の名において行動する人間には、国家そのものと同様の責任があるということが当然とされるのであれば、ＩＭＴのこうした判断は国際法発展のためには妥当かもしれないとした。だからといって告発がそれを超えて個々の一般国民、私人についても責任を問うのは理解できないという。

たしかに、国際法と国内法はせいぜい接することはあってもけっして切り結ぶことのない分離した二つの外延をもつという二元論が、当時の一般的な見方であった。こうした見解では、国際法は国家のみを対象とし、他方、市民や国家機関も国内法とその命ずるところにのみ従うとされた。このことは、国際法のある規定が市民および国家機関に義務を負わせることになれば国内法に転化させられねばならないことを意味する。

個人が国際法の主体として承認されるにいたるには、第二次世界大戦が決定的な画期をなしたといえよう。個人に対して国際法上違法責任を問うことができるという見方が一気に通用するようになるには、遡及効禁止の問題以上に、戦争犯罪人処罰要求の声が急速に高まる状況を前提にしていた。したがって、連合国の戦争犯罪委員会においては、管轄権問題、侵略戦争可罰性問題、遡及効禁止問題、戦争犯罪・人道犯罪定義問題等とは異なり、国際法の主体問題はもはや争われることがなくなったといっても過言ではなかった。

古典的な国際法解釈としての国家主体説からのドラスティックなこの乖離現象は、S・グリュックの四四年出版の『戦争犯罪人。追及と処罰』にも反映、グリュックはかかる現象を国際法上の不法行為に対する適切な反応としてはこれ以外考えられないとし、「故意の残虐な国家政策をともない、また世界の奴隷化計画に奉仕する《総力戦》を発明した国家緊急行動こそ従来の不適切な法理論・法原則の修正を強いつつある」[6]と述べている。また英国際法のテキスト『オッペンハイム国際法』の編者で、オックスフォードの代表的国際法学者であったH・ラウターパハトも「国家のみが国際法の主体であるという教義は、アクチュアルな実践のテストにもはや耐えられない」としており、「この古い教義の残滓は次の版からは消えてなくなるであろう」[7]とも述べていた。

個人の行動が、遅くとも第一次世界大戦終結以来、国際法の諸原則に則《のっと》る形でなされねばならなくなったことは、本書第一章ですでに確認しているが、IMTでジャクソンの代理を務めたケンプナーが、「これをライプツィヒ国事裁判所が認めていたと指摘したのは、ニュルンベルク国際軍事裁判終了後二年を経てからであった」と後に述懐している点[8]にも注意しておく必要があろう。ケンプナーは、単純素朴な市民あるいは兵士について、侵略戦争の可罰性にかかわる責任まで問うのは酷であって、あくまでかかる戦争の準備・開始・遂行に事実上責めを負っている人物の責任が問われねばならないが、これら人物には政治軍事の枢要な立場にいる人間のみならず財政金融・大企業・経済界のトップたちも含まれる、としている。

フリック裁判におけるこの法的問題に立ち返ってみると、個人の国際法主体性は弁護側にとって当法廷における最も重大な問題の一つだったといってよいのではなかろうか。四七年九月三〇日には、ゲッティンゲン大学国際法教授でIMTでは弁護人も務めたヘルベルト・クラウスの筆になる、五四頁の鑑定書[9]が法廷に提出されたが、これは被告への追及をかわすため弁護団側から提示されたものであった。

この鑑定書の内容主旨は以下の四点に集約できる。①IMT憲章も管理理事会法第一〇号も私(的個)人を対象としておらず、とにかくこれらで考慮対象としているのは、国家およびナチ党の高官である。②法の目的と意味に照らせば、私人に拡大適用するのは法の類推禁止原則に抵触する。③国際法の義務ないし規定に違反した廉で私人に責めを負わせることはできない。義務・規定が対象にしたのは国家であって、個人に向けられたことは一度もなかったから、個人を罰するのは遡及効禁止原則に反する。④そもそも国際法に違反していることが意識化されていないのだから、自らの行為のありうべき違法性を認識できるわけがなかった個人の罪を問うのは見当外れであるとしかいいようがない。たとえかかる意識・認識があったとしても国際法に適った選択的行動を期待するのは無理である。

クラウスにとってそもそも個人は国際法の規範対象になりえないのだが、とにもかくにも個人を二つのカテゴリーに分けていた点が注目される。第一は、国家のために行動する人間で、英語ではオフィシャルズ(政府当局者)という言葉が用いられる。第二を、クラウスは「私人」としているが、両者のカテゴリーに厳密な区別はつけられていないように思われる。しかし、前者のカテゴリーの中にはこのときすでにI

MTで有罪判決を言い渡された被告個々人が該当するとされていた。他方でこの裁判におけるフリックや他の被告たちをクラウスは「私人」としている。ＩＭＴ憲章と管理理事会法第一〇号が対象としているのはもっぱら高位の国家・ナチ党幹部であるにもかかわらず、ＩＭＴ裁判と継続裁判のミルヒ裁判では、国政にかかわった人間と「私人」との区別の問題がそもそも立てられていない、とにかく高位の国家・党幹部、したがってドイツ国家の代表が被告だったとクラウスは批判する。この問題を仮にきちんと裁判全体の論点に据えていたとしたら、検察側も裁判所も自らの法的基礎の適用を第一カテゴリーに限定していたであろうに、というのである。仏首席検察官の以下の冒頭陳述からそれがはっきり窺えるとする。「近代的諸原理によって組織された国家では、責任は直接国家のために行動する人間に限定される。それはもっぱら彼らが命令の合法性を判定しうるのは彼らがそうできる地位に就いているからであり、したがって彼ら〔の責任〕のみ追及できる」[10]。

またクラウスは、私人が国際法をおかすことはアプリオリにありえない、私人は国際法秩序の主体たりえないのだから、というヨーロッパ絶対王政期の古典的理論を持ち出し、個々の臣民はその国の国法および政治的決定に縛られており、国際法とのちに成立した国内法とが矛盾する場合や、国内法が国際法をやぶる場合でも、より新しい国内法のほうを適用しなければならない、この縛りは裁判官の義務であり、この義務は、文明諸国間で認められた法規範である（したがって国際的法原則である）として英米仏の事例も引いたのであった。クラウスは、かくして責任はむしろ自らの国家にゆだねる必要があるという結論を導き出している。さらに、逆の解釈についての彼の以下のような指摘も、当時の関心を呼び起こしたのであった。すなわち国際法は故国の法に従わず故国に抵抗をなすことを私人の義務にする可能性があり、こうした新解釈では、国家主権・国家と市民の関係が完全に変わり、世界国家が前提にされざるをえず、世界市民に対し、もはや主権をもたない自国の利害に逆らってでも服従が要求される。しかし、私人は国内法と国際法に矛盾が生じた場合、前者に従う以外にない、国際法は処罰から個人を守ってくれないからである。もとより結果責任を引き受け、自国によって処罰される覚悟がある場合は別であるが。「保護しうるから服従を要求しうるのだ」(protego ergo obligo)。法律は個人に法の実現のために自らを犠牲にせよとまでは要求しておらず、法規範遵守が個人に期待できないという点まで踏まえてはじめて責任追及がなされねばならないとした。(11)

検察側は、最終論告でクラウスの鑑定書を中心にこの問題に触れ、再び、特にテイラーが論陣を張った。①個人が国際法の主体として妥当することはすでに長らく承認されている。②私人と国家幹部の区別は許されない。これまでの実践からも管理理事会法第一〇号からも、それは出てこない。③被告たちはすでに自らの供述によればクラウスの定義する意味での私的個人ではない。④国際法違反を認識できたか否か、適法的別行動がとれたか否かの問題は、すでに事実にもとづいて立てられていないことも明らかだ。

反論を以上のごとく四点にまとめたテイラーは、弁護人の立場およびクラウスの見解が前近代的な時代遅れのものであり、個々人に国際法および国際慣習の違反で有罪判決を下し処罰を行うことも何ら新規のことではないのは明らかであって、過去数十年間から完全に有効な先例をあげることは容易く、武装権力の幹部成員、政府官庁幹部構成員とこのフリック裁判の被告との間に区別を設ける法的・論理的根拠も存在しない、と述べ、その上でＩＭＴのグスタフ・クルップと医師裁判のポコルニーの例をあげたのであった。(12)

しかしクルップのＩＭＴケースは見てきたとおり先例になりえないケースであったし、後者も無罪判決が出されたケースであった。裁判長は、国際法の主体適格性問題が被告の無罪判決に直接かかわらない点を確認したが、テイラーは第一次世界大戦後の仏軍事法廷でのレヒリング裁判の例をあらためて引き合いに出し、当時の仏検事局が冒頭論告でこの訴追自体、私人に対するものであることを十分意識していたと指摘している。

テイラーはさらに、「私的個人が管理理事会法第一〇号の規範対象にはなっていないというクラウスの見解も正しくない。ドイツの金融界・工業界・経済界において高い地位を占めていたかかる個人を引き合いに出している例は平和に対する罪とかかわる条項に含まれているのであるが、私的個人を裁判にかけうるのが、平和に対する罪をおかした場合だけであって、戦争犯罪や人道に対する罪をおかした場合には該当しないという、それこそ国際法にとって筋の通らない言語道断な考え方が、管理理事会法第一〇号の基礎になっているとするのはおよそ考えられない(13)」としたのであった。

判決(14)は「国際法がただ独立国家の行動のみにかかわっており個々の人間の処罰を規定していないという観点はもはや維持されえない」、「国際法が私的個人の活動領域、関心、知るところの全く外にあるという主張も不適切である。国際法それ自体は国内法同様、あらゆる個人にとって拘束的である。政府の官僚によっておかされた処罰可能とみなせる行為は、またそれが私人によって行われていたとしても処罰可能である。その責任の違いは根拠が違うのでなく、程度の違いにすぎない。双方とも犯人の責任は個人によって行われた不法にあり、犯人が犯行者として処罰されるのは正当である。個人への国際法の適用は何も新しいものではない。責任を公務担当者に限るのは正しくない」としており、これだけみれば検察側の主張が貫徹したようにみえる。

だが裁判所は「公」「私」の間に区別を設けた。奴隷労働計画への関与について被告たちとシュペーアやフンクの場合とを裁判官たちは区別した。後者は政府高官トップであり、被告たちは「別種の人びと」とされたのであった。裁判所はまた弁護側が強調した国内法と国際法が矛盾した場合の個人の(心理的)葛藤を認めており、この場合個人の責任(罪)を問うといっても主観に問題の次元を移した点が注目される。

管理理事会法第一〇号第二条は、まず人道に対する罪について「以下の諸例を含みかつ上記犯罪構成要件(通例の戦争犯罪)では尽くされない暴力行為および違反行為：故殺、根絶、奴隷化、強制拉致、自由剝奪、拷問、暴行あるいは一般市民に対して行われた他の非人道的行為：犯罪行為が行われた国の法に違反したと否とを問わない政治的・人種的・宗教的理由にもとづく迫害」(一c)と規定し、かかる犯罪について追及された場合「自らの政府あるいは上長の命令のもとに行動したという事実は、犯人を犯罪責任から解除するのではなく、犯人の刑罰を緩和する要素として考慮されうる」(四b)としている。両規定は、国内法を優先することによる違法性阻却という反論あるいはまた上官の命令の絶対拘束性という弁論を封ずる規定といえるが、裁判所はこれらをすり抜けた。

同時に裁判所は、クラウスが取り上げた国際法に違反する国内法律の識別可能性という問題にも触れなかった。「自らの国境をこえたところにある財産・所有物にかかずらう場合、適用される法を確かめ遵守すると期待されるのは当然である。無知は違法性阻却事由にはなりえない」と裁判所は述べているが、国際法違反の対応を正当とは認められないとしながらも弁解の余地は認めていたといえよう。ナチ国家を、無数の執行吏とゲスターポ(秘密国家警察)が遍在し、政府の決定あるいは命令の遂行のサボタージュないし阻止と解されうるようなことを少しでも行った人間には、いついかなるときでも直ちに残虐な刑罰を科しうる恐怖の体制とみなしており、こうした特別の状況、緊急事態に順応した人間の窮境を承認した。これは個人が受動的な態度をとるしかなかったとみなされた場合であって、被告の積極的能動的関与が証明されれば弁明は認めなかったのであるが、それにしてもフリック裁判の場合、個人、ことに私人であっても直接国際法に拘束されることについて、検察側と食い違い、消極的に解した裁判所の判断は、全体としては被告たちに有利に作用したのであった。

先のクラウスの鑑定書は、(強制)労働者の強制移送についても考え方と法観念の混乱が見られるとしながら、ＩＭＴが犯罪的と明言した強制移送も第一次世界大戦後のライプツィヒ裁判では適法的とされていた点を強調した。たしかに、ドイツ帝国軍参謀総長ヒンデンブルクによって発せられた一九一六年一〇月三日のベルギー人強制移送命令をめぐっては、戦後彼は訴追されながらも結局審理停止となっているが、それは彼の絶大な国民大衆的人気を無視できなかったことによるところが大きかった(15)。

しかし、民間人の強制移送に対する責任の範囲をめぐって、継続裁判では九つの裁判で扱われ、政府高官・軍指導者・企業家・警察・司法機関スタッフが起訴された。かかる判決を全体的にみれば、ハーグ陸戦規則において確定されていた法原則の確認とさらに細かい吟味がなされたといえる。フリック裁判の判決では、一般的に労働力調達問題は「国家」「官庁」サイドによって計画・組織されていたという枠組がつくられており、企業家の追及が甘くなる面があった点は否定できない。しかしフリックとヴァイスについては、国家による懲戒処分をはるかに超えるような「重刑」や「処刑」を特にポーランド人労働者やロシア人捕虜に「積極的に」加えたことが証拠づけられ、二人の「緊急状態」という弁明を許さなかった点は強調しておく必要があろう。

最もよく吟味された判決は、人質問題であった。戦争法はそれまで、ある種の特別な状況下での人質殺害を禁止していなかった。このことを確認しながら、裁判所はハーグ条項の修正を要求。将来においてはどんな状況下であれ人質の殺害はあってはならないと、はっきり拒否の原則を打ち出すことになった（とりわけ南東戦線将軍裁判）。被占領地住民の最大限の保護という原則を明確化するため、軍事専門家の場合はもちろんのこと、シヴィリアン側からの口頭・文書での詳細な証言も含め、審理および証拠文書の形をとった記録として、裁判は包括的で従来になかった豊富な史料を提示した。ニュルンベルク裁判のこうした認識成果の多くが、一九五〇年発効のジュネーヴ協定にとりいれられることになったといえよう。

人道に対する罪

ニュルンベルク裁判のどの判決も、一国政府によるあるいはその政府の同意による自国住民の人種的・宗教的特定集団に対する犯罪行為について、それが国際法違反の犯罪、人道に対する罪であるか否かという問題を明確に設定していなかった。この争点は、ＩＭＴでは検察側が投げかけたのであった。裁判所は、一九四五年八月八日のロンドン協定が、かかる犯罪に対する法的管轄権について、侵略戦争の経過中に行われたあるいはこれと結びついて行われた犯罪に限ると規定しているとしたが、継続裁判では、検察側はあらためて戦前の対ドイツ・ユダヤ人犯罪（迫害行為）問題を提起したのであった。

この継続裁判では、政治的・人種的・あるいはまた宗教的理由にもとづく「迫害」の中身が問われることになった。特に不明確だったのは、犯罪構成要件にかかわる対象として本来保護されて然るべき法財・

権利財が具体的に何かという問題であり、身体・生命・自由が該当するのは確実ながら、財産はどうなのかという点が争点となった。

検察側は、非ユダヤ系ドイツ人によるユダヤ系ドイツ人財産の押収（＝「アーリア化」）が、フリックを筆頭とする企業によって三七年、三八年段階から計画的に行われた点を重大視した。三八年一二月三日に発効した「ユダヤ人財産への配置に関する指令(16)」は、（ユダヤ人の）一般営業（権・資産）を所有者の意思に反して譲渡しうる権限をもった国家信託官をユダヤ人企業に配置することができると定めたものであるが、国によるこうした措置（戦争前ながら、やがて戦中のホロコーストにつながっていく措置）よりはるかに早くフリックのような私企業がかかる犯罪行為をおかしていた点を、検察側は重視した。

弁護側は、フリックの行為は「アーリア化」に当たらず、これについて裁判所には管轄権自体がないと訴えた。そもそも「法財」としての財産・所有権は管理理事会法第一〇号第二条c項の人道に対する罪によって保護されておらず、訴追対象の行動は人道に対する罪を構成していないがゆえに検察側の訴えは筋が全く通らないとした。

裁判官たちはまず問題の審理そのものについて、訴因三「アーリア化」が戦前に由来するという意味で、管轄権をもっていないがゆえにこの件についての審議を停止する決定を行ったのであった。裁判所がその陳述の冒頭、簡潔に整理し示した事実関係は、検察側の提起について争いえないということを確認するものであった。証拠調べから出てくる結論の確定をこの決定は含んでいなかったが、裁判所は、以下の二点から管轄外としたことを明らかにした。

まず「国際裁判所である当法廷はロンドン裁判所憲章第六条a項の管轄権規定に対してＩＭＴが与えた

法解釈に縛られていると考える」。管理理事会法第一〇号にこの管轄権規定がないということについて検察側は、当裁判所が（戦前に行われた）この種の犯罪に管轄権を拡大しうるという考えの印、証拠であるとみなしているが、当法廷は管理理事会法第一〇号のはっきり書かれた文言の中にはその証拠を見出しがたいと判断する。前者の見解の支持者たちが望む結論に達するには、立法行為（法制定）によってここに存在する曖昧さを解消させる必要がある、としたのであった[17]。

法廷はオポチュニティ（時宜に適う必要性）論から以下のように、免責が導き出されるとしている。「戦争犯罪を断罪する課題はかくも包括的で巨大な作業であり、戦争と関連しない可罰的犯罪行為をおかした人間を当裁判所によって断罪させる必要性も口実も存在しない。裁判所の管轄権が認められないと決まり、確定能力をもちえないという点を十分わきまえて、人道に対する罪、およびそこで保護されるべき法財の概念規定の問題にこれ以上はかかわることができず、所有権は管理理事会法第一〇号によって保護されている法財ではないという結論に達したのである[18]」と結んだのであった。

以上、フリック裁判の判決をやや詳しく見てきたが、そこに、のちのジェノサイド犯罪論およびメガ犯罪防止論につながっていくような長大な展望、視座までを、希望的に読み込もうとするのは、いささか期待過剰であろう。

三九年九月以前（戦前）の「人道に対する罪」について、検察側は第一一号事件（諸官庁裁判）においても、特に三八年のいわゆる「水晶の夜《クリスタルナハト》」（現在のドイツの歴史家たちが「一一月のポグロム」と呼ぶユダヤ人大迫害事件[19]）をあげたほか、対ユダヤ人犯罪だけではなく、政治的理由からナチへの反対者が迫害・殺害されたケースも取り上げた。ノーベル平和賞の授賞対象になりながら強制収容所をたらいまわしにされて亡くなったカール・フォン・オシエツキーの事例、さらに三四年六月三〇日事件[20]（いわゆる「レーム事件」）でゲスターポのコマンドに殺害された中央党の政治家エーリヒ・クラウゼナーの事例等である。

ヴァイマル共和国のプロイセン司法界に足を踏み入れた矢先にナチ政権誕生に遭遇したため、アメリカへ亡命を余儀なくされ、終戦後ナチ犯罪追及を何よりの目的にドイツに戻ってきた人物として被告人たちから恐れられ警戒されていたユダヤ系検察官ケンプナーは、特にこの戦前の人道犯罪追及に力を入れたが、弁護側は当初より裁判の管轄外であることを訴え、裁判所側もこれを結局受理して、フリック裁判に続いて検察側の問題提起は諸官庁裁判でも失点となったのであった。

しかし他の二つの裁判では、この問題に関する意義深い重要な確認がなされたといえよう。

行動部隊裁判（第九号事件）において、（ソ連在住の者が標的にされた）ユダヤ人殲滅の戦争中の犯罪は追及しながら、三九年以前のチェコ占領時の組織的迫害等の人道犯罪については、管理理事会法第一〇号に独自の規定を見出しえなかった裁判所だが、人道犯罪という点において被告人たちの作戦行動を有罪と確定した際、「人道に対する罪は、生命・自由に対する無差別の組織的破壊・殲滅の犯罪行動である。その意味ですぐれて国際司法的な問題なのであって、万全の秩序国家の刑法典が十分な規定を備えているような〔従来の〕犯行には該当しない。大量メガ犯罪は、肝心の国家が、犯罪対処に無関心・無能あるいは犯罪の共犯者であり、犯罪をストップさせ処罰しうる能力・意欲をもっていないがゆえに、このような根本的な人道の法の領域で問題にされざるをえなくなるのである」として、この犯罪概念が戦争中の犯罪のみに限定されないことを認めたのであった。

法律家裁判（第三号事件）でも、裁判所は「戦争の法に対する、また戦争の慣習に対する違反が、国際慣習法に対する、考えられる唯一の違反であるというような考え方は、とっくの昔に主張されえなくなっている。国際環境、国際情況の圧力、世界全体の相互依存という確固たる事実、世界世論の道徳的圧力によって、結果的に、ドイツ国民に対してナチ命令にもとづきなされた、特定の、ある種の人道犯罪が、文言としてすでに規定されている法に対する違反というにとどまらず、国際慣習法に対する違反でもあるという事実は国際的に承認・認証されていた」と述べていたのである。(22)

裁判所は続けて、国家あるいは国家元首による宗教ないし人種にかかわる残虐行為に対して異議ないし抗議の声をあげた、一世紀にわたる、トルコ、ルーマニアその他多数の諸事例をあげ、またブルンチュリ(ハイデルベルク大学法学教授)に同調しながら「ある特定の人種の人権が損なわれる形で傷つけられた場合、諸国は国際法の名においてそれに抗議しうる」という彼の見解の一節を引用している。(23)

検察側を代表していたテイラーは、かかる管理理事会法第一〇号問題について、実際上もつ意味が十分高く評価されていないとしながらも、人道に対する罪の概念が国際刑法の確固たる部分になって将来の戦争に対してもきわめて重要な阻止要因となろう、(24)と述べた。実際ジェノサイドの問題について一九四八年に国際連合によって実現された合意は、ニュルンベルク裁判における人道に対する罪の取り扱いにより覚醒された世界世論の関心の大きさのあらわれであったともいえよう。

第六章　ニュルンベルク裁判以後のナチ犯罪裁判

一　その後の戦犯裁判の行方

東西ドイツにおける戦犯裁判

ニュルンベルク国際軍事裁判（ＩＭＴ）や継続裁判を含むドイツ国内・他の国々で行われた連合国による裁判で有罪とされた被告は、二〇世紀末の時点で、五万―六万人とされている。[1] 西側三カ国占領区で有罪宣告を受けた被告五〇二五名のうち八〇六名に死刑宣告が出され、四八六名が処刑された。東部ドイツ・ソ連占領区では、約一二万二六〇〇名が逮捕され、さらに外国人（圧倒的にソ連人）三万四七〇〇名も身柄を拘束された（ほとんどが強制連行された外国人・ソ連人労働者）。このうち有罪宣告を受けた者は四万五〇〇〇名、その三分の一がシベリア等へ強制労働のために強制移送され、残り三分の二は東独の特別収容所に入れられた。死刑になった人びとの全体数は不明である。

一九四八年ごろから西独では、裁判について戦勝国による裁判と解される傾向がますます強くなり、教会指導者、有力政治家、その他の各界代表者・貴顕が、ランツベルク、ヴェアル、ヴィットゥリヒに収監されている被告たちの恩赦を求め、米占領行政トップに圧力をかけた。四九年五月成立の連邦議会では特に自由民主党(FDP)、ドイツ党(DP)の議員団の指導者たちを中心に判決修正・無差別釈放を求める声が強まり、政府内でもトーマス・デーラー内相(FDP)が初代連邦首相アーデナウアー(キリスト教民主同盟[CDU])に措置を促した。

冷戦の進行にともない、四〇年代末からアメリカを中心に連合国の戦犯政策は緩和の方向を辿り、ランツベルク監獄収監のオットー・オーレンドルフ他親衛隊被告の一部は処刑されたものの、多くの死刑囚は減刑され、フリードリヒ・フリックやフォン・ヴァイツゼッカー、アルフリート・クルップ等も一九五〇、五一年に釈放された。これで犯罪人の処罰は終わったとし、さらなる追及は適当でないとみなす空気が濃厚になっていった。五八年にはランツベルクに収監されていた戦犯の最後の四名が釈放された。このうち三名は殺人部隊アインザッツグルッペン(行動部隊)の元指揮官で、いずれも継続裁判で死刑判決を受けた者たちであった[2]。

連合国の西独への委任によるところの、管理理事会法およびドイツ刑法適用裁判では、一八六五名が起訴され、六二〇名が有罪宣告を受けている[3]。これらの判決の圧倒的部分が、密告、傷害、監禁、強制猥褻等の犯罪に対するものであった。殺人は、強制収容所監視隊員、「安楽死」殺人関与、戦争終局面での軍への奉仕を拒否した市民や「脱走兵」を「処刑」した犯罪が主として追及された。大部分は、被疑者を直接知る被害者や遺族の告発によるもので、犯人が発見される偶然に依る面も強かった。

東独でも管理理事会法とドイツ刑法を適用したドイツ人による裁判が、占領ソヴィエト内務人民委員部(NKWD)による秘密裁判と並行して行われていた。四七年八月、ソ連占領区の五州に対しソヴィエト軍政当局は、ナチ裁判をさらに続行した上で四八年二月には終わらせていくという命令を発した。ドイツ東部では、四九年までに八〇五五名が有罪判決を受けた（強制収容所・「安楽死」殺人［T4作戦］関連の大量虐殺三一一五件、誣告《ぶこく》罪二四二六件、ナチ犯罪組織成員罪九〇一件、司法殺人等一四七件）。五〇年、ソ連占領当局は、東独にあった最後のナチ犯罪容疑者用収容所を閉じ、三四〇〇人をこえる囚人とナチ犯罪人処罰全権を東独司法機関に引き渡した。四五年以降収容所に入れられていた人びとは、五〇年に「ヴァルトハイム裁判」で有罪判決を受け、三三名の死刑判決を受けた被告のうち二四名が処刑されたが、必ずしも全員がナチ犯罪者ではなかった。(4)

西独では、四九年の連邦恩赦法、五四年七月の第二刑免除法によって、軽犯罪および三八年の水晶の夜《クリスタルナハト》（一一月のポグロム）、さらには終戦間際の「サボタージュ市民」や「脱走兵」を「処刑」したような犯罪は特赦の対象になった。ナチ犯罪の捜査手続き数は、五〇年の二五〇〇から、五四年には一八三へと一〇分の一以下に減り、その後の五年間（五五―六〇年）でも有罪判決を受けた者は計一四〇名と著減した。(5)管理理事会法第一〇号が正式に廃棄されるのは五六年だが、それに先立ちすでに連邦法務省、最高裁がその適用に法的懸念を示しており、五一年八月末以降適用されなくなっていた。ナチ犯罪追及を遡及法的措置とみなす雰囲気はますます強まっていった。(6)

その後もドイツの裁判所によるナチ犯罪追及は続けられ、ＩＭＴや継続裁判と異なり、国内刑法の殺人罪を適用する形で行われたが、六〇年代半ばまで年二〇件前後で推移した。

各国の戦犯裁判

以上、その後の両独のナチ犯罪裁判についてみてきたが、ドイツ以外の、わけても占領・戦争被害を受けた各国の戦後の戦犯裁判も概観しておく必要があろう。ナチ・ドイツの支配形態は、一九三八年にチェコスロヴァキアに割譲させたズデーテンや一国全体を吸収したオーストリアのような併合という形から、四一年占領のウクライナのように植民地方式にいたるまで多岐にわたっており、またポーランドのように三九年の敗北後、西部はダンツィヒ・西プロイセン、ヴァルテガウ等としてドイツ国家に編入されながら、残部は総督領として植民地化されるなど一国でも地域によって異なった支配形態をとったところもあった。そのため安易な単純化は避けなければならないが、①併合、②占領(軍政)、③占領(民政)と大きく三つに分類可能である。[7] また被支配国ではないが、④ドイツ以外の枢軸国も考慮すべきだろう。

これら支配形態の差は、戦後の戦犯裁判におけるドイツ人被告と自国民「ナチ協力者」被告との割合の相違をもたらしたり、軍民被告の数や比率にも微妙な差異を生じさせるなど、戦犯裁判における地域差の要因にもなった面は否定できない。他方ドイツ人被告と「ナチ協力者」に関し、両者の扱い方自体にどんな質的差があるかも、その要因を含め見落とせない問題であろう。以上を視野に入れて各国ナチ犯罪裁判の様相を辿ってみよう。

①被併合国

オーストリア　計一万三六二五名のオーストリア人が有罪とされた。四五年六月二六日制定の戦争犯罪その他のナチ残虐行為に関する法(戦争犯罪人法)を基礎に、以後占領四カ国(米ソ英仏)は、戦争犯罪および人道に対する罪に関する諸立法措置をくりかえし付加していった(五七年廃止)。非ナチ化措置としては、四五年五月八日に最初のナチ党禁止法が発せられ、九二年に廃止されるまで、更新され続けた(8)。

②被占領国(軍政)

ベルギー　四七年六月二〇日、戦争犯罪を裁く軍事裁判所権限法が制定され、七五名のドイツ人がベルギーの軍事裁判法廷に引き出された。約四〇万人とみなされた「ナチ協力者」のうち、数万人が逮捕され、二五〇名が処刑された(9)。

フランス　パリ解放後の四四年八月二八日、戦争犯罪処罰法が公布され(四八年九月一五日には施行補充令)、六四年一二月二六日、人道に対する罪を時効不適用とした(法令第六四／一三二六)。有罪とされた人数の総計は厳密に確定できていない。五二年四月仏法務省がまとめたところでは、パリ解放以後、処刑された者一万五一九名(そのうち正規の裁判で死刑判決が下され執行された数は八五〇名、残りは即決裁判により銃殺された者ないし略式軍事裁判によって有罪とされた者)。別の資料では、四七八三名に死刑宣告(うち約二〇〇〇名に刑執行)、五万名に禁固(10)。

五〇年代初めまでに「コラボラシオーン」(対独協力)問題を含む戦争犯罪追及をはじめとした戦後処理は終了したかにみえた。しかし、八七年「リヨンの虐殺者」クラウス・バルビー(リヨンのゲスターポ責任者としてユダヤ人狩り・抵抗運動抑圧に辣腕をふるった)の裁判を通じて、リヨン警視総監ルネ・ブスケらによって行われたユダヤ人迫害についても、対独協力というよりはむしろフランス側が能動的に関与していた事実がしだいに明かされていく。これによっておよそ四〇年間の「記憶の抑圧」「過去克服の真空部分」が浮き彫りにされ、人道犯罪についてあらためてフランス国民が再考を迫られた（〝ヴィシー・シンドローム〟の）ことも、付言しておかねばならないであろう。

ソ連　すでに独ソ戦開始以降、ナチ犯罪人の刑事訴追のための法的基礎については、モロトフ外相のノート（覚書）の形でいくつか出され、四二年一一月二日「ドイツ・ファシスト占領者（侵入者）犯罪調査特別国家委員会」が設置された（四八年まで存続）が、連合国戦争犯罪委員会（ＵＮＷＣＣ）には加盟しなかった（ポーランド、チェコ、ユーゴがＵＮＷＣＣの最も活動的なメンバーだったのとは対照的）。

ソ連邦全体でみれば、ソヴィエト最高幹部会による四三年四月一九日の戦争犯罪人令で量刑が厳しく規定され、ソ連軍捕虜および民間人に対する虐待には絞首刑をもって追及するとした。まだ独ソ戦が進行中だった四三年七月にクラスノダルで初のナチ犯罪裁判が開廷された。ドイツのアインザッツグルッペン（行動部隊）傘下のアインザッツコマンド（行動隊）10ａを助けたソ連側の協力者を裁いたこの法廷では、大量虐殺用ガス自動車の存在が国際的にも知られるようになった。これに続き同年一二月一五日にはハリコフで初めてドイツ人に対する裁判が行われた。ここでは、三名の独国防軍軍人が訴追され、また一人のソ連側協力者も裁かれ、三日後に判決、その翌日絞首刑が執行された。

ソ連邦を構成している各共和国では、ナチ犯罪裁判はそれぞれの軍事刑法にしたがって実施され、その意味では遡及効禁止がおかされているといったような非難はなされなかったことが特徴的であった。

戦争終結後、四五年末から高位の親衛隊将校・国防軍将官に対する裁判がミンスク（ベラルーシ）やリガ（ラトヴィア）で開かれ、四八年まで続いた。最も注目を集めたのが東国・北露ＳＳ警察高権指導者フリードリヒ・イェッケルンＳＳ大将に対する裁判で、行動部隊全体に広範な指揮権をもっていたこの親衛隊の大物は、四六年二月死刑判決を受け、直ちに執行された。ソ連検察官たちはニュルンベルク裁判では、犯罪組織に属した罪について、メンバーとしての個人の直接的責任が立証されてはじめてその罪が問われるとしていたが、ソ連国内裁判では、犯罪行為にかかわっていたか否か、犯行時にメンバーであったか否かのいかんを問わず、犯罪組織・集団の成員であれば、有罪とされた（少なくとも二五年の自由剝奪宣告）。ロシア社会主義共和国連邦の刑法第五八条の「犯罪武装集団」が参照され、これとは異なる他の共和国の規定はほとんど考慮されなかった(11)。

四九年からは独軍戦争捕虜、ナチ党中下級関係者、ソ連側対独協力者が裁かれ、特に協力者は反逆罪、「反革命」の廉で処罰された。以後は死刑にかわって、二五年間の強制労働が科されるケースが多くなった。

ユーゴスラヴィア　厳密な戦犯裁判統計がないのが実情である（ヴィーラントの研究には、一説として、戦争犯罪および人道に対する罪の廉で有罪宣告を受けた独軍人は一二〇名という数字があげられている(12)）。継続裁判第七号事件（南東戦線将軍裁判）の審理が行われる前にすでに一九名の独軍将軍が処刑されていたため、西側連合国ではユーゴで公正な裁判が行われるか否かを懸念し、容疑者の引渡しを制限するという経緯があった。

ウスタシャ（クロアチアのナチ協力組織）のリーダーをはじめ、現地協力者の戦後の処遇は、ユーゴの複雑な民族関係が反映され、その全体像は現在でも明らかになっていない。

③被占領国（民政）

デンマーク　有罪宣告を受けたドイツ人は八〇名。四二年一一月から終戦の四五年五月まで国家全権としてデンマークを支配した、親衛隊・ゲスターポの元幹部ヴェルナー・ベストはその代表格で、四八年死刑宣告を受けたが、一二年の禁固刑に減刑され、しかも五一年には釈放された。一万四〇四九名のデンマーク人が対独協力で禁固刑以上に処され、うち七八名が絞首刑判決を下され、四六名に刑が執行された。四五年夏にデンマーク国会で制定された国家反逆罪は四〇年四月九日(ナチ・ドイツによる対デンマーク侵攻[占領]開始)にまで遡って適用され、一万三五〇〇名が有罪宣告を受けた。うち約七五〇〇名は独軍への協力の廉で処罰された(具体的には、デンマーク義勇軍[武装親衛隊傘下部隊]あるいは他の独軍部隊に加わって連合国軍と戦い、あるいは独監視部隊やサボタージュ撲滅部隊にかかわったことが追及された)。さらに二〇〇〇名は独警察に勤務・奉仕した廉で、また一一名は密告、虐殺、拷問その他の暴行・虐待の廉で有罪とされた。

デンマーク・ナチ党(DNSAP)の指導幹部も有罪宣告されたが、党員であったというだけで処罰対象になったわけではない。もっとも約六〇〇名の地方・国家公務員はDNSAPの党籍があったため戦後罷免された。また一一〇〇名が経済的対独協力のゆえに有罪とされ、三億一八〇〇万クローネが接収された。(13)

オランダ　二〇四名のドイツ人が裁判にかけられ、一八名の被告に死刑判決が下された。対独協力者として有罪判決を受けたオランダ人は三万五六一五名、うち一五二名に死刑判決、四〇名に刑が執行された。裁判が終わった五〇年代初めにも、ユダヤ・メディアは「ホロコースト」を二義的にしか扱っていないとオランダ政府を非難し、戦後のオランダの反ユダヤ主義を「リトル・ホロコースト(ショア)」と呼んだ。(14)

ノルウェー　八〇名のドイツ人に有罪判決が宣告された。戦争犯罪で死刑になった者はうち一五名。九万二八〇五名のノルウェー人が裁判にかけられ、四万六〇八五名が処罰された(二万八九一九名は罰金・権利喪失、一万七一三六名は拘留)。国民結集党のリーダーで傀儡首班のヴィートゥクン・クヴィスリンクはじめ売国の廉で死刑判決を受けた者は三〇名、うち二五名に刑が執行された[15]。

ポーランド　ナチ犯罪の廉で、ドイツ人・オーストリア人計五三八五名（前者五三四〇名、後者四五名）が有罪宣告を受けた（ポーランド・ヒトラー犯罪調査中央委員会で長らく責任者を務めたピリホフスキによる）。その三分の一以上が四カ国対独占領権力によってドイツ国内の戦犯裁判にも証人として召喚された[16]。

ポーランドにおいて戦争犯罪および人道に対する罪は、ソ連軍にバックアップされた「ルブリン政府」が四四年八月三一日に公布した「一般市民・戦時捕虜殺害・虐待犯罪をおかしたファシスト・ナチス犯罪者、ならびにポーランド国民に対する裏切り者に関する刑罰量定令」に規定する犯罪行為に対し適用された[17]。

ドイツ人のナチ犯罪容疑者でポーランドにおいて有罪判決を受けた者の三分の一以上が連合国から引渡しを受けた人びとだった（アメリカから一八〇三名、イギリスから三九二名、ソ連から五一名、フランスから三五名[18]。なおバワーは英国からの引渡者数を一一七二名としているが、これはポーランド側が請求した数で、イギリスは同意しなかった[19]）。東プロイセン・ナチ党大管区指導者エーリヒ・コッホは、英軍によって五〇年ポーランドに引き渡され、五九年三月九日にワルシャワで死刑判決を受けたが、健康状態を理由に執行されず八六年獄中で死亡。冷戦期は、西側からの引渡しがしだいに制限されていったという東側の指摘がある[20]。ソ連とフランスからの引渡者数が米英と比較して極端に少ないのは、ナチ犯罪者が占領の犠牲になった国々に居続けることを避けたことを反映していた。

ポーランド側の戦争犯罪人リストには、ドイツ人・オーストリア人合わせて七四〇五人の名があがっていたが、最高人民法廷で罪が問われたのは五九名であった。他の二二二二名は通常の裁判所で裁かれた。

無罪判決を受けた者は故国に引き渡された。

四七年三月三日の最高人民法廷判決はＩＭＴ判決とは異なり、指導者集団のみならずナチ党自体を犯罪組織としている点は注意しなければならないが、当適用ケースは稀であり、ＩＭＴに参画できなかったとはいいえ、代表を派遣し証拠の評価をはじめＩＭＴ判決を参考にしながら、バランスを失した厳しい判決は避けたことも特記しておきたい。

チェコスロヴァキア　四五年六月一九日に大統領が「ナチ犯罪人、裏切り者とその幇助者処罰・特別裁判所に関する布告」を出し、翌年一月二四日法制化された。これに従って四八年末までに、三万三四六三名が有罪判決を受けたが、ドイツ人はその半数近い約一万六〇〇〇名をなしていたと見積もられる。この数はポーランドで有罪判決を受けたドイツ人の数をはるかに上回る。ドイツ人が五〇％、自国民が三五％、その他一五％という見積もりもある。(21)

四九年以降は、一般刑法規範にもとづいて裁かれた。裁かれたドイツ人の代表的面々は、ボヘミア＝モラヴィア保護領の国務長官をつとめたカール＝ヘルマン・フランク(プラハで殺害されたハイドリヒの右腕)、クルト・ダーリュゲSS大将、アイヒマンの共犯者ディーター・ヴィスリーツェニー(ＩＭＴでは証人として、犠牲になったユダヤ人の数をアイヒマンが六〇〇万人と見積もっていたと証言した人物)である。

④　ドイツ以外の枢軸国

ブルガリア　「対連合国世界戦争参加、それとかかわる犯罪関与に責任を有する者の断罪に関する」法令が四四年一〇月六日公布されたが、もっぱらこの適用対象になったのはブルガリア人であった。自国民一万一一二二名が裁かれ、そのうち二七三〇名に死刑宣告が下された（終身刑一三〇五名、有期刑五五七一名、無罪一五一六名）。戦争犯罪、人道に対する罪に関与したドイツ人はソ連に引き渡された。[22]

ハンガリー　ハンガリーは枢軸国として対ソ戦に参加したものの、四四年三月には連合国と独自に休戦交渉を行っていたことが発覚し独軍占領という事態を招き、矢十字党という親ナチ勢力が独軍占領下前面に出てきて、ユダヤ人迫害を一層推し進めて戦争を継続、結局ソ連軍に降伏するという曲折があった。四五年にソ連とのモスクワ講和条約で戦犯追及を義務付けられた新生ハンガリーは、「一九四五年の人民裁判管轄権・戦争犯罪・反人民犯罪に関する第八一／四五」令にもとづき四万人を裁判にかけ、ナチ犯罪人あるいはまた対独協力者として一万九〇〇〇名をこえる人びとに有罪宣告した（死刑宣告は三八〇名、代表格は元大統領ラスロ・バルドシー、矢十字党リーダーのフェレンツ・サーラシ）。ドイツ人にどれだけの数の有罪判決が下されたかは不明である。

ソ連軍の追及をおそれ西独に逃れた元国家指導者ホルティは、その後共産化したユーゴスラヴィアからも引渡し要求を突きつけられたが、西側連合国は引渡しを拒否。四四年一二月以降、ハンガリー暫定政府はナチ犯罪人の刑事訴追を開始し、戦後は「人民法廷」と称する特別裁判所を設置、共産党政権成立後、戦犯追及は進捗し、四六年末までに第三帝国とかかわりの深かった対独協力政治家のほとんどを特別法廷で裁いた。六七年にも矢十字党の面々が起訴され、一六名に長期強制労働の判決が下されている。[23]

ルーマニア　枢軸国の一員として対ソ戦に参加。四三年にはナチ・ドイツとの国家協定で、ルーマニア国籍をもつ民族ドイツ人（ドイツ系ルーマニア人）を武装ＳＳへ大量提供。アウシュヴィッツのＳＳ監視隊員にルーマニア出身の者が多かったことは夙《つと》に知られている。

四四年八月二三日のソ連との休戦後は、こうした対独協力者の国籍・市民権剝奪・財産接収措置がとられたが、彼らは戦時中にヒトラー指令でドイツ国籍を取得しており、戦後も追及をおそれてルーマニアへ帰還しないケースが多かった㉔。

イタリア　ドイツの盟邦であったムッソリーニのイタリアは、四三年夏、連合国に降伏後、ドイツと戦闘状態に入り、独軍占領下の北部で独軍による大量虐殺、人質殺害、強制連行等の犯罪が行われた。戦後、イタリア戦線独軍総司令官アルベルト・ケッセルリング元帥は米軍に逮捕され、イタリア一般市民虐殺の罪でヴェネチア英軍法廷において死刑を宣告されたが、のちに終身禁固刑に減刑、さらに四八年には二一年の禁固に引き下げられ、そして五二年癌のため釈放された。

四八年には、ローマの元ゲスターポ責任者ヘルベルト・カプラー親衛隊中佐に対して、アルディアティーネ洞窟でのイタリア市民三三五名(一五歳から七四歳。うち七五名はローマのユダヤ系市民。イタリア人の将官五名や高級将校一一名も含まれていた)の虐殺の廉で裁判が行われ、無期の判決が出されたものの(一九七七年、ローマの癌病棟から妻たちによって秘かに運び出されたカプラーはその後西独で死亡が確認された)、実際に手を下した親衛隊大尉プリーブケには無罪判決が出された。その後もプリーブケに対する追及は十分にはなされなかったが、九六年の伊軍事法廷における再審で一五年の判決が下された。自国のファシストについては、約四万五〇〇〇人が戦闘行為休止後、処刑された㉕。

以上の①―④のカテゴリーに入らないイギリスの場合、対ドイツ占領区裁判についてはすでに見たが、第二次世界大戦中の戦争犯罪をめぐる最初の英軍事法廷は四五年一月一四日の国王特別勅令にもとづいて開かれ、海戦等で捕らえ戦争犯罪をおかしたことが明確な独軍捕虜を主に裁きの対象にした(26)。

全体としていえることは、まず対独協力者の裁きの方が早く開始された点である。それは対ドイツ人措置と比べ(司)法的障害がより少なく処罰し易かった点もかかわっていた。一方ドイツ人戦犯に対する裁判・処罰がより遅滞したのは、その合法性いかんに関する関心・懸念に制約され、引き延ばされることになった点も大きかったが、わけてもＩＭＴの審判を待ってから判決を出そうという構えが諸国にあったことも否定できない。ドイツ人戦犯のほうが対独協力者に比べ、タイムラグを利点とし、新たな冷戦の状況展開によっても利益を得た。連邦共和国(西独)もしだいに追及が緩和されるこの新状況を歓迎したといえる(27)。

二　ドイツ人自身による裁判

西部ドイツにおける「安楽死」裁判

ドイツ人自身による裁判も、一二のニュルンベルク継続裁判の皮切りとなった医師裁判と並行して始まっていた。その中でも注目されるのは「安楽死」裁判である。この「安楽死」裁判のほとんどは、四六年から五一年にかけて西部占領地区とベルリンで行われた。メーゼリッツ＝オブラヴァルデ、アイヒベルク、カルメンホーフ、ハダマル、ヴァルトニール、グラーフェネク、ヴィルビブルク、カウフボイレン＝イルゼー、エグルフィング＝ハールそれにバーデンの諸施設で行われた「安楽死」殺人に関与した一五名の医師が裁かれた。そこでは五回にわたり死刑判決が下され、ヒルデ・ヴェルニッケという女性医師に対しても死刑が執行された(28)。

六〇年代に入ってからも、西独はなお二ケースの「安楽死」裁判を開いている(西独最後の「安楽死」裁判は、八八年に再開廷された「安楽死」殺人関与医師ハインリヒ・ブンケおよびアクヴィリン・ウルリヒに対する裁判。これが医学犯罪にかかわるドイツにおける最後の戦犯裁判となった(29))。

西独初期の「安楽死」裁判の判決の特徴は、違法性阻却事由や責任除斥事由を認めなかった点にあった。弁護側はつねに、被告が三九年九月一日に発せられたとされるヒトラーの「安楽死」命令を妥当な法とみなしており、したがって禁止に対する錯誤があった――刑法上禁じられている行為と考えねばならないにもかかわらず、錯誤、勘違いがあった――という論理を展開した。

しかし、四六年一二月二一日に有罪判決を下したフランクフルト地方裁判所は、ヒトラーの「安楽死」命令について、いかなる形式的な法的効力も認めなかった。命令は公表されていなかったし、権限ある所轄大臣の副署もなかったという検察の論理に順《したが》うにとどまらず、さらに自然法の論理を援用することで、国家は合法と不法とを恣意的に決定することはできず、自然の、永遠の人倫法の規範に拘束されているとした。それゆえに「安楽死」命令は違法、法的に無効なのであり、「安楽死」という名の殺人は、(たとえ「第三帝国」では免責されたとしても)法的には処罰すべき行為なのだ、としたのである(30)。

裁判では、被告がその時点においても「安楽死」行為が不法であると意識していたとすることで、遡及効禁止という困難な問題は、解決されるとみなされた。初期の裁判では、仮に被告が命令の遂行を拒んでいたらかなりの不利益を被ったであろうという弁護側の弁明も認められなかった。上記のように「安楽死」犯罪への関与が自発的なもの、謀殺であったと証示しえたからである。したがって、たとえ被告が拒否したとしても結局ナチ体制は彼の代わりをいくらでも見つけることができたであろうという弁護側の代理可能性論も認めなかった。

ところが、四〇年代末以降の裁判になってくると、判決は被告側を利する方向に傾いていく。こうした傾向の背景のひとつとして、犯罪事実構成要件の法的評価が変化していったことがあげられよう[31]。初期裁判では謀殺とみなされていた患者の殺害は、故殺とされるようになっていった。ほとんどの裁判において、謀殺の構成要件としての、計画性、狡猾さ、卑劣な動機が認められたにもかかわらずである。殺害の責任は命令系統の上へ上へとずらされていき、結局真の張本人はヒトラー他ごくわずかな人間に限られるようになった。

東西ドイツが分断される頃までは、裁判所は「(形の上でなく)犯行の実際の役割に近いのはどれか」という基準にしたがい、教唆者、主犯、共同正犯、幇助者という分類を行っていたが、四〇年代末からは犯行にかかわった者の動機つまり主観的関与を極端に重視する立場をとるようになってくる。すなわち自身の犯意を認める者のみを主犯とし、それ以外の全ての者を幇助者とみなす傾向である。初期の裁判の自然法的道理にもとづく判断基準は失われた。また「安楽死」の適法性をめぐる判断については、文字通りの「安楽な死」への補助、「憐憫の情にもとづく救済」を引合いに出しながら、「禁止の錯誤」論(かっての弁護側論理)が承認されるようになってくる。最終的に被告は、最悪の状態におかれるのを回避するための正当な緊急避難だったと主張するようになった。

前述した初期の女性医師ヒルデ・ヴェルニッケに対する裁判では、女性看護人も同様に、謀殺の廉で有罪(この場合は死刑)判決を受けたが、その後の裁判においては、殺人罪の適用は命令を下した医師に限定され、実行した看護人は犯罪の幇助者とされた。六七年にフランクフルト地方裁判所は、ブランデンブルクとベルンブルクの施設のガス室を用いて障害者の殺害を指揮した医師ハインリヒ・ブンケ[32](一九一四―二〇〇一年)に対して、実行者と判断して判決を下した。またその二〇年後の裁判でも、ブランデンブルクで彼の後継者として殺人を続行し、その後はベルリンの本部(T4)でハイデとともに障害者殺人体制を整えたアクヴィリン・ウルリヒ[33](一九一四―二〇〇一年)に対しても、同様の判断をなしたのであった。この二人が結局「不法意識欠如」で無罪判決を獲得したため、幇助者とされた看護師ももとより無罪をかちとった。

ほとんどの関連判決において、「緊急状態」「強制」「不法意識の欠如」「禁止の錯誤」といった違法性阻却諸事由が大きな役割を演じた。特にT4作戦を主導した医師や行政官については「義務の衝突」(医者として患者の病状を改善し救命する義務と、国家命令として「安楽死」を用意する義務との矛盾)が弁明として用いられただけでなく、裁判所自体かなりの程度認めるようになったという印象は拭えない。

さらに重大だったのは、「安楽死」殺人に直接関与した医師の中に、戦後も全く責任を問われないままだった者が少なくなかったことである。T4作戦の最初の医師側責任者ヴェルナー・ハイデ博士の場合、米軍の未決勾留を脱したあとは、無数の医師や法曹家に助けられ、偽名を使ってキールで医師としての活動を続け、裁判と保険のために数千通の保険医鑑定書も書き続けていた。五九年にようやく偽装が発覚して身柄を拘束されたが、六四年、刑事事件としての公判が開始される直前に自殺した[34]。

東独の初期戦犯裁判と「安楽死」殺人裁判

ソ連占領地区ないし初期のドイツ民主共和国（東ドイツ）の戦犯追及に関しては、冷戦終了後もしばらく研究らしい研究はなきに等しかった。歴史家も法学者も、両極的な解釈に収斂しがちだったことは否めない。すなわち、一つは反ファシズム、ナチ体制との断絶、ナチの過去との非の打ちどころない対峙が表明されていたものとし、いま一つは、司法のあり方が政治権力に奉仕する専断的なもので、判決も社会主義統一党（SED）という独裁政党の意思に完全に左右されていたとするもので、両者ともある一面を衝いていたとしても全体としては極端な、あるいは粗い解釈で、実態に即さないといわざるをえない。

いつどのような形でドイツ人側に戦犯追及をゆだねるかは、米英ソ仏の対独占領連合国四カ国で一致していたわけではなかったが、ドイツ当局側の捜査・裁判に部分的にでも道を開いた四五年一二月二〇日の管理理事会法第一〇号の意味合いを再考してみると、連合国側が管轄権において断念した一九三三―三九年（戦前）のドイツ国内におけるナチ犯罪の追及については、非ナチ化法の実施をはかった各占領地区総司令官の裁量にゆだねられたし、管理理事会法第三八号（四六年一〇月一二日。①重罪者、②有罪者［積極分子、軍国主義者、受益者］、③軽罪者［保護観察対象グループ］、④同調者、⑤無罪放免者、の五分類規定化も含む）は、行政・司法・医療・経済・大学等におけるナチ時代の能動的協力者を排除すると同時に、名目上党員になっていたにすぎない者を戦後の再建ドイツ社会に統合する機能を管理理事会法一〇号と合わせてめざすものだった。[35] ソ連占領区では、四八年年初の非ナチ化終了宣言がソ連軍政当局（SMAD）から出されるまでは、当局の影響が圧倒的に強かったことも否定できない。ドイツ側の戦犯追及のセンターになっていたのは、ドイツ中央司法管理部（DJV、四五年七月二七日SMAD指令第一七号によって他の行政機関とともに設置）だったが、SMADの法務機関に圧倒的に依存していた。ソ連はナチ・ドイツの征服計画をになった国家諸組織からの「確信犯」の排除、なかんずくドイツ国防軍、警察のみならずドイツ司法の非ナチ化も当初から重大視しており、ベリヤの影響が強かった秘密警察（内務人民委員部［NKWD］）は戦犯追及の取り調べ過程で拷問さえ厭わない違法行為をおかしたとされる[36]が、四七年末までにドイツ人側で出した有罪判決（七四四名）のうち約八割（五七八名）が三年以下の自由刑であったためソ連当局が穏便すぎるとした[37]点などにも目を向けると、東部ドイツ各地域での非ナチ化裁判を占領当局が全面的には統制できなかったという側面も浮かび上がってくる。

DJVの責任者は、戦後創建された自由民主党（LDP）のリベラルな政治家オイゲン・シファーであったが、彼はヴァイマル共和国期、ドイツ民主党（DDP）出の法務大臣を務めた経験もあり、彼の指導下反ファッショブロック諸政党による法秩序を模索しつつあった。ドイツ側のイニシアティヴで開かれた裁判として最も注目されるのが、四七年夏ドレスデン地方裁判所で行われた陪審裁判である。ピルナ＝ゾネンシュタイン、アンスドルフ、ライプツィヒ＝デーゼン、グロースシュヴァイトニッツの諸施設における「安楽死」という名の障害者・患者殺人に関与した医師・看護人（T4作戦の医師側責任者はヘルマン＝パウル・ニッチェ）ら一五名が起訴され、四七年七月七日、管理理事会法第一〇号にしたがって、人道に対する罪でニッチェの他医師一名、看護人二名に死刑判決が下され、四八年三月ニッチェは処刑された[38]。

DJV副部長であったヒルデ・ベンヤミンは、四七年八月一六日のSMAD指令第二〇一号のねらいが、名目的なナチの社会への再統合、行政官庁諸部局の非ナチ化に加え、東部ドイツでの戦犯追及措置の統一化を達成することにもある、と当時コメントしている[39]。

草創期の社会主義統一党（SED、東部ドイツの社会民主党と合同したドイツ共産党）も、当初から党に同調する裁判官を配置しようと努めたものの、四八年頃までは、思うようには進まなかった。九一一名の地方裁判官で最も多かったのは無所属三八三名、ＳＥＤ所属は二六四名、それに次いで自由民主党(ＬＤＰ)所属一四七名、キリスト教民主同盟(ＣＤＵ)一一七名であった。また裁判長二四名中、ＣＤＵが六名、ＬＤＰが六名と半数は保守中道系であった[40]。

ドイツ民主共和国創立をひかえた四八年末段階でも、非ナチ化裁判判決四五四九例中、三七五六は三年以下(ほぼ六カ月以内)の禁固刑であった[41]。多くの裁判官はナチ時代に政治的理由あるいは「人種的」理由でパージ、解任された経験をもっている人びとであり、六〇歳をこえた復帰裁判官も少なくなかった。ＳＭＡＤ指令第二〇一号等で解任された司法関係者は八一六九名で、当時の司法官の約八割に相当し[42]、社会主義統一党は民間から選ばれる参審裁判官を増産する形で司法界への影響力を強めていくことになる。

「反ファシズム」を建国の始めから国是とした東独では、建国時にナチズムが徹底的に追及・排除されており、当局はその後の自国内での刑事追及に重大な関心をもたなくてよいはずだという論法がしばしばとられたことは周知だろう。だが、ソ連軍政当局が四八年年初に非ナチ化終了宣言を出したものの、東独建国後の四九年一〇月までに出された有罪判決の数は、七四七〇にのぼり、その四〇％はナチ犯罪諸組織に所属した罪で、たとえば一〇五五件はＳＳ所属、一一六三件はナチ党指導者団に属していたことが問われたのであった。名目的なナチの再統合問題もそう簡単には解決されなかった。ナチ強制収容所に長らく拘束されていた「オールド・ボルシェヴィキ」たちが、かつてのナチ党員と共存するのは困難だったからであるが、五〇年代を迎えても、ネオ・ナチや反ユダヤ主義が再登場する西独のような現象は、東独では見られなかった。

もっとも、ゲスターポをはじめとするナチ犯罪者に関する資料を独占し、それらを縦横に利用できる立場にあった「シュタージ(「国家保安省」の略。東独の秘密警察)」と、戦後東西ドイツで赦免されあるいは追及を受けずに済んだナチ犯罪者との間には秘かな関係が保たれ、たえず緊張状態にあった両独関係の中でこれらの人びとがエージェント的役割を務めさせられた点も含め、東独の「過去政策」の大きな影の部分をなしていた問題について最近ようやく見直しが始まり、ヘンリー・ライデの研究(43)等によって光が当てられてきている。

すでにナチ体制期の司法犯罪についてみてきたように、東独は、自らがナチ期の犯罪をいかに徹底して裁いたかという点を強調し、医学犯罪でもT４事件はじめ西独におけるナチ犯罪追及の不徹底ぶりを喧伝し西独の道徳的失墜化をはかったのであった(44)。

第七章　西ドイツにおけるニュルンベルク判決の受容

一　判決への反発と忘却

ドイツ連邦共和国（西独）は一九四九年五月二三日に発足したが、この時点でまだ主権は回復されていなかった。日本はサンフランシスコ講和条約（一九五一年九月八日締結、五二年四月二八日発効）で独立を回復するとともに極東国際軍事裁判（「東京裁判」）の判決を正式に受けいれたのに対し、歴代の西独政府はニュルンベルク裁判の判決を公式には受けいれてこなかった。日本とドイツの「過去の克服」に対照的イメージをもっている日本人にとっても、これは意想外の事実ではなかろうか。

一九五〇年代の戦犯問題についての西独政府と国民の立位置は、一九五一年ローマ教皇ピウス一二世に宛てた西独初代首相アーデナウアーの以下のような書簡がある意味で象徴していた。「戦争犯罪の廉で追及・断罪されたドイツ人の問題は、この戦争によって引き裂かれた〔ドイツと〕諸国民の関係をなお損ねており、解決が急がれる焦眉の課題のひとつです。……西側諸国がドイツの内外になお一七五〇名ものドイツ人の身柄を拘束しているのを国民は不当であると感じております。他の分野ではいたるところ事態の正常化が見られるのに判決だけが緩和されないことを我々は理解できません」[1]。ピウス一二世にはすでに恩赦を勧奨する声明を出して頂いているが、戦犯諸判決について中立国法律家たちの参加した再審査がなされるよう尽力を願う、というのが書簡の趣旨であった。ときは朝鮮戦争たけなわの時期で北鮮軍が分割線を越えて南鮮深く侵入しており、エルベ河をはさんで東西ドイツでも同様の事態が懸念され、西側への西独の協力が切に望まれた時であった。西独閣僚も、ハイコミッショナー(西独占領行政米文官トップ)のマクロイをはじめ西側の高官に対しては、戦争がほぼ確実な情勢なのに、ランツベルク(継続裁判で死刑判決を受けた親衛隊高官はじめ有罪判決を受けた多数の被告を収容した監獄のある南独小都市)問題がネックになっている、と繰り返し訴えていた。

アーデナウアーの最初の対英表敬訪問は五一年一二月に行われた。チャーチル首相は、独・連合国合同恩赦委員会を中立国の委員長下に設置することを提案した。「これらの(ランツベルクの)囚人をドイツ側で拘置してもらうことになるが、日本が判決を承認した上で戦犯を自主管理したのとは異なり判決は認めなくてよい」という内容であった。このチャーチルの提案を知らされると彼は、マクロイに注進に及んだという。アーデナウアーは中立国委員長下の合同委員会で恩赦権を獲得できれば、刑執行も引き受ける腹積もりではあったが、あくまでニュルンベルク判決承認がドイツに義務づけられないことを前提にしていた。しかし判決の執行は、その妥当性の承認を含んでいる、とマクロイはアーデナウアーに指摘したという。

五二年二月の英国王ジョージ六世の葬儀に集まった英米仏三国外相とアーデナウアーが同月一八・一九日ロンドンで会談した折、アーデナウアーには以下のような戦争犯罪人取扱条項が提示された。すなわち、対等な参加者による恩赦委員会が、判決の妥当性を損なうことなく刑の等級を減ずるというものであった。

アーデナウアーは「ドイツでは恩赦という語は判決の妥当性の承認を含意しており、別の無色の語で表せるのであれば賛成」と答えたため、「調整」委員会という名称で発足することになったが、ドイツ側が戦争犯罪人の管理を自ら行うということも他の条項案には含まれていた。四月下旬から条項案についてドイツ側で検討が行われたが、連合国下の管理のほうがまだましであるという議論が優勢になった。ドイツ側の監獄に移せば、普通の犯罪者とかわりなくなってしまうとか、そもそも主権と再軍備と戦犯問題を抱き合わせにすると議会で通らないのでは、という懸念がアーデナウアーから表明された。四月末には米側からドイツ側が受けいれるはずのない自主管理案が示され、結局ニュルンベルク判決承認の芽はなくなった。

五三年二月のアーデナウアーへの表敬訪問を前に、ダレス米国務長官は「ドイツ国民は裁判の基礎をなすニュルンベルク諸原則をなお認めようとせず、有罪判決を受けた者の罪を信じていない。ドイツ人の態度は徒《いたずら》に感情的で、理路を通した議論や客観的事実の提示に全く影響を受けない。こうした全てのことが、両国の良好な関係を駄目にするのだ。……受刑者をドイツの刑執行機関に受け入れることは、ニュルンベルク判決や同種の判決を承認することであり、これは政治的には困難だろう。ドイツ人はこれまで判決の妥当性をかわることなく否定してきたからである」と述べた。

調整委員会自体はなお拘留中の戦犯の最後の釈放が終了する一九五八年まで活動を継続したが、ニュルンベルク裁判の被告たちは健康である限りは刑を緩和されないままベルリン・シュパンダウ要塞に収容され続けることになった。しかし彼らは犯罪者登録簿（いわゆる「前科人名簿」）には掲載されなかった。「連邦政府は、いわれているところの戦争犯罪人に関する外国の有罪判決を認めていない」ことが、五八年九月九日連邦最高裁判所によって確認されたのであった。

メディアのIMT回顧と意味づけ

五五年一一月二〇日は、IMT裁判が開始されてから一〇年目であったが、ドイツのメディアでは回顧らしい回顧はないに等しかった。辛うじて言及される場合でも、「ニュルンベルク戦争犯罪人裁判 Nürnberger Kriegsverbrecherprozesse」という呼び方が一般的であって、「戦争犯罪人という名の戦争犠牲者」が裁かれ有罪の烙印を捺されたというニュアンスが込められていた場合が少なくなく、しかも「ナチ犯罪」は一部の過激なナチの異常な行為によっておかされたという見方が支配的であった。まさにN・フライが強調する「過去の克服」の「谷間」の時期であったといえよう。

この冷戦たけなわの時代の一九五六年、西独では七月に連邦議会で一般兵役義務法が成立し、八月には連邦憲法裁判所が共産党に違憲判決を下し、同党に解散命令を発した。国外では六月にポーランドのポズナン暴動、一〇月にはハンガリー動乱が起き、ハンガリー動乱ではソ連軍の戦車が出動するなど騒然たる状況が続いていた。かかる「鉄のカーテン」の向こう側での事態のなりゆきを尻目に、四カ国共同管理が唯一残っていたシュパンダウ監獄では、判決一〇周年の一〇月はじめに一〇年禁固刑のデーニッツが釈放された。「東」側世界の激動に比較しこれは小事にすぎなかったが、西独では注目を集めた。下獄していた他の受刑者の中にも相前後して釈放された者がいるにはいたが、デーニッツの釈放ほどには喧伝されなかった。元外相のノイラートは二〇年の刑を受けながら前年の五四年末にすでに釈放され、デーニッツの前任者で終身刑を下されたレーダー元海軍総司令官も五五年、元経済相のフンクも五七年に釈放された。いずれも健康上の理由で刑期を「務め」あげることなく解放されたが、程経ずして他界する。

デーニッツ釈放のときには、英(わけても海軍)軍人の間でさえ「海のロンメル」という異名で賞賛的に語られていた英雄的軍人としての彼の国民的な人気が、戦後ドイツにおいても廃れていないことが判明した。独裁者とはいえドイツ国家元首だったヒトラーにとにかく忠誠を尽くした真っ当な、政治的無色の軍人らしい軍人だったというイメージを覆すような報道は見られなかった。

司法におけるナチ犯罪追及と「過去の克服」

西独司法機構における旧ナチ裁判官の大量残留が、ナチ犯罪全体の追及を停滞させたことはいうまでもない。ナチ時代の不当な死刑判決が刑事法廷で再吟味されたのは、四八―六八年の二〇年間で僅か一五件であり、計二名の裁判官が有罪とされたにすぎなかった(2)。

それ以降のナチ裁判官を裁く裁判の基準になった連邦裁判所(最高裁判所)の五六年の判決(3)では、刑法上訴追できる裁判官は、故意に法を悪用した者に限られることが公然と宣言された。この「犯意」という高いハードルは、裁判官を他のどんなナチ犯罪容疑者よりも、「証拠づけられない(＝処罰できない)」という点において特権化したといえる。

しかし、このことは以後西独をジレンマとフラストレーションの状態に陥れ続けることになった。新たな議会制民主主義体制としての西独の重要な正統性の根拠は、ナチ独裁体制との非連続性、断絶にあったからである。そのような西独において、ナチ不法国家下の裁判官とのほぼ完璧な人的連続性が存続しているという現実は問題化せずにはいなかった。

司法の新規出発という西独における正統性の根拠は、歴史的に不利な証拠の暴露によって、全くおぼつかないものになっていく。ドイツ民主共和国(東独)は、五七年五月、大量の所蔵史料の中からナチ時代の法務省・ライプツィヒ国事(最高)裁判所・民族裁判所・特別裁判所に関する決定的文書をピックアップし、「ヒトラー政権とアーデナウアー政権との連続性」を証拠づける「自らの手を犠牲者の血でぬらした、残虐な」ヒトラーの裁判官=西独法曹エリートの暴露キャンペーンを開始した。

「ヒトラーの特別裁判をになった裁判官=アーデナウアー政権の支柱」(五七年一〇月一四日)、「アーデナウアーに仕える六〇〇人のナチ法律家」(五八年一〇月二一日)、「ドイツ軍国主義に奉仕した一〇〇〇人の特別・軍事裁判官」「ボン政府はヒトラーの大量虐殺者を援護している!」(五九年一一月三日)、「ボン政府の戦争準備のためのヒトラーの軍事裁判官・軍刑事エキスパート」(六〇年一〇月一四日)(4)という具合に、東独によるプロパガンダはエスカレートしていった。東独が、連邦法務省の官僚に一五名、連邦検察庁の検事に一一名、連邦裁判官に七四名(連邦行政裁判所裁判官の半数に、また連邦憲法裁判所の判事に三二名)のナチ関係者がいると具体的に指摘したため、国際社会もこれを無視できなくなっていった。

たとえばイギリスでは、大戦中にナチのユダヤ人絶滅政策を議会で糾《ただ》したこともあるユダヤ系労働党議員シドニー・シルヴァーマンが、ニュルンベルク人種法あるいは他のナチ法に違反した廉で死刑判決ないし重刑を科した二〇〇人の裁判官が、ポツダム協定に違反しているにもかかわらず現在も西独政府で活躍しているのはどういうことか明らかにしてほしいと、英マクミラン外相に迫った(5)。

東西分裂国家成立以降五九年一一月までの間に、信憑性のある史料から実名を挙げられた旧ナチの西独法曹関係者は一〇〇〇名を超え、英世論を中心に高まりつつあった国際的非難を放置することはできなくなっていた。それでも依然内部からは動き出せない法曹界にかわり、連邦議会法務委員会がようやく一二月に腰をあげた。

西独メディアは、ナチ時代に辣腕をふるった親衛隊員マルティーン・ゾマーのブーヘンヴァルト強制収容所における犯罪を裁いた五七―五八年のバイロイト裁判の報道に関心を集中させるとともに、ティルジット行動隊（アインザッツコマンド）のユダヤ人虐殺を裁いたウルム裁判にあらためて注目し出したばかりであった。このコマンドの上部組織であった行動部隊（アインザッツグルッペン）Ａの殺人行為の全容については、ＩＭＴや継続裁判第九号事件でも明らかにされておらず、このウルム裁判を通じて西独市民はユダヤ人絶滅政策が東部現地でどのように展開されたのか、初めて具体的に知ることになったといえよう。メディアの良心的な人びとは、ドイツにおけるホロコースト犯罪の追及がどれほど遅滞してしまったのか、またその遅れに司法界の消極的対応がいかに責めを負わねばならないのかに気づき、愕然としたのであった。

このウルム裁判が契機となって五八年一〇月に連邦・各州法相が集まり、ルートヴィヒスブルクに「ナチ犯罪糾明のための司法行政中央本部（ナチ犯罪追及センター）」を設置することを決定、以後ナチ犯罪の捜査がこのセンターを通じ州の垣根をこえて効率的に展開されることになった。[6] 連邦・各州法相は、この新機関が元ナチ司法関係者の犯罪捜査はしないよう釘をさしたが、連邦外務省は英外相に対しセンターがナチ司法の犯罪を取り扱うことを約束した。[7]

それまではどちらかといえば法律専門家ないし法曹界内部の問題とされていたナチ司法犯罪の問題が、五九年秋頃から二つの出来事を通してドイツの公論の重要な対象になってくる。

一つは、ヴォルフガング・シュタウテ監督の劇映画作品「検事のための薔薇」の公開だった。映画の主人公である軍事裁判官シュラムは、戦争末期パイロット用チョコレート缶を盗んだ一兵士に死刑判決を下した（たまたま兵士は死刑を免れる）。戦後上級裁判所首席検事をつとめるシュラムは、再びチョコレート窃盗犯として現れた元兵士をみて度を失い、死刑を求刑する。終戦直後の作品「殺人鬼は私たちの中にいる」でナチ犯罪人がその罪を問われることなく戦後ますます羽振りをきかせていることを鋭く告発したシュタウテは、「過去の克服」問題を誰よりも早く映像化した人としてすでに知られていたが、五八年のこの新作で「殺人鬼は我々の中にいる」という言葉をドイツの公論に再び甦えらせ、注目を浴びた[8]。

いま一つは、五九年一一月二七日に始まった「罪が償われていないナチ司法」巡回展である。言語学を学ぶラインハルト・シュトレッカーを中心にした学生小グループが、ナチ司法犯罪に関する展示を企画した。西独の裁判所に照会したものの応答が無く、結局彼らは東独からの資料提供を受け、社会民主党に近い社会主義ドイツ学生同盟（ＳＤＳ）とともに、連邦憲法裁判所所在地のカールスルーエを皮切りに巡回展を開始した。

四〇名をこえる裁判官と検事の過去を洗い出した展示内容に、あらゆる政党各党わけても法政策担当議員が拒否反応を示した。五九年のゴーデスベルク党大会でマルクス主義放棄を明示していた社会民主党は、展示に参加したＳＤＳの学生を党から排除した。展示は、六一年まで九大学都市を巡回した。展示許可を申請した学生の組織委員会と、施設利用を認めない大学当局との間でその都度繰り返された摩擦・衝突を、『シュピーゲル』誌をはじめメディアは詳報した[9]。大学当局が公的・政治的な責任を回避する姿は結局元ナチ司法官側に立っているのだという印象を与えた。

ナチ犯罪の時効と裁判官法

一九六〇年はナチ犯罪をめぐる時効問題が焦点化した年であり（西独における殺人罪の時効は一五年であった）、連邦検事総長ギューデは若い主催者たちの展示企画に並々ならぬ積極的関心を示した。また当時フランクフルト検事長で社会民主党の法政策委員会委員だったフリッツ・バウアーは、展示であげられた元ナチ司法関係者に対する訴追を主張し[10]、野党第一党である社民党指導部の、問題に対する消極的な姿勢を批判した。

一方、アーデナウアー政権の法相フリッツ・シェーファーは、「たとえナチ民族裁判所の裁判官や検事であっても、ただそこに所属していたという理由だけで公訴することはできない。彼らのかつての活動を捜査することも同様である」との見解を示し、裁判官の利益団体たるドイツ裁判官連盟は、メディアの報道ぶりを不遜な態度ときめつけ、「政府は職務遂行の所為で非難中傷を浴びせられるにいたった裁判官と検事の名誉を守るために、司法機関の擁護に努めるべきである」との声明を出した[11]。

司法機関への人事政策的介入は裁判官の独立を侵害することになるとして、それまでは内部からの自浄能力に期待し慎重な対応に終始していた連邦議会法務委員会も、ナチ時代の死刑判決に関与したとされる裁判官や検事のうち六一年二月までに依願退職した者が四三名にしかすぎない結果にしびれをきらし、裁判官連盟総裁モイシェルを公聴会に喚問した。しかし、モイシェルは、問題になるのは裁判官全体の一％にすぎないほんの一握り部分であり、自発的退職にゆだねるのでなければ、いろいろな意味で「第二の非ナチ化」になりかねないと述べた[12]。

「戦時下で刑事司法に関与した裁判官と検事」の早期退職を促進させるべく、裁判官法第一一六条が改正されることになったが、六一年四月には「〔ナチ時代〕無責任な死刑判決を下した者が、六二年二月までに早期退職を申し出ない場合、連邦議会は基本法〔西独憲法〕を改正し、その人物の免職処分を検討する」決議案を連邦議会が提案、六月にようやく成立した。この年四月にはイェルサレムでアイヒマン裁判が始まり、第二の「ベルリン危機」という事態の中で八月にベルリンの壁構築が東独によって強行されたあとの九月八日、改正裁判官法は正式に制定された。

その一年後、法務省はこれまでに一四九名の裁判官が早期退職の道を選び、一二名は退職していないことを明らかにした。だが結局基本法自体の改正は施行されず、元ナチ裁判官を免職するような強制力も行使されなかったため、彼らは一切の不利益を受けることなく退職することもできれば定年まで居座ることも依然として可能であった。

六二年六月、東独は一連のナチ裁判官撲滅キャンペーンを締括るにあたり、ギューデに替わって新たに連邦検事総長に就いていたヴォルフガング・フレンケルに焦点を絞り、ナチ検事時代、窃盗・闇屠殺行為・「人種汚染」等に対して死刑を求刑した三四の担当事件を暴露した。いずれのケースも第三帝国期の「標準」さえこえる厳罰であり、民族裁判所長官のフライスラー以上という彼の過去の悪辣ぶりが明示されることになった。

フレンケルは在任期間を待たず翌年辞任したが、西独裁判所に訴えられた。だが六四年の判決は「当時彼が死刑を、犯罪構成要件に適合的な正しい刑罰と誤ってみなしたのは、錯誤であり、これを故意によるものとは認められない」として、無罪としたのである(13)。

ここにおいて法律家の職業独占による、同僚を護るために黒でも白とする法解釈濫用は極まったとしたジャーナリストのレーマンは「もはや法服を着ている連中の間では故殺はありえない。過失致死が存在す

るだけである。そのような殺人は、一九六〇年以来議会を通じて時効になっている」と痛烈に皮肉った。(14)

二　アイヒマン裁判とアウシュヴィッツ裁判

アイヒマン裁判と戦犯問題への西独外務省の対応

一九六〇年はまたアイヒマン逮捕のニュースが世界の人びとを驚かせた年でもあった。アウシュヴィッツはじめナチ絶滅収容所へのヨーロッパ・ユダヤ人の強制移送に決定的責任を負っていた元親衛隊中佐アードルフ・アイヒマン（国家保安本部ゲスターポ・ユダヤ人問題課長）は、六〇年五月に戦後の逃亡先のアルゼンチンでイスラエル情報機関モサドに拉致され、本国に秘密連行された。直後の国会でイスラエル首相ベン＝グリオンは「アイヒマンを逮捕しており、まもなく裁判が開かれる」と告知。検事総長ギデオン・ハウスナーの下で特別訴追チームが編成され、周到な裁判準備が行われた（一〇〇名をこえる原告側証人、一六〇〇強のドキュメント［そのほとんどがアイヒマンの直接署名になる文書］を用意）。六一年四月一一日、彼一人を裁くために特別に開廷されたのが、アイヒマン裁判である。

アイヒマンは、「ユダヤ人に対する犯罪」「人道に対する罪」「戦争犯罪」「犯罪組織に所属した罪」の四つの犯罪カテゴリー（訴因自体は計一五）で起訴され、いずれについても有罪宣告を受け、六二年死刑に処せられた。弁護人に、ＩＭＴ（ザウケル被告）、継続裁判の医師裁判（ブラント被告）、諸官庁裁判（プライガー被告）で弁護人をつとめたローベルト・ゼルヴァツィウス博士が選任されたことも特徴的であったが、戦後イスラエルに移住していたアウシュヴィッツの数少ない生存者や各地のゲットー生存者が続々証人として出廷し証言したことは、戦犯裁判における「証人の誕生」と称されるほどにこの裁判の特徴の一つとなった。

アイヒマン裁判に対しては、当時もそれ以降も（なかんずく権限の正当性について）疑問視する声がイスラエルの内外からあげられていたことはたしかである。

この裁判が世界の大事件になったのは、イスラエルによる国家主権侵害にアルゼンチン政府が抗議し、国連安全保障理事会へ訴え出たことにも起因していたが、何よりの法的論点は、アイヒマン誘拐（拉致）という手段そのものが、非合法であって、勾留あるいは裁判にかける権利の合法性を自動的に無効にするものではないかという問題だった。もとよりこれは裁判の場でも弁護人から提起された重大な疑いであったが、これに対し英米の判例を持ち出して見せた裁判所は「犯罪容疑者が裁判に引っ張り出される方法自体は関知しない」と応答した。

ニュルンベルク裁判との関連で注目すべきは、国家行為論と「上司の命令」遂行論であった。ゲスターポ・ユダヤ人問題課の責任者たるアイヒマンは、ただ「国家の行動」を遂行したにすぎず、したがって刑事責任もないという被告側の主張は、裁判所によって「この種の犯罪には国家のみが責任をもちうるのであり、かかる行為を遂行するエージェント（代理人）は今後も処罰されることはない、というような考え方は今日維持しがたい」と斥けられた。裁判所は、英ラウターパハト教授の「犯罪者が国家のために行動するという事実は重要でない。自らの私的な欲・欲望を充足させんがために個人のもてる力で行動しようが、国家の一機関として行動しようが、彼は直接国際法に縛られているのである」という言葉を引きながら、ＩＭＴ憲章第七条「国家元首であろうと、責任ある政府部署の官であろうと、被告の公的地位・立場によって、責任が解除されるとか処罰が緩和されることはありえない」を繰り返し宣明。また、アイヒマンが受け取った命令は、明らかに不法な命令であり、合法との弁護を成立せしめえないとした裁判所は、「アイヒマンのケースが上司命令による処罰緩和を定めたＩＭＴ憲章第八条に相当しないのは、義務遂行に際しての被告の狂信的で取り憑かれたような熱意ある態度は上司のそれをはるかに超えており犯罪目的と完全に同化していたことがはっきり証拠づけられるからである」と結論づけたのであった[15]。

裁判の過程は、ユダヤ系女性哲学者ハンナ・アーレントによって分析され（報告は『イェルサレムのアイヒマン』に結晶）、ニュルンベルク裁判以降世界的に最もよく知られる戦犯裁判となると同時に、絶滅収容所の計画・実現に寄与した「事務机上の殺人者」としてのアイヒマンの人間像を浮き彫りにし（もっとも、ふてぶてしい悪魔的人間を想像していた世界の人びとは、「命令に従っただけ」と弁明に終始するそのあまりにも凡俗な官僚的人間性の中に悪の「陳腐さ」を見て戸惑わされたが）、過去に現実に起こったジェノサイドが、そのさまざまな前提条件が変えられない限り、今日でもなお、再び起こりうると警告する場にもなった。訴因の中でも数百万人のユダヤ人の死の原因のトップに挙げられた絶滅収容所での毒ガスによる大量殺人犯罪が、裁判においてあらためてクローズアップされることになった点をはじめ、ヨーロッパ・ユダヤ人の大虐殺のあらゆる段階、あらゆる側面をはじめて包括的な形で明らかにし、その世界史的犯罪性を提示したという意味で注目に値する。また、ニュルンベルク裁判の歴史的意味合いを忘却しようとしていたといわざるをえない六〇年代初めのドイツ連邦共和国にショックを与え、国内での本格的な自主的戦犯裁判といえる「アウシュヴィッツ裁判」はじめ一連の絶滅収容所裁判開廷を促す決定的な契機を与えた。

それまでの西独政府の「ホロコースト」犯罪との向き合い方

アイヒマン裁判を迎えるまでの西独政府の戦犯問題に対する態度には、一方でナチ犯罪者の逮捕に協力する態度を示したかと思えば、他方では犯人の逃亡を助けるような事例がみられるなど、矛盾した対応が際立っていた。

後者の典型的なケースが、アイヒマンの右腕で、占領下ギリシアにおいてユダヤ人に対する組織的な資産強奪・殺人に決定的に手を染めたアロイス・ブルンナーの取り扱いである。ボーフムに「ギリシア戦争犯罪対処本部」を設置しながら、駐アテネ・西独大使は、ギリシア側の戦犯リストからブルンナーの名を削ることに躍起となった。また、サロニキ・エーゲ海独占領軍司令部軍政部長として、この方面でホロコーストに深く関与したマクス・メルテン大佐がアテネの戦犯裁判で二五年の判決を言い渡されそうになると、西独外務省は、ギリシアのカラマンリス政権に経済制裁をちらつかせた。「夜と霧」ではないが、その後忽然と姿を消したメルテンは一九五九年一一月に西独に姿を現わし、保釈金を支払って自由の身となった。彼の弁護人を務めたG・ハイネマンやD・ポッサーのみならず、『シュピーゲル』誌もメルテンを「反動的陰謀の犠牲者」として扱った。[16] 西独政府は、戦犯容疑者をバックアップしていると解されることはできるだけ回避しようとしていたが、外務省は外国の戦犯裁判で起訴されたドイツ人被告を政治的・司法的のみならず経済的にも掩護する態度を見せていた。

アイヒマン裁判の開始前、「アイヒマンには法の保護を受ける権利がない」とするイスラエル首相ベン＝グリオンの議会発言が報じられると、西独外務省は、イスラエルの刑事訴訟法に則ってもアイヒマンには国選弁護人選任権があり、最初からこうした問題ある発言は許されないと述べる一方で、アイヒマンは幼時にオーストリアに移住しており独国籍を有するというのは疑わしいと、無関係を決め込むような公式発表を行った。アイヒマンが幼少期から青年期までオーストリアのリンツで過ごしたことは確かだったが、六〇年六月ドイツ公使がリンツに赴き、アイヒマンがオーストリア人でなくドイツ人である事実を確認していた。ところが、アーデナウアー首相は六一年四月、米NBCの記者に対し、アイヒマンがドイツ国籍保持者でないがゆえに連邦共和国の法的義務はないと断じる失態を演じ、しかも、その後すぐに、アイヒマンが故郷ドイツ・ゾーリンゲンで一九〇六年の誕生と同時に独国籍を取得していたこと、イスラエル国内にはアイヒマンの弁護を引き受ける者がいないことが公然化した。六一年六月末には、西独外務省法務部の権利擁護本部も、アイヒマンの弁護人を立てざるをえないとし、被告に責めが帰される犯行の重大性を理由に権利失効を言い立てるのは問題外であるとした。メディアがこの決定を「親ナチ的」と誤って報道するかもしれないが、法的観点の前では些末な問題であり、ニュルンベルク裁判でさえ「いわゆる戦争犯罪人」にも弁護人選任の権利は拒否されなかったとした。

アイヒマン裁判の弁護人問題について当初拒絶的であったイスラエル政府も、法を改正して外国人弁護士の裁判参加を認めたあとは譲歩し、ゼルヴァツィウスの弁護費用も負担した。しかし東側、わけても東独政府は、「ボン＝テル・アヴィヴ枢軸」が存在するという前提に立って、アイヒマン裁判を、アラブ諸国の弱体化をはかる帝国主義諸国の陰謀の一環とまでみなし、ベルリン危機や東独の経済状況悪化をも背景にしながら、西独アーデナウアー政権に対する非難の宣伝攻勢を強めた。

主要攻撃対象は、三五年のニュルンベルク人種法成立に決定的にかかわり、アーデナウアー政権で首相府長官を務めるハンス・グロプケであった。他にも、東独外務省は「リッベントロップからアーデナウア

ー へ」というパンフレットを発行してナチ時代の外務省と戦後西独の外務省の連続性を強調し、五〇年に東独へ脱したツー・プトリッツのケースをあげつつ、西独外務官僚がナチ期の省内反ナチ抵抗運動を強調してきたことを神話として一蹴した(17)。ナチ期の外務省と国家保安本部の密接な関係についてもパンフレットは触れていた。アイヒマン裁判で、外務省の文書が証拠として用いられる可能性は高かったため、このような関係の暴露は、絶滅政策に関与した関係省庁、わけても外務省にとって致命的要素をはらんでいた。この外務省関連史料についてはー時アメリカ政府も大きな関心を示したが、アイヒマン裁判が行われたのが冷戦ピーク期であったこともあり、結局史料を最も利用したのはアイヒマンを弁護したゼルヴァツィウスであった。

「戦争責任問題」と西独外務省・歴史家

西独では、一九五九―六〇年にかけて反ユダヤ主義的諸事件(瀆墓等)が頻発する中で、デモクラシーと歴史認識の関連についての論議が活発化していた。西独民主主義体制の安定化において、過去を生々しくよみがえらせるような歴史の取り扱い方が効果的か、それとも逆効果かという問題は、戦後の連合国による「再教育」論でも検討されていた。一九六〇年、連邦内務大臣ゲアハルト・シュレーダー(六一年一一月から外相)は、ドイツの責任について公的には言及しないことが民主主義体制の安定と切り離しがたいことを確認し、また反ユダヤ主義的諸事件の背景には、一般の人びとにとってあまりにも生々しく過去をよみがえらせて衝撃を与えるような教育傾向があり、正常な普通のドイツ史像・教育主導理念を普及させていくことが大切とした上で、四五年の「崩壊」から一五年経ちようやくわれわれの過去との円満な関係を見出せるときが到来したと述べた。

シュレーダーの歴史教育へのかかる攻勢的発言が目立ったまさにそのときに、西独はアイヒマン裁判に直面したのだった。シュレーダーからすれば、五二年のルクセンブルク協定をはじめイスラエルとの賠償問題がひとまず解決され、司法の場でもナチ裁判への取り組みがなされてきたにもかかわらず、過去に対するドイツ（外務省はじめ官界）の責任をめぐる論議が活発化し公論を支配しているようにみえるのは我慢のならないことであった。

アイヒマン問題の浮上と踵《きびす》を接するように、ハンブルク大学歴史学教授フリッツ・フィッシャーが『世界強国への道(18)』を公刊。誰もが認めるドイツの第二次世界大戦開戦の責任のみならず、第一次世界大戦についてもドイツに重大な開戦責任があることを、学界の定説を覆し容赦なく明らかにしたが、それへの反発も大きかった。

のちに「フィッシャー論争」の名で知られるようになるこの事件は、ドイツの歴史学界の体質が、自己内部のパラダイムシフトにもかかわるような研究者の批判的学説に対していまだに監視体制を敷くようなものであることを露わにする一方、外務省の対応に見られたように、政治的国家的利害から距離をおく批判的で独立した世界戦争史叙述が、自由で民主主義的な基本秩序の本質的根幹条件であることを官界政治エリートがいかに理解しておらず、また理解しようとしていないかも明らかにした。

いずれにしても、戦時外務省のホロコーストに対する犯罪的かかわり方、また戦時期のＴ・シーダー等、歴史家たちのナチ民族政策への決定的コミットが、独立歴史家委員会等によって明らかにされるようになるのはようやく一九九〇年代も末になってからのことであり、各分野の機能エリートたちの犯罪が徹底的に解明されるようになるまでニュルンベルク裁判から半世紀以上の時間を要した点も銘記しておくべき問題の一つであろう[19]。

アウシュヴィッツ裁判

六三年一二月二〇日、フランクフルトで最大の市庁舎ホール・レーマーベルクで「ムルカその他に対する刑事事件」審理が開始された。被告の数は二二名で、弁護人一九名、これに対する検察陣は七名。ナチ体制下強制収容所・絶滅収容所中最大の施設における犯罪を取り扱ったこのいわゆる「アウシュヴィッツ裁判」は、同種のどの裁判よりも政治的に重要な意味合いをもつことになった。

アウシュヴィッツに関しては、戦後初期段階における連合国の軍事裁判（特に米軍による継続裁判）に続くポーランドの裁判で、司令官（所長）ホェスあるいはまたリーベンヘンシェルが断罪・処刑されていたが、監視隊員のメンバー（数千人規模）のほとんどは収容所を解体・撤退した時に、あるいは終戦時に「地下に潜り」、おそるべき犯罪への自らの関与を覆い隠すことができたのであった。ちなみに四一年に約七〇〇〇名だった収容所スタッフは二年後には三〇〇〇名に膨れ上がり、四五年一月撤退時には四五五二名を数えた（うち女性監視隊員は七一名）。アウシュヴィッツに加害者として直接かかわった人間は累計で七〇〇〇名はくだらないと見積もられるが、東欧やバルカンから動員された「民族ドイツ人」も少なくなかった[20]。

すでに五〇年代には、最も重大なナチの不法の追及さえ不十分であるという意識自体なくなりつつあった点はみてきたとおりである。六〇年以降、謀殺あるいは謀殺幇助に包摂される全ての犯罪に時効が適用されることになった。その結果、殺意ないしは低劣な動機から冷酷残虐にあるいは卑劣陰険に——要するに刑法の殺人定義に符合するかたちで——殺害ないし殺害幇助した（虐殺の）疑いのある人間のみ法廷に召喚することになったのであった。したがって「机上の殺人」ないし「行政的大量虐殺」計画のレベルよりは、刑法的に追及可能な個別具体的なレベルの犯罪が問題になったが、アウシュヴィッツ裁判の被告たちが末端の実行者だったかといえば必ずしもそうではない。たとえば筆頭被告ローベルト・ムルカは、収容所司令官の副官であり、また医学博士ヴィクトア・カーペジウス被告は、収容所薬剤局長の重責を担っていた人物であった。

この裁判については、戦後ヘッセン州の検事局でナチ犯罪告発に尽力してきたフリッツ・バウアーのイニシアティヴを無視することができない。バウアーは一九〇三年シュトゥットガルト生まれの法律家。ヴァイマル共和国時代ほとんどの裁判官は反共和国の立場をとっていたため、共和国支持派（「共和国裁判官同盟」の一員）で、しかもユダヤ系かつ社会民主党員であった若きバウアーは、法曹界ではアウトサイダーたらざるをえなかった。ヒトラー政権成立後の三三年四月初めにはパージに遭い、ゲスターポに逮捕され強制収容所に送られている。三年後デンマークへ亡命、織物商として糊口をしのぎながらスパイの尾行や独軍の進出に怯えねばならない日々のなか、四三年にスウェーデンに移ってからは後に西独第四代首相となるヴィリー・ブラントとストックホルムで『社会主義トリビューン』紙を発刊しながら、命がけの抵抗運動を続行した。四九年にドイツ連邦共和国に帰還したバウアーは、ブラウンシュヴァイク地方裁判所長に就任、一年後には同地で州検事長に就いた。五一年、ナチズム運動を戦後継承せんとした社会帝国党リーダー・レーマーの「七月二〇日事件」（ヒトラー暗殺をこころみ失敗した軍最大の抵抗運動）犠牲者に対する名誉棄損事件について原告側の陣頭指揮をとり、レーマーの有罪判決を獲得し(21)、ドイツ人自身によるナチ犯罪の追及を率先してきた人物として知られていた。

六二年当時ヘッセン州検事長であったバウアーは、アウシュヴィッツ裁判準備のため、フランクフルト検事局、ヴィースバーデン検事局と、ルートヴィヒスブルクのナチ犯罪追及センターから一四名の検事を集めた。さらに、このグループには四名の歴史家(ミュンヒェンの現代史研究所)と連邦公文書館の文書官一名も参加したことが注目される。バウアーは、この裁判がただ罪の贖いというレベルをこえた啓蒙的な意図を持ち、目的は「過去の克服」なのだという点を明らかにして、「可能な限り包括的な」鑑定文書を準備するために経費も努力も惜しむことがあってはならず、鑑定人が「鉄のカーテン」の向こう、外交関係が確立していないポーランドにも足を運んで資料を参看し、当地の歴史家たちとも協議する必要を訴えた。

当時アウシュヴィッツに関しては、ユダヤ系生存者の女医ルーツィエ・アーデルスベルガーの一九五六年の報告と、現代史研究所のマルティーン・ブローシャート教授によって編纂された収容所長ホェスの手記が刊行されている程度で、他にはユダヤ系医師として奇跡的に生き残ったラングバイン等による記録集・証言集がアウシュヴィッツ裁判の準備が始まった年に出たばかりであり、基本的に生存者の断片的な記憶をつなぎあわせまとめた証言集しかないというのが実情であった。戦後世代の歴史家による本格的研究としてはE・コルプの六二年の研究があったが、これはアンネ・フランクが収容所解放直前になくなった「通過収容所」ベルゲン゠ベルゼンに関する特殊研究であった。

一方、東独の歴史的関心の焦点は、共産党の反ナチ抵抗運動にあり、収容所が対象になる際も囚人を搾取した「独占資本」にもっぱらピントが合わせられていた。米仏などの西側の旧連合国の研究はドイツに比較すれば、まだ見るべきものは少なくなかったが、やはり包括性を欠いていた。

六二年秋、西独検事たちとの協議を通じて、現代史研究所の歴史家たちによって以下七つの基本的な鑑定書が整えられ、用意された。①一九三三―四五年のユダヤ人政策の概要、②一九三九年開戦以降の対ポーランド政策、③独軍に捕らえられたロシア兵捕虜と赤軍部隊付き共産党政治将校（コミッサール）の運命、④親衛隊・警察ヒエラルヒーの構築、⑤強制収容所体制の構築、そこにおける経済的搾取と労働による絶滅、⑥SS＝国家保安本部の構築と任務、⑦命令遂行強制状態の問題と免責主張の妥当性。

特に最後の⑦は、西独国内のナチ暴力犯罪をめぐるそれまでの審理過程で通用していた論理・理解に対して根本的修正を迫る内容になっていた。すなわち、非道な殺害命令遂行が強制されたものであるとの弁明は正当でなく、たとえ命令を拒否しても悲惨な結果にはならなかったことが確認された。以上七つの鑑定書は、実際の裁判で証拠として採用されるというにとどまらず、新書版二巻の『親衛隊国家の解剖』として裁判後に公刊された。ユダヤ系、ロマ＝シンティ、東欧諸民族の人びとに対するナチ体制の犯罪を他のどの本よりも体系的・組織的に分析したこの鑑定書は、六〇年代のドイツでは出色の国民向け現代史普及版ともなった。

アウシュヴィッツ裁判で判決が下された被告の構成を確認してみると、①収容所司令部司令官付き副官（二名）、②収容所ゲスターポ（五名）、③監視隊員（四名）、④看護人（三名）、⑤収容所医師（三名）、⑥収容所薬剤師（一名）、⑦被服管理人（一名）、⑧囚人に酷薄なカーポ（囚人頭。一名）という陣容になっており、アウシュヴィッツ収容所のスタッフの中でのランク、またアウシュヴィッツ収容所がナチ収容所体制に占める基幹的な位置と役割を考えあわせると、被告たちがけっして末端の兵卒ないし一般隊員として片付けられない機能を多分に有していたといわなければならない。

一九六五年八月一九日から二〇日にかけて言い渡された判決においては、六名に終身刑（西独ではすでに死刑が廃止されていたため、終身刑が最高刑だった。そのうちの一人はアウシュヴィッツでの活動開始期が一九歳であったため一〇年に減刑）、一〇名に三年半から一四年の刑が科された。二名は証拠不十分でただちに釈放、最後の二名は、証拠不十分で無罪となった（あとの二名は重病状態に陥ったため、裁判途中で訴追対象から外された）。

三五七名（そのうちアウシュヴィッツの生存者が二一一名）の証人が出廷し、それまでの独国内における最大の陪審裁判にもなったこのアウシュヴィッツ裁判の判決についてバウアー自身は、「現在の法が認めている範囲で最小限レベルの量刑が被告たちに下され、〔一一〇万人の〕犠牲者を嘲弄するに等しい軽い刑」になってしまったと述べている。

たしかに個々人の責任の程度は吟味されたが、裁判長のハンス・ホーフマイヤーも認めていたとおり、そもそも西独刑法には大量虐殺犯罪についての規定がなかった。「アウシュヴィッツ裁判のすべてのケースについて共同正犯の廉で無期懲役の刑を下すことができても、……ほとんど公正な罪の贖いに達しうることは望めない。被告が生きて罪を贖うには時間は短すぎる」と述べた裁判長は、子供たちに対する虐殺犯行に触れた判決文のくだりでは涙を禁じえなかったが、結局ジェノサイド犯罪は指導者たちの責任であり、被告たち含め従属者たちは命令を遂行したにすぎないという結論に落ち着いたのであった。

アウシュヴィッツ裁判の被告は「小物」だったのか

だからといって、アウシュヴィッツ裁判自体が末端にいる人間だけを裁いた無意味なものだった（イェルク・フリードリヒ）とか、せいぜい脇役しか問題にせず、裁判らしい決断はなされず歴史的調査研究に終始した（作家マルティーン・ヴァルザー「我々のアウシュヴィッツ」）といった見方は当たっていないように思われる。

それは、以下に示すように被告ヴィクトア・カーペジウスに焦点を絞ってみても明らかであろう。カーペジウスは、ルーマニア出身の民族ドイツ人であった。[22] 一九〇七年トランシルヴァニアのロイスマルクトの医師家庭に生まれた彼は、ウィーンで薬学博士号を取得したのち、短期のルーマニア軍勤務（陸軍大尉）を経て、継続裁判の企業裁判で幹部が訴追されたヨーロッパ最大の独化学コンツェルンＩＧファルベンのルーマニア代表を務めた。第二次世界大戦中武装親衛隊に志願し、ダハウ収容所勤務からアウシュヴィッツ・ヴィルケナウへ転勤、ヨーゼ・メンゲレとともにガス室へ送るユダヤ人犠牲者の選別にも直接かかわった。親衛隊では少佐のランクを得ており、アウシュヴィッツでは薬剤・薬物取扱いの総責任者となった。戦後英軍の捕虜となりながらその犯罪的役割をさとられないまま、米軍のその後の追及も逃れて占領期を潜り抜けると、六三年から始まったアウシュヴィッツ裁判の被告になるまでは普通の薬剤師として職業生活を続けていた。裁判では「戦争は戦争であり、命令は命令であって、命令には従わねばならなかった」という典型的な緊急避難的自己弁護を展開した。

裁判中、警吏の中には被告たちに対して敬礼する者もいたし、自らを映すカメラを払いのけたり報道記者に殴りかかったりする被告も少なくなかった。そうした行動が抑制されなかったのは、時代の雰囲気の一端を映し出していたともいえよう。

新聞によるアウシュヴィッツ裁判報道は、被告たちの盲目的服従と行動の残虐性を毎日のように描き出しており、アウシュヴィッツは一〇〇万人をこえる膨大な犠牲者数とともに親衛隊不法国家の象徴・符牒となっていった。裁判が始まる二カ月前のアンケートでは、ドイツの一般の人びとの半数以上(五四%)が、もうナチ犯罪裁判には終止符が打たれるべきであるという見方に傾いていたが、裁判と報道は、残虐な犯罪を生み出した政治的社会的要因について再考を迫ったといえよう。アウシュヴィッツ裁判は、自らもその一員であるドイツ民族の名において行われた犯罪に対するドイツ人自身の集団的記憶の重大な転換点のひとつになると同時に、アウシュヴィッツがその後、第二次世界大戦の世界的な記憶の結節点、象徴のひとつとなっていくという意味でも重要な役割を果たしたといえる。

もっとも、鑑定書を書き上げた四人の歴史家のひとりマルティーン・ブローシャートがいみじくも述べたように、鑑定書自体は包括的なアウシュヴィッツの全体像や、ナチ・ドイツ強制収容所体制の全体構造史を再構成するための「骨組み」にすぎず、一九九一年のソヴィエト解体前後はじめて開示されたアウシュヴィッツ関連史料(ガス室・クレマトリウム・ツィクロンB等に関する、赤軍がもちさった文書)が三〇年前のアウシュヴィッツ裁判に少しでも役立てられていたら、という歴史的イフの問いが投げかけられざるをえない面も残っていた(23)。

IMT判決二〇周年と、シュペーア、シーラハの釈放

アウシュヴィッツ裁判が結審した六五年はIMT開廷二〇周年に当っていた。前年末には米首席検察官ジャクソンの代理を務めたローベルト・ケンプナーによるSS尋問記録『反対尋問を受けるSS』が西独で公刊され、一一月二〇日それを論評する書評記事が登場した(『フランクフルター・アルゲマイネ』紙)。そ

のような形で裁判に言及するものがようやく出てきたのであった。

このドキュメントは公衆にとっても、ニュルンベルクでＳＳが裁かれた時のまとまった記録としては、初めて接しうるものであった。とりわけ、六〇年代前半のアイヒマン裁判、アウシュヴィッツ裁判の双方に関心をもち、両裁判以上に痛ましいジェノサイド暴露を行った裁判はなかろうと思っていた若い世代は、このドキュメントによって、対ソ侵略独軍の背後で活動したユダヤ人虐殺特命部隊としての行動部隊（アインザッツグルッペン）の全容を暴露したオーレンドルフの陳述を知り、シュターレッカー指揮下、行動部隊Ａが一三万五〇〇〇名のユダヤ人を殺害していった具体的局面展開も解明したＩＭＴについてあらためて意識する機会になった。

ＩＭＴの鑑定書の一冊ともいうべきケンプナーのこの史料集の公刊は、証人の証言よりはむしろ被告人の供述の決定的な重みをあらためて印象付ける契機となった。いまさら事実を掘り返す必要があるのかという疑念もないわけではなかったが、アーデナウアー長期政権末期、秘密保護を楯にメディア統制の動きを象徴した『シュピーゲル』弾圧事件（六二年）を経験した西独では、途方もないおぞましい犯罪の事実を過去の中から引っ張り出すことはやはり必要なのだという論調が、公論レベルでしだいに強まっていた。

判決から二〇周年の六六年一〇月には、ちょうどシュペーアとシーラハが二〇年の刑を務め上げて西ベルリンのシュパンダウ刑務所から釈放されたことが注目を集めた。一〇月二日深夜、西ベルリンのホテルでシュペーアは外国ラジオ・西独ＴＶのマイクを前に「生きて外に出られて大変嬉しい」との第一声を独仏英三カ国語で発すると、記者団に質問するチャンスも与えず妻と弁護士フレックスナーを伴い、ベルリンからハノーファーまで米機で飛び（当時まだベルリン便は往路復路とも西独機は使えなかった）、そこでも待ち受けていた大勢の記者団を袖にすると、待たせてあった自家用車で家路についた。シーラハも記者会見を断り、三人の子息を伴って英チャーター機でシュトゥットガルトまで飛び、そこから家族の揃うバイエルンに戻った。ヒトラー付き写真家であった有名なハインリヒ・ホフマンの娘を妻としていたシーラハは一九五〇年獄中離婚しており、また米人の母からの巨額の遺産を米政府から封鎖されたままである等、受刑者のその後を、スキャンダル含めスター並みに追う詳報ぶりもこの頃からメディアの間で定着していったといえる。西独の代表的新聞『フランクフルター・アルゲマイネ』紙の被告釈放報道の仕方は、一〇年前と比べればかなり大きな扱いといえ、二人の釈放の様子をどちらに偏るでもなく動静を比較的等分に伝えていた。

週刊誌『シュピーゲル』の六六年の報道ぶりについても付言しておくと、この西独の代表的週刊誌は、シュペーアの釈放時の顔写真を表紙一杯にアップにした特集を組むなど、もっぱらシュペーアをクローズアップしていた点が特徴的であった。「彼の社会への帰還は、ドイツ人が戦争終結以来、道徳・倫理観の整理・展望もないまま懸命に試みてきた過去の清算過程において呼び覚まされた記憶の数々に一抹のアイロニーを加えた。シュペーアは、〔あのナチの〕過去が現在であったときに、それを克服しようとした、まさに数少ないドイツ人の一人だからである。彼は第三帝国が崩壊する前にヒトラーと訣別していた」とシュペーアをもちあげ、ヒトラーの爆殺を試みて失敗した四四年「七月二〇日事件」への関与についての弁護人フレックスナーによる尋問に対する、ニュルンベルク法廷での彼の証言を詳細に引用していた。IMT自体の歴史的意味についての言及はここにはなく、現在から振り返れば、むしろ以後のシュペーア伝説が紡ぎ出されていく、その重要な端緒が見られるような印象を受ける。(24)

最も長い有期刑を終えた二人が去ると、四六年に死刑を免れ翌年シュパンダウに連れてこられた受刑者七名の中で、終身刑囚の七二歳ルードルフ・ヘスただ一人が残留することになった。ヘスは捕らえられた立場のままで家族と会うことを望まないとして、妻にも息子にも面会することはたえてなかった（書面のやりとりは無論行われていた）。シュペーアとシーラハが釈放される数時間前、ソ連からはヘスの今後の監視について照会がなされると同時に、コストを下げ監視人員も減らすという提案がなされ、米英仏の西側連合国も渡りに舟であるという見方に傾いた。冷戦緩和の一面がここにも顔を出していたといえるが、実は非公式の形での前交渉があり、西側三国は、かつて総統代理であったヘスの釈放まで認めてもよいとしていた。ロンドンのロシア筋にまずこれが打診されたが、それは受け容れられないというソ連側の意向が、すでに密かに示されていた。裁判判決から二〇年が経過し、年間八〇万マルク（当時の邦貨で一億五〇〇〇万円）の監視コストの半分は監獄のあるベルリン特別区（西ベルリン）の西独納税者が負担していた。かつてのプロイセンのシュパンダウ要塞跡をニュルンベルク裁判の受刑者収容にあてるようになったのは、四七年七月一八日からであったが、世界でいちばん堅固と指摘された監獄は、同時に最も高くつく監獄になっていた㉕。

連邦政府（西独）は「シュペーアとフォン・シーラハの釈放については承知・確認している」という声明を発表したが、政治的見解を政府が（特別に）表明しなければならない謂《いわ》れはないとした。その上でスポークスマンは、「ただ、私たちは（人道的見地から）罹病囚人の拘留環境緩和ないし刑期未満了釈放に努めてきた」と付言、強調した。

六六年段階ではほとんどのメディアの関心が「受刑者の現在」に向けられていたといってよい。一方で裁判そのものの歴史的政治的意味合いについては、一部法曹界を除けば、やはり言及されないのが一般的であった。

アイヒマンの片棒を担いだラーデマハーの犯罪的行動

他方、二人の釈放の前後、直接ニュルンベルク裁判に言及したものでなくても、ナチ犯罪裁判関連で注目すべきコメントやニュースはあった。『フランクフルター・アルゲマイネ』(六六年一〇月三日)では、シュペーア、シーラハの釈放を伝える記事と並び、「大量虐殺幇助で起訴——三人の医師に対する安楽死裁判(於フランクフルト)開始」という記事が掲載されていた点も見逃せない。この三名は、ナチ体制期、精神病院施設(ブランデンブルク、ベルンブルク、ゾネンシュタイン)で数千名の患者をガス殺した廉で起訴された(うち二名は女性医師)。三名が独自の権限をもっていたとみなす検事に対して、当時三名とも医長や主任医師でなく一般医であったため、犠牲者の死は決定づけられており、自分たちはこれを覆すことをできる立場にはなかったとの弁論を張った。被告たちが措置をさし戻す権利は当時もあったと反論した検事はさらに、ガス室へ送り込む前の患者に対する最終検査も杜撰《ずさん》であり、しかも患者を騙し安心させてガス室に送り込みガスコックを自ら操作して殺害する一方、遺族に対しては死亡原因を医療事故にみせかける形で瞞着《まんちゃく》したと論難した。虐殺過程になんらかの形でコミットした約一〇〇名の証人が出廷の予定と記事は結んでいる。

この記事の下には「ラーデマハー、バンベルクで裁判。逃亡していたこのアイヒマンの協力者、帰国後逮捕さる」という、やはり看過しえぬ記事が配されていた。「第三帝国」外務省の公使館参事官だったラーデマハーは、戦後米軍に逮捕・勾留され、セルビアのユダヤ人一三〇〇名に対する殺害帮助・および犯罪遂行への書類上の催告の罪、という合一犯罪（二つの犯罪を合わせたもの）の廉で、五二年三月、ニュルンベルク・フュルト陪審裁判所で三年五カ月の有期刑判決を受けたが、検事側の上告が認められ、バンベルク陪審裁判所での再審が決まった。これまでの勾留期間も考慮され裁判所から逃亡の危険なしと判定されたラーデマハーは、しかし六三年八月シリアへ逃亡した。その後体調を完全に崩し、六六年初め帰還を打診、レバノンのベイルートから西独外務省職員に伴われてニュルンベルク空港に帰着。帰国に際し、心身が勾留に耐えられぬと訴えていたが、ニュルンベルク裁判所付属医師は監獄病院への収監は可能と判定、バイロイト監獄に収監された。ラーデマハーはヨーロッパ・ユダヤ人の（絶滅収容所への）強制移送のいわば総元締めであったアイヒマンの、当時の外務省内での一番の協力者といってもさしつかえない人物であり、省内きっての「ユダヤ人問題の専門家」であった点も考慮すれば、報道記事はなお核心を衝いた人物究明に至っていなかった。継続裁判、そしてその一二年後のアイヒマン裁判を経験しながらも、六六年時には依然として外務省に代表される国家官僚制の政策＝犯罪としてのホロコーストの全容をとらえきれていなかったといわざるをえない。

また、歴史として記憶されるようになったのはＩＭＴのみであって、一九八〇年代に入ってもニュルンベルク継続裁判のほうはほとんど想起されなかったという点も、二〇世紀後半をほぼ覆っていた冷戦時代の裁判の作用史・受容史において特徴的であった。

ナチ犯罪の時効廃止問題

一九六六年成立のキリスト教民主・社会同盟と社会民主党の大連立政権下で行われた一連の「刑法改革」の中で、「虐殺の幇助」(従犯)については、それが低劣な動機を主犯と分かちもっていないとされた場合、刑量軽減(酌量減刑)を義務付けるという項が、刑法第五〇条に第二項として付加された。ナチ犯罪の場合は、主犯はヒトラーとされ、たとえば親衛隊の人物と役割評価については、全国指導者だったヒムラーや国家保安本部長官のハイドリヒ等が主犯に加えられ、あとは従犯扱いされるのが普通になっていた。この「改革」以降ナチ犯罪裁判のほとんどが、虐殺幇助の場合についてのみ有罪とする傾向を強めていった。しかも被告は判で捺したように自らの「低劣な動機」を否認したので、アイヒマンに象徴される国家保安本部メンバーのような「机上の殺人者」には、全く重罪を問うことができず、しかも通常の殺人幇助には即時効(二〇年)が適用されたから、六九年五月二〇日、捜査手続きが開始されていた七三〇件について連邦最高裁判所は停止判決を下した。

批判的なメディアは、これを問題視し、ナチ犯罪の時効について本格的に世論を喚起した。背景には以下のような無視しえぬ国連の動きがあった。すなわち、六八年一一月二六日の第二三回国連総会決議(「集団としての民族の駆逐をはじめとする」「追放」を、時効なき犯罪とし、戦争犯罪および人道に対する罪を時効なき犯罪とする、決議二三九一号)がまずあげられよう。この決議の背景には、ヴェトナム戦争、パレスティナ紛争、さらには南アフリカにおけるアパルトヘイト亢進等、被害者として一般市民の難民が大量に生みだされる事態が続いていたという状況があった。この決定は、「通常の犯罪に関する国内法規則の戦争犯罪および人道に対する罪への適用については、これらの犯罪に対する責任を負う者の訴追および処罰を妨げるがゆえに時効は存在しないという原則を……国際法において確認し、ならびに、その普遍的適用を確保することが必要かつ時宜に適ったものである」ことを認めた「戦争犯罪と人道に対する罪への時効の不適用に関する国際条約」（七〇年発効）に結実していった。

以上のようなニュルンベルク原則の再活性化を目指す国際的な流れの中で、国連未加盟の東西両ドイツにあっては、東独オットー・ヴィンツァー外相が六九年四月に時効不適用条約への参加を表明したのに対し、西独はこの条約に署名せず、ニュルンベルク原則を依然承認しないという点においても特徴的な対照性を示していた。東独では、六八年に大幅な刑法改革を行い、包括的な形でナチ犯罪のあらゆる犯罪構成要件を盛り込み、確定した（これ以降、ベルリンの壁崩壊にいきつく八九年までの約二〇年間に約一万名が起訴されたとされる。東独のナチ犯罪裁判のなかで最も注目を集めた裁判は、アウシュヴィッツ＝モノヴィッツ［アウシュヴィッツ第三収容所。ＩＧファルベンの巨大プラントに併設］の医師ホルスト・フィッシャーを被告とする裁判で、一九六六年三月初めに開廷、同月下旬には死刑判決が下され執行された）。

三　ニュルンベルク裁判の評価の転換

ＩＭＴ判決三〇周年

一九七六年にはＩＭＴ判決三〇周年を記念する国際集会が、東西世界にまたがる国際法学者・弁護士を中心にした国際法曹実務家たちの組織である国際民主法律家連合（ＩＶＤＪ）が音頭をとって、パリの最高裁で開催された。ＩＶＤＪの核となっていたのは、ドイツ連邦共和国・西ベルリン民主法律家連合であり、その指導的立場にあったのが、ゲアハルト・シュトゥービー(一九三四年生まれ、ブレーメン大学教授)、七〇年代以降、西独左翼のオピニオン誌であった『ドイツ政治・国際政治雑誌』の共同編集人も務める、憲法・国際法の専門家であった。

このドイツ連邦共和国・西ベルリン民主法律家連合を筆頭に、社会民主党法律家研究会、人道連合、グスタフ・ハイネマン・イニシアティヴ、ナチ体制被迫害者連合等、諸組織の並々ならぬ継続的努力が、西独社会リベラル(社民党・自由民主党[中道左派]連立)政権下での連邦議会(七九年七月一三日)において、ナチ犯罪を含む殺人罪全般についての時効撤廃の決定を導き出すにあたり、大きく貢献したことは間違いない。

他方、法制定半年前の七九年一月に全国放映された米テレビ映画「ホロコースト」の影響＝ユダヤ人大虐殺に対する国民の歴史認識の深まりも、法成立に与えたインパクトとして端倪《たんげい》すべからざる大きなものがあったといえよう(26)。

しかし七五・七六年には、七六年のパリ記念集会に関してはもちろん、裁判三〇周年にかかわる報道も西独ではほとんどみられなかった。六〇年代半ば以降世界的に大きなうねりを惹き起こしたヴェトナム反戦運動は、アメリカの戦争犯罪を問う「ラッセル法廷」等市民サイドの戦犯追及運動にも及んでいったが、西独メディアの矛先は、テロや人質作戦を展開していたパレスティナ解放運動「過激派」と連帯した赤軍派にもっぱら向けられていた。

このような中で、ベビーブーマー世代の学生たちの間で、戦争世代たる親たちに「お父さん、戦争中何をしていたの?」と公私に問いかける動きが活発化したのは、注目すべき社会現象であったといえよう。七〇年代後半、社会史ブームが到来した西独では、「時代の証人」に対するオーラルヒストリー的アプローチが盛んになる一方、「克服されざる過去」への沈黙に対して寛容でいられない若者世代の苛立ちも目立ちつつあった。七七年夏、経団連会長マルティーン・シュライヤーが赤軍派によって誘拐される事件が起きたときも、学生の間では、若き時代のシュライヤーがハイデルベルク大学の親衛隊細胞だったことやナチの対外侵略期にチェコの企業簒奪を率先して行ったこと等、彼の過去が云々されていたのをフライブルク大学で直接耳にしたことを筆者自身記憶している。当時のシュミット社民党・自由民主党連立政権が、シュライヤーの解放と引きかえに収監中の赤軍派幹部を解放することを拒否したため、シュライヤーは殺害され、数カ月後に遺体で発見された。赤軍派活動家たちに対しては、「ヒトラーの子供たち」という非難・揶揄の言葉が投げつけられるようになる。社会理論的ディスクールに眼を向けても、体系的ファシズム分析を軸にした批判的な社会科学理論誌『ダス・アルグメント（論究）』が、ニュルンベルク裁判の再検討を一部おこなったりしたものの、フランクフルト学派の回顧（『社会研究所雑誌』の復刻）の動向含め、戦犯追及の戦後よりはファシズムが猖獗《しょうけつ》をきわめた一九三〇年代のほうに圧倒的に関心が向けられていた。

一方、たとえばポーランドでは、ニュルンベルク裁判三〇周年を記念して、法務省とナチ犯罪調査中央委員会が、『ニュルンベルク――国際軍事裁判判決三〇周年記念日のための永続的に紐とかれる歴史の章』という画期的な資料集を公刊していた（刊行自体は一九七九年）事実にも触れておく必要があろう。(27)

ニュルンベルク原則の再活性化と裁判の再評価

一九八二年に社会リベラル連立政権から保守・中道連立のコール政権への交代が生じたが、これは英サッチャー政権（七九年）、米レーガン政権（八一年）、日本の中曽根政権（八二年）誕生とも踵を接するグローバルな「保守的転換」の流れに棹さす、冷戦後期に特徴的な政治的変化でもあった。七〇年代前半国際社会から高く評価されたブラント政権(一九六九―七四年)期の「過去の克服」政策とは裏腹な「逆戻り」のイメージが付きまとうコール首相の「歴史政策」が相次いで躓《つまず》く中、(28)ヴァイツゼッカー連邦大統領の戦後四〇年記念議会演説は、ナチ体制の全ての犠牲者に思いを致すことを切々と訴え、ベルリン自由大学教授E・ノルテはじめ保守派論客たちの(いつまでも)「過ぎ去ろうとしない過去」論を著しく刺激し、「歴史家論争」を導出することにもなった。

裁判開始から四〇周年を迎えた八五年一一月には、『シュピーゲル』誌が、初めて大々的な裁判回顧特集を組んだ。判決の結果としての処刑執行の具体相についての記事に集中していたところに、この特集の特徴がよく出ていた。イラスト写真の豊富さで知られる『シュピーゲル』は、第三帝国期内相ヴィルヘルム・フリックについて、首にロープを巻かれたまま目の周辺に血の飛び散った、生々しくも痛ましい死相を呈した処刑後の遺体写真を掲載するとともに、「私の最期の望みは、ドイツが自己の統一の姿を再び見出し、平和を東西の協和が創り出すことです」という今際《いまわ》の言葉を紹介していた。さらに悪名高かったシュトライヒャーについては、全裸になって抵抗し絞首ロープの下まで引きずられてきた後「ハイル・ヒトラー」を叫び、刑執行官に「ボルシェヴィキ(ロシア共産党)が今度はお前を吊るすだろう」という捨て台詞を吐いた後に処刑された場面も伝えていた。特集タイトルは「「革命」か、それとも「巨大な晒し舞台」か」というセンセーショナルなものであり、もともと限られた紙幅であったとはいえ(広告ページを除外すれば計一〇ページ)、裁判の経過や裁きの論理は、被告人の最期の詳細な回顧に比して最小限の紹介にとどまっていた。「革命」とは遡及効を禁じた法原則の伝統をうち破るものという意味での革新を含意していたともいえるが、もちろん『シュピーゲル』はそこに否定的なニュアンスを込めていた。

ちょうど一年後の八六年一一月二三・二四日には、IMT判決四〇周年記念国際法律家会議が開かれたが、西独の民主的法律家諸団体の招聘により米英仏ソのみならず、東独、ポーランド、チェコスロヴァキアなど(総計一三カ国)から約四〇〇名の法律家が集まり、ニュルンベルクで発展した国際法諸原則の歴史的次元について、また戦後四〇年にわたる政治状況にとっての意義が吟味・検討された(約三〇名のネオ・ナチの若者たちによるデモンストレーションが会議参加者を驚かせ憤慨させたともマスコミは報じている)。

「軍備競争に対する告発――法律家会議がニュルンベルク裁判を想起」という見出しを掲げた『ズュートドイチェ・ツァイトゥング』紙(南ドイツ新聞、略称SZ)は、被告席にならぶ二一名の法廷写真、証拠書類本部となったベルリン・ドキュメントセンターで膨大な数のドキュメントと格闘する女性スタッフたちのスナップや判決当日の号外に見入るニュルンベルク市民の姿を撮った写真を中心に紙面を構成し、会議に参加した元米国務長官ラムゼイ・クラークの「ニュルンベルク裁判を思い起こさないのは平和に対する罪である」という呼びかけを記事冒頭に配した。クラークは、ニュルンベルク原則を貫徹するために世界中での国際的市民法廷設置に賛意を表明していたのであるが、米法学者リチャード・フォーク(プリンストン大学教授)の「ニュルンベルク原則を制度的、国際法的に守ろうとする真剣な努力が見られず、ニュルンベルクにおける重要な根本問題に対してもきわめて冷淡な戦勝国の態度を指弾せざるをえない」という問題提起も『南ドイツ新聞』は紹介していた。会議記録によれば、フォークは、米ソ頂上会談がニュルンベルクおよび広島で行われないという事実に、まだ戦争犯罪問題が解決されていない状況が象徴的に示されている(29)、と述べた。また、フォークの引用したドイツの哲学者ヤスパースの「ニュルンベルク諸裁判が、意味深い建設的な政治的出来事の連鎖の一環になるのか、それとも今裁判を始めている戦勝国が最終的に欠陥を露呈せざるをえなくなるのか、それこそが本質的な問題の分岐点である」という裁判当時の言葉は、四〇年を経てきわめて説得力をもちえていたといいうる。

とはいえ、この記念会議においても、たとえばポーランドの歴史家や法律家たちからは、時効不適用条約に加盟していない西独政府の態度が批判されていた[30]。

一九八〇年代に再開された国際社会レベルでの国際刑法への取り組みについて、カール・シュミット研究でも知られる西独の国法学者ヘルムート・クヴァーリチュは、「国際的法学宗派によるガラス玉演戯〔精神性のみの現実遊離〕」と切って捨てている[31]。また、一九四七年以来ニュルンベルク裁判の研究に取り組んできた西独の代表的な国際法史家ヴィルヘルム・グレーヴェは、外務省を代表し、継続裁判の判決不承認の交渉を切り盛りしたことでも知られるが、ベルリンの壁が崩れることになった八九年、ニュルンベルク原則の将来的展望に関して以下のような否定的判断を下している。「侵略戦争開始の廉で個々のリーダーたちを刑事訴追したことは、過去に関しては司法的誤りであったし、未来に関しても道を間違えることになる。とにかく第三帝国における役割をどう考えようと、〔八七年シュパンダウ監獄で自殺した〕ルードルフ・ヘスは、四〇年間の長期にわたって拘留された犠牲者である」。「ロンドン協定の他の犯罪構成要件についても、将来いつか国際刑事裁判所が設置され、適用されるべき一つの包括的国際刑法に到達するだろうというような、はじめから挫折を運命づけられた考え方にしがみつき、希望を抱き続けるのは、賢明なこととは思えない[32]」。

国際刑事法廷と統一後のドイツ

かかる保守的西独国際法学者の予想とは裏腹に、一九九〇年代に入って国際法を取り巻く状況は急速に変化する。九三年五月には国連安全保障理事会が、オランダのハーグに旧ユーゴ国際刑事法廷を設置。国連平和維持軍がセルビアの戦犯容疑者の誰一人も身柄を拘束できないまま事態は不安定化しそうになったが、裁判長アントニオ・カッセーセ(伊国際法学者)は、ボスニアのムスリムに対するジェノサイド犯罪の廉で起訴されたセルビア人ドゥスコ・タディッチ被告の公判を準備し、一九九〇年に再統一したドイツ連邦共和国に司法的支援を求め、バイエルン検察・司法機関が、セルビアからハーグへの罪状立証・犯罪認定移管を指揮した。

新ドイツはこの任務遂行を通じ、自ら国際法上の義務に応じたといえるが、それはこれまでニュルンベルク裁判に対して旧西独がとってきた態度とは全く異なるものであった。西独法務省は、五〇年代以降、ニュルンベルク判決の承認を拒んできていた。この立場からすれば、法政策上国際義務に応じる意思は有していても、アドホックに、(旧ユーゴでの内戦に伴う各種の戦争犯罪が行われたあと)いわば事後的に設置されたハーグの国際刑事法廷を容易に批判することもできたはずであった。

当初は国際法廷に対する支持にとどまっていたドイツ政府の態度が、最後には有罪判決を受けた被告の刑執行を引き受ける司法的支援にまで進んだことは、それだけに注目される事態だった。タディッチ被告裁判は、ニュルンベルク裁判の後塵を拝するにとどまるというようなものではなかったからである。この裁判の本質は、内戦における犯罪を認定し、平時における人道に対する罪を確定するという新領域へ踏み込んだことにあった。これによって国際刑法の妥当領域を、これまでの国家間の戦争による擾乱状態への適用制限から解放し、犯罪的な内政という重大な現象形態にも拡大適用することが可能となった。これを当法廷担当裁判官たちはいみじくも「第二世代の国際刑法」と呼んだ。方法的に見ても、タディッチ判決はニュルンベルク裁判同様先例をなしたのであり、これまで厳格に適用されてきた遡及効禁止原則を少なくとも再吟味する余地のあるものにした。しかもハーグの国際刑事法廷は、この裁判がニュルンベルクの伝統に連接していると明瞭に述べており、内戦犯罪を認定した判決は、ヨーロッパ人権条約を「ニュルンベルク(付帯)原則」の延長線上に位置づけるものとなった。

IMT開始五〇周年の報道

従来ほとんどIMTに限られていたといわざるをえない戦犯裁判受容史も、ポスト冷戦期に突入した二〇世紀最後の一〇年から現在にいたるまでのこの二五年間に大きく変わってきている。

裁判開始五〇周年の一九九五年一一月の『シュピーゲル』の特集号は、第一特集がエイズ問題であったが、副特集として「戦勝国による裁判」という見出しを表紙に掲げていた。一〇年前に比べても、戦勝国による一方的裁きという判断をより鮮明にしていたといえよう。本文における特集の大見出しは「戦争犯罪。《数千年は続く罪責》」というものであり、「国家の名においておかされた犯罪を誰が追及するのか? 今まさに追求されているのは東独の不法の克服である。ボスニアにおける残虐行為に対してハーグの法廷は無力であることが明らかになった〔この特集号発刊時点では戦犯容疑者の身柄は拘束されていなかった〕。それでも五〇年前は国際裁判所が戦争犯罪人・大量虐殺者に判決を下した。正義は果たして勝利したのだろうか?」という記事要約が続いた。一〇年前と比べて頁数もふえ(一七頁)、中央にレイアウトされたザウケル、ハンス・フランク、ヴィルヘルム・フリック、カルテンブルンナーの四人の死刑囚の生前の姿には「死刑・自殺・終身刑」という見出しがつけられ、被告たちが冷戦のなりゆきに最後の希望をおいていたことが強調されていた。

また、ＩＭＴで英首席検察官をつとめた老ショークロス卿と、崩壊したばかりの東独政府の犯罪性を追及中の西独検事クリストフ・シェフゲンが、一九九〇年代以降のさまざまな独裁制崩壊のあとの東中欧の(司)法的な「過去の克服」について対談した記事を載せていた。この対談の「中立国の裁判官に審判依頼をなすべき〔だった〕」という見出しは、表紙の見出しに対応したものであった。

注目されるいま一つは、一二のニュルンベルク継続裁判の一覧表を掲載し、親衛隊、行動部隊、軍、経済界、法曹界、医学界、(外交)官界のどういう人物が被告となったかということについて注意を喚起していた点である。

一九九六年の『南ドイツ新聞』の特集記事では、一〇月一日の裁判関連記事として掲載された「戦勝国による裁判という非難に抗して」という、ミュンヒェン大学国際法教授ブルーノ・ズィンマのインタヴュー(インタヴューアーはトーマス・ハウツェンベルガー)が格別注目に値する。記事そのものはＱ＆Ａの問答形式をとっているが、問いかけのほうは省き、ズィンマの応答のポイントだけ、かいつまんで紹介したい。

まず、①裁判所憲章の基礎をなす犯罪概念が遡及効禁止という法の大原則に違背しているという異論が、ドイツで再三繰り返されてきた問題について――古典的国際法でも直接個人を処罰しうる可能性が存在したのは確かながら、これまでの国際法では、正当性も義務も国家にあったので、個人処罰自体は大きな例外をなしていた。

②人道に対する罪について――ユダヤ人に対するホロコースト犯罪のように、自国民に対する犯罪を禁じえなかったという意味では当時の国際法に間隙・穴があったが、ナチ体制下でも(計画的・組織的)虐殺は処罰対象になっており、何ら遡及法には当たらないと解してよい。

③真に新しい犯罪概念は「平和に対する罪」である。国家の政策、手段としての侵略戦争を禁じた一九二八年のケロッグ＝ブリアン条約(不戦条約)があったものの、国際法上初めての処罰となった「ニュルンベルク判決」は遡及刑事追及だった。しかし、この伝統的国際法との大胆な訣別はむしろ進歩で、犯罪に責任がある政治家が国家の背後に隠れていられるならば、国際法の発展はありえない。

④こうした発展についてドイツ以外の国際法学者の間で認識は共有され、ニュルンベルク原則は多大に評価されている。しかしドイツの国際法学界では、判決を受け容れずルサンチマンが存続した。冷戦の進行でニュルンベルク原則が取り上げられない状況が続く中、世界との落差もそのままだったが、国連安保理によるボスニア法廷、ルワンダ法廷が開かれて初めて転機が訪れた。ここにいたってようやくニュルンベルク原則が再び取り上げられるようになり、「ニュルンベルク」が戦勝国による裁きだったという議論が根拠を失い、ドイツの居心地の悪さも解消へ向かった。

⑤国際法のさらなる発展が確実に期待できるか否かについて――国連は現在なお常設国際刑事裁判所設置の途上過程にあり、この法廷の実質的刑法構成部分となる「平和に対する罪」の法典化も、人類の安全保障も確立するには道遠しの観を呈している。この点での前進が見込まれれば、ニュルンベルク犯罪構成要件の国連憲章への統合も日程にのぼってこよう、としている。

委曲を尽くして読者に戦犯裁判の裁きの法理の正当性を説く『南ドイツ新聞』の特集記事は、「戦勝国による裁判」を表紙に掲げた『シュピーゲル』とは対極をなすものであった。もっとも、前紙が、一〇年前のリベラル左派的な論調を一貫させ、さらに発展させていたのに対し、後誌（『シュピーゲル』）が、ドイツ統一、ヨーロッパの「大転換」以後の状況の変化の中で、ニュルンベルク裁判への態度の微妙な変化を特集にも滲ませざるをえなくなっていたことも明らかで、より広範な読者層をもつ後誌の特集は、継続裁判への注意喚起にも見られたように、より広い視野に立って豊富な歴史的裁判情報を提供する方向へ舵を切ったことを一定程度顕わにしていたのではあるまいか。

ナチ時代の医師犯罪への反省

裁判五〇周年にかかわって、注目すべき医師国際会議が、一九九六年一〇月二五―二七日にニュルンベルクで開かれた。主宰者は核戦争防止・社会的責任国際医師会議に属するニュルンベルク・フュルト・エアランゲン医師会メンバーであり、人体実験・Ｔ４作戦（「安楽死」殺人作戦）をはじめとするナチ不法体制へのドイツの医師たちの関与、またそれが継続裁判第一号事件で裁かれるに至った事態を反省し、医の倫理を再考・再構築することをめざしていた。一五〇名の報告者、一六〇〇名の会議参加者を数える大きな会議となった(33)。

医師裁判開廷四〇周年の八七年前後から「過去」の告発が始められた西独医師会の中の新しい動きをすでに伝えていた『南ドイツ新聞』は、九六年のこの国際会議に際しても「ナチ体制下の人体実験」と題する記事（一九九六年一〇月二五日）で会議を大きく報道した。

一九七六・八六年に国際法律家会議を開いたシュトゥービーたちも、五〇周年に際して大冊の論集『人類に対する犯罪を裁く刑事裁判――ニュルンベルク裁判五〇年後の国際法について』[34]を公刊。「ニュルンベルク回顧」「現実の国際法状況」「個々の問題」という三部構成になっているこの論集では、第一部のギュンター・ヴィーラント「社会主義諸国家の立法・判決事例に反映されたニュルンベルク原則」がとりわけ目を惹く。

①社会主義圏を構成していた国々の崩壊・大転換以後、こうしたテーマの追究がアクチュアルな意味をもちうるのか、②将来おこりうる同種の犯罪の追及のための教訓をつたえていけるのか、③ある特定の社会体制を共有している諸国家の立法・司法のあり方について一般理論化が可能か否か、という三つの問いかけから始まるヴィーラントの論は、社会主義諸国家の戦犯追及に対する初めての本格的・具体的な比較歴史分析がなされているところに大きな意義を見出すことができよう。チェコ（ボヘミア＝モラヴィア）、ポーランド、ユーゴの地域がナチ独軍の「軍靴に踏みしだかれた」とき、ソ連はドイツとの不可侵条約のパートナーだったのであり、ブルガリア、ルーマニア、ハンガリー、スロヴァキアはドイツの同盟国となっていた。社会主義国家における戦犯追及の立法・司法措置に対しては包括的な一律的価値判断を下せないというヴィーラントの結論は、以上のような三〇年代、四〇年代の歴史的経験の違いからだけでも明らかであると思われる。また、ニュルンベルク原則成立への関与・貢献も、その度合いも、各国間で著しく異なっていることは第二章で辿ったとおりであるが、社会主義国家群のほとんどが解体再編されていったかからといって、かかる地域でのニュルンベルク原則の歴史的軌跡の追究の意義がけっして廃れていないことも明白であろう。

東西統合後の新しいドイツにおいては、先述したように九三年に設置されたハーグの旧ユーゴ国際刑事法廷に対し特にバイエルン州が司法協力する形で進んだ共同作業自体が、その後の「ニュルンベルク原則」への自らの歩み寄りの重要な一歩となっていたが、二〇〇一年には「ニュルンベルク原則」承認へのドイツの従来の留保が取り外され、ついに和解が達成された。

すでに一九九七年以降、連邦政府は、国際刑事裁判所（ICC）条約案作りにきわめて能動的にかかわり、九八年ローマにおける法史上初の常設国際刑事裁判所創設国際条約調印に際してもきわめて積極的な役割を果たした。このローマ条約への決定的参加によって、ドイツの立法者たちの立場もこれまでにない公然化を見せ、ドイツの法秩序を「ポスト・ローマ」期（上記ICC条約は二〇〇二年発効）の新たな国際法秩序へ適応させていく、以下の三つの過程が敢行されることにもなった。

①二〇〇〇年には、国際刑事裁判所へのドイツ人の引き渡しを可能ならしめるよう基本法（憲法）を改正。②〇二年には、国際刑事裁判所とのドイツの協働を定めた法を制定。③国際刑法典の整備。なかでも③が最も注目されるのは、国際刑法に対してドイツ立法者がドアを開くという態度にあった。ここでは、特に「人道に対する罪」の犯罪構成要件を受け入れることで、管理理事会法第一〇号を独刑法に導入しないとした初期連邦共和国の決定を修正することになった。独国際刑法典は、戦争犯罪・内戦犯罪に対する要求水準の高い国際慣習法の体系的法典化のこころみを支持し、これは世界司法を最上位におく原理を選び取ったということである。

ドイツ国内での国際刑法政策をめぐるコンセンサスがどれほど耐性をもつものになったかは、当時の法相ヘルタ・ドイプリン＝グメーリン（社会民主党）によって準備促進された法案に対する、キリスト教民主同盟議員ノルベルト・レトゲンの、以下のような対応からも十分窺える。「私たちは今会期多くの法政策問題をめぐって論議してきた。ドイツが国際刑法・刑事訴訟法秩序のために肩入れするのは、過去も現在も相手を論難するためなどではなく、対外政策・法政策における基本合意を形成するためのものだからである」。一九九〇年代以降の急激な国際刑法の発展は、国内のマイノリティに向けられた国家テロ(その代表事例がコソヴォやダルフールにおける紛争であった)から犠牲者を保護する焦眉の事態の頻発によって促されたという面が、多分にあった。

IMT開廷六〇周年

それでは、六〇周年に際してドイツのメディアの伝え方に大きな変化は見られたであろうか。

二〇〇五年の『南ドイツ新聞』では、開廷六〇周年の一一月二〇日の前後三日間にわたって「世界を変えた裁判の歴史」と題する画期的特集を組んでいる[35]。第一部の特集は、戦中にドイツから逃れたニュルンベルク出身のユダヤ人アルノ・ハンブルガー(彼の家族や親戚はホロコーストから逃れられなかった)が、戦後ドイツへ連合国軍の一員として帰還し、裁判で通訳をつとめたときの経験を語るというものであり、ナチの被告人たちの惨めな姿と弁明の紹介が中心テーマになっていた[36]。IMTの被告の一人ひとりについて四訴因のどれが該当していたか、詳しくリストアップされている表が掲げられ[37]、メディア全体の伝え方の少なかった三〇年前とは隔世の感を与えるものだった。

第二部の特集は、ドイツ国民の「過去の忘却」に焦点をあてたものであった。四五年一一月二九日、連合国軍による強制収容所解放時の撮影フィルムがIMTの中で公開されると(第三章で既述)、被告たちは、自分たちが付和雷同者にすぎなかったかのように装ったが、ドイツ国民は、明らかになった戦慄の状況にショックを受けながらも、東部戦線を中心におそるべき犯罪が行われたことを事実として受け止めた。しかしその後、連合国の爆撃によるライフラインの崩壊状態が長引き、飢餓、東部からの駆逐・追放等々の受苦のなかで、自分たちこそが犠牲者であるとして、ニュルンベルクで暴露されたことにはもはや耳を貸さなくなっていった。同紙はこのような「過去の忘却」について、心理分析家Ｃ・Ｇ・ユングの「今日のドイツ人は二日酔いに苦しみながら目覚めた酔っぱらいであるかのように、自分たちが何をやったかを忘れ、またそれを知りたいとも思っていない」という皮肉な言葉を引きつつ、その社会心理過程を五八年にウルムで行動隊の犯罪追及が本格的に再開されるまで丁寧に辿り、五一年にランツベルク刑務所で絞首刑に処されたオットー・オーレンドルフの裁判を当時ドイツの裁判官が引き受けていたとしたら、彼をただちに釈放したに違いないと結んでいる(38)。他方、継続裁判の首席検察官テルフォード・テイラーの法廷でのスナップを示しながら、被告と検察官の「つばぜり合い」のいくつかも紹介している(39)。

第三部では、ＩＭＴ被告全員の判決を表にまとめ、判決当日の被告の、わけても死刑判決を受けた一一名の反応を微細に分析している(40)。また、ニュルンベルクから九三年のハーグの旧ユーゴ国際刑事法廷開廷に至る国際法の発展過程を、第一次世界大戦後のライプツィヒ法廷が最初のこころみであった点にも言及しながら、国際刑法は最終的に勝利したわけではないとはいえ、それでも確実に発展している現在までを辿っている。

『フランクフルター・アルゲマイネ』紙は裁判六〇周年ではじめて、裁判の意義に言及した「ライプツィヒからニュルンベルクを経てローマへ」と題する、ケルン大学クラウス・クレス教授(ヨーロッパ刑法)の長い論考を掲載した(41)。六〇年前にニュルンベルク裁判の裁判官たちは、ナチ戦争犯罪人に有罪判決を下することにより新たに国際法の歴史をつくりあげ、その後、国際刑法はニュルンベルク裁判原則を先例としつつ発展してきた。とりわけそれにはドイツの法学者・政治家の貢献するところが大きかったが、解決されるべき課題もなお多く、特に侵略犯罪の定義が問題になる、というものであった。本章で触れたように、国際刑法の発展におけるドイツの貢献自体は論点になるところだが、ライプツィヒ裁判の法理を辿り直している点は特記されてしかるべきであろう。

『シュピーゲル』では、二〇〇六年四二号と四三号の二回にわたり、六〇周年の特集を組んだ。四二号の「死の法廷」というタイトルを掲げた表紙には、絞首索を握りしめた米執行吏ジョン・ウッズの写真が、法廷に並ぶ被告のカラー写真(裁判当時は珍しかった)と並んで掲載されセンセーショナルな印象を強めている。さらに最後のページには、実際に処刑された一〇名全員の遺体(白黒)写真が掲載されている。特集記事では、IMTの場でナチ指導者たちが自らの釈明を行わざるをえなくなったとき、国際法の新時代が始まったとしている。そういった意味で「世界的裁判」という語が用いられているものの、一方でこれまでどおり、裁かれた被告のうちの一〇名の処刑がフォーカスの中心に据えられている。

四三号では、戦勝国が類をみない世界法廷を用意し、後々まで影響を及ぼすことになった重大な決定をなしたこと、侵略戦争がナチの核心的犯罪とされる一方で、ホロコーストがもつ重大性がIMTではまだ認識されていなかったこと、被告たちは問われた犯罪性をヒトラーに責任転嫁しようとしたこと、裁判から数十年を経て、ようやく国際法の中心点が、抽象的な国家ではなく、人間個人に据えられるようになったこと等に読者の注意を促しながら、ナチの大物たちに対する裁判がいかにして法史の曲がり角になっていったのかという観点から「世界新秩序形成」というテーマを追っている。

四二号が従来の「被告＝犠牲者」という立場を依然引き継ぎ、裁判回顧になっているのとは対照的に、四三号は従来の裁判観から脱するような、新しい要素がちりばめられているように思われる。四三号でいま一つ目を惹くのは、シュペーアについて裁判から二〇年の回顧の折にはもっぱら神格化しようとしたのに比較し、脱神話化の必要性を強調している点である。ゲーリングについても、枢要な地位にありながらホロコーストに関して知らなかったのが恥ずかしいという弁論を、知りかつ関与していた筈であると辛辣に批判しているが、大量の強制連行外国人を酷使して死なせた事件でも、労働総監のザウケルが死刑判決を受けたのに対し、全体に責任のあるはずのシュペーアが死刑を免れた、その扱いの違いを通じた形での裁判批判がなされている。

他方で、侵略戦争を刑事問題にするのは事後法ゆえの禁止事項であったとしても、ジャクソンの遡及効禁止原則無視がなければ、ニュルンベルクから今日までの進歩もありえなかったのであり、アメリカに亡命していたH・ケルゼンの「国際法では遡及効禁止は妥当しない」という考え方に当時ジャクソンが依拠しえた点にも注意深く言及している(42)。近年の国際刑法をめぐる動向についても、一九九五年一〇月二日の旧ユーゴ国際刑事法廷裁判長カッセーセの「内戦における残虐行為は、戦争におけるそれに等しいものとされねばならず、第二次世界大戦以来〔対外〕戦争と内戦は区別されえなくなった」という決定を引き、ニュルンベルク裁判によって、国際法の引照基準は戦争でもなければそれを遂行する国家でもなく人間であるということと、国際刑法による人権の保護とが見出されたのだと意義付けた一方で、国際刑事裁判所条約を拒否し続ける等一貫性を欠くアメリカ政府の矛盾した態度に触れつつ、ＩＭＴは四六年一〇月一六日の一〇名の処刑でもって終わったが、ニュルンベルクの歴史は依然終わらないと結んでいる(43)。

裁判開廷六五年目の記念博物館開設

ＩＭＴ開廷六五周年の日にあたる二〇一〇年一一月二〇日、歴史的な場であるニュルンベルク裁判所第六〇〇号法廷の上に新たにメモリウム(記念博物館)がオープンすることを記念して、かつての連合国の代表と裁判関係生存者が集まる会合が催された。メディアはこれをかつてなく盛んに報道した。一一月二一日に行われた四カ国代表の挨拶を伝える翌日の『南ドイツ新聞』は、記念博物館の展示の目玉である、被告たちが当時法廷で座らされたベンチのカラー写真を第一面に掲げ、最大の記事を載せるザイテ・ドライ(第三面)にも、米軍によるニュルンベルク継続裁判第一号事件(医師裁判)の法廷における被告たちの全体写真(カラー)を載せるなど、特別紙面構成をとった。連邦共和国メディアの中では裁判記念にあたって過去最もよく関連記事を掲載してきた当該新聞でも、異例で、初めてのことであった。

『南ドイツ新聞』が長年の裁判回顧報道の経験の厚みと掘り下げ方の深度を十分に感じさせたのは、裁判関係生存者として数十年ぶりにニュルンベルクを訪れた、かつての裁判文書係官ヘディ・エプシュタインに関する記事であった。彼女は、大慈善行為キンダートランスポートによって大戦勃発前年イギリスへ引き取られたユダヤ系ドイツ人少年少女計二万人の中の一人だったが、他の子弟の親たち同様、彼女の両親も結局ホロコーストの犠牲となった。戦後は英軍占領部隊の一員として帰還しニュルンベルク裁判にも臨んだ彼女の数奇な運命自体については、他紙も一斉に取り上げてはいたものの経歴紹介に終始していたのに対し、『南ドイツ新聞』の記事は、彼女が継続裁判中の医師裁判に文書調査官として臨み被告に不利な証拠文書を法廷に提供したことや、この裁判では有罪となった女性医師(ヘルタ・オーバーホイザー)を紹介し二人の女性の運命がどこでいかに交錯することになったのかにまで言及していた。裁判関係生存者としていま一人注目を浴びたのは、ベンジャミン・フェレンツである。裁判当時はテルフォード・テイラー米検察チームの最も若いスタッフとして、特にニュルンベルク継続裁判中、行動部隊のユダヤ人殲滅犯罪の追及(第九号事件)に全力を尽くした人物であるが、その後現在にいたるまで米兵が裁かれるようなことを潔しとせず国際刑事裁判所条約に参加しようとしないアメリカの首尾一貫しない態度に対する徹底的批判は、この記念集会でも裁判の生き証人として最も説得力をおびた重要な役割を果たしたといえる。

今回は四カ国代表だけでなく、裁かれた側であるドイツ連邦共和国を代表してグイド・ヴェスターヴェレ外相が、ニュルンベルク裁判を「ナチ・ドイツにおける法の倒錯・異常状態に対する応答」であったと踏み込んで意義づけたことが注目される。各メディアもニュルンベルク原則に対する連邦政府の態度の完全な変化を見逃さず、これを報道した。

ニュルンベルク市も、記念博物館開館を機に第六〇〇号法廷の世界遺産登録をめざし、世界史的場所としての都市ニュルンベルクの意味づけを、これまでのナチ党党大会の開催地あるいはニュルンベルク人種法の成立場所というような負の遺産としての偏ったイメージから脱却させ、ナチ犯罪人たちを裁いた世界法廷の場として積極的なものにしようと努めている。

歴史はつねに現在的なものであるが、ドイツ人にとってナチ時代ほど現在的な時代はないといってよい。しかもこの時代にドイツ人が行った犯罪、積み上げた罪責の巨大な山塊の全貌は、時間がこの時代から遠ざかれば遠ざかるほど、より一層明確な輪郭をとってきつつあるといっても過言でないことは、本章で辿った、ニュルンベルク裁判の評価の戦後各時代の消長から明らかではなかろうか。

一九四五年秋、敗戦の衝撃がまだ生々しかったときの世論調査では、ナチ犯罪をおかした人びとを訴追することが、正当(フェア)であると見る人の割合は七八%であったが、ニュルンベルク継続裁判が終結し、連邦共和国が発足して一年半後の五〇年秋には三八%に下落するという劇的な変化をぐって、過去の「忘却」ないし「駆逐」への願望のほうが圧倒的になった。(44)しかし五〇年代後半には、過去は「清算」されていないとする小さな批判の芽が形成され、以後さまざまな議論を随伴しつつも過去に向き合う態度は紛れもなく戦後の重要な政治文化(ブローシャート)、さらに文化的アイデンティティ(N・フライ)になっていったといえよう。E・ノルテが歴史家論争で「過ぎ去ろうとしない過去」と呼んで苛立ちを見せたように、第三帝国を直接経験した同時代の証人がしだいに死に絶えつつある現在、この最暗黒の時代に対する関心はけっして衰えをみせていない。ただ、「歴史」と「記憶」がしばしば対置される今日、メディア界では「証言」重視の傾向が強まってくる一方、歴史学の世界でも、歴史の語り方、記述、表現のありようが問われ、具体的な歴史の出来事に志向した過去との向き合い方がやや後景に退きつつある。戦争政策・戦争犯罪の全容を闡明・追及しようとしたという意味で「二〇世紀の革新」であったニュルンベルク裁判の実像を、歴史の広い脈絡において客観的・具体的にとらえるという二一世紀のトランスナショナルな要請はますます切実になっていると思われる。

おわりに

戦争犯罪裁判の遺産と継承

「国際法の時代」といわれるようになってから久しいが、その一方で、国際法は二〇世紀の戦争とそこにおける剝き出しの暴力を阻止することも圧服することもできない無力な存在にすぎなかったのでは、という懐疑の念や冷笑の声が現在までなかったわけではない。「はじめに」で述べたように、戦争犯罪裁判についても、どれだけ犠牲者の無念や遺族の悲嘆に応ええたのか、そうした惨禍を繰り返さぬためにどれだけの効果を実際あげえたのかという痛切な問いが現在まで投げかけられ続けている。

しかし、戦犯裁判の遺産の継承にかかわるこうした人間的・社会的問いかけ――それは、歴史学をはじめとする人文科学・社会科学のあり方にもかかわっている――に対しては、肯定的に答えられない状況が、世界、わけても日本に散見されるといわざるをえない。極論すれば、それは、今後の戦争犯罪裁判に対する人びとのかかわり方、関心にも影を落としかねない問題を多く含んでいるように思われる。逆にいえば、戦争犯罪の防止・追及を生産的・効果的に進めていくためには、過去の戦争、戦争犯罪、戦争犯罪追及裁判を総合的全体的にできるかぎり正確に把握することが、ますます切実で重要な課題になってきているということでもある。

東京裁判とニュルンベルク裁判の比較

東京裁判とニュルンベルク裁判との比較は、これまでさまざまな形で行われてきたが、そのほとんどは、ヨーロッパの枢軸国ドイツの主要戦争犯罪人を裁いたニュルンベルク国際軍事裁判（ＩＭＴ）と、アジアの枢軸国日本の主要戦争犯罪人を裁いた極東国際軍事裁判（東京裁判）との比較の試みであったといえよう。

両裁判は、一九四六年五月初めから一〇月初めにおける約五カ月間、同時並行して行われていたが、もちろんＩＭＴが先行していた。国際軍事裁判所憲章、特に三つの戦争犯罪概念（平和に対する罪、狭義の戦争犯罪、人道に対する罪）や、「上からの命令を根拠にした免責」をめぐる原則（不法な命令であることが明らかな場合、命令を実行した者は免責されえない）等が、「ニュルンベルク原則」と称されるように、ＩＭＴの諸要素が基準となり、それが東京裁判にいろいろな形で重要な影響を及ぼしたという事実自体は無視できない。

ニュルンベルク裁判と東京裁判の比較については、粟屋憲太郎らによる東京裁判研究の側からの貴重な試みがある(1)が、基本的には、追及対象としての元首の存否や、軍事裁判の構成の相違等、国際軍事裁判所憲章と極東国際軍事裁判所条例（憲章）の規定・条項の異同を中心にした比較であった。筆者はこれまでも、総体的な比較を行うためには、ＩＭＴだけでなく継続裁判も視野に含めたニュルンベルク裁判の全体的再構成が、最低限の前提・基礎とされねばならないと力説してきた。

さらに言えば、ニュルンベルクから東京裁判への一方向的な影響という視点だけでなく、双方向的な視点も不可欠と考えている。たとえば、マニラ虐殺を裁いた山下裁判、あるいは南京虐殺を裁いた東京裁判がニュルンベルク継続裁判に作用した面（山下奉文司令官［マニラ］、松井石根司令官［南京］らの訴因とされた、日本兵による大量虐殺に関する「不作為」犯罪概念が、継続裁判第一一号事件のホロコースト犯罪に判例として適用されたケース等）は無視しえないだろう。山下裁判は、現在にいたるまでその裁きのあり方自体が問題視されているが、この山下裁判における判示も、もとをただせば、第一次世界大戦後のドイツ皇帝の責任問題に端を発するライプツィヒ裁判にまで法理を辿ることができる。そうしたことも含めて、ニュルンベルク裁判は、もう一度広い歴史的脈絡のなかに据えて吟味すべきテーマであると考えられる。

戦犯裁判をめぐる歴史と記憶のコンテクストにおいて、いちばん看過しえない問題は、「はじめに」でも言及したように、裁判の意義を無条件に支持ないし肯定する立場、逆に裁判そのものを認めがたいとして否定する立場、さらに言えば両者に対する中立的な立場、いずれの立場の人びとも、議論の前提としての事実に即した裁判像、裁判に関するできるだけ正確な歴史認識が共有されていない、ということである。たとえば、戦争に敗れた日本が、連合国からの追及を逃れるため、東京裁判の直前に、自国戦犯容疑者に対し、天皇の名において小規模ながら自主裁判を行った事実は意想外に知られていない。[2] 二〇〇六年六月二五日の『毎日新聞』の国会議員アンケート調査でも、以上の事実を踏まえず、東京裁判を「不当だがやむなし」とした議員（六一％）のなかに「戦勝国でなく、日本自身の手で戦争責任者を裁くべきだった」という意見が少なくないという結果が出ている。

巨大な戦争犯罪の犠牲となった、膨大な数の無告・無辜の犠牲者にとっては、肝心な事実が度外視され、間違った歴史イメージだけが肥大化してひとり歩きするような論議の横行は、耐えられない事態であろう。メガ犯罪による惨害を直視した上で、可能な限り正確な戦犯裁判像を次の世代に伝えていくことこそ、現在のわたくしたちの最小限の責務ではないだろうか。

本書では、犠牲者・被害者の復権、再発見への眼差しをなおざりにせず、「はじめに」で提起した、いささかなりとも新しい視角とアプローチを全編に貫きながらニュルンベルク裁判像の再構成を試みた。

こうした戦犯裁判史を提示することは、日本の、特に若い世代の人びとの「過去の克服」への真剣な関心とも切り結ぶような、世代間の接点形成に対して、ささやかではあるが寄与しうるのではないかと信じている。

注

第Ⅰ章

（1） Farrar, *The Short War Illusion*.

（2） Förster, "Der deutsche Generalstab und die Illusion des kurzen Krieges, 1871-1914," S. 61-95.

（3） モーゲンソー『国際政治（中）』四一〇頁以下。

（4） Bley, *Kolonialherrschaft und Sozialstruktur in Deutsch-Südwestafrika, 1894-1914*, S. 224 f.

（5） 西川『社会主義インターナショナルの群像』三一一頁。

（6） Krüger, *Kriegsbewältigung und Geschichtsbewußtsein*, S. 66.

（7） Keegan, *Der Erste Weltkrieg*, S. 128 ff.

（8） Michalka(Hrsg.), *Der Erste Weltkrieg*, S. 286 ff.

（9） Reichstag, 1921, Bd. 368, Nr. 2584 (Weißbuch mit neun Urteilen in Sachen Kriegsverbrechen, 以下 Weißbuch と略記), S. 2563 ff.; Hankel, *Die Leipziger Prozesse*, 9, 100 f. u. 123 ff.

（10） *Edinburgh Review*, Oktober 1914. Zit. n. James Willis, *Prologue to Nuremberg*, S. 11.

（11） Cartier, *Der Erste Weltkrieg*, S. 290 f.

（12） Koppen, *Heeresbericht*, S. 68.

（13） Simpson, *Die Lusitania*, S. 12.

（14） "De la sanction des infractions au droit des gens commises, au cours de la guerre européene, par les empires du centre," in: *Revue Générale de Droit International Public* 24(1917), S. 13.

（15） Schwengler, *Völkerrecht, Versailler Vertrag und Auslieferungsfragen*, S. 67 f.

（16） "Germany must pay," in: James (Hg.), *Winston S. Churchill*, S. 2645.

（17） Willis, a. a. O., S. 50.

（18） たしかにヴェルサイユ条約までは、ある国家の行動が国際法上否定的評価を受けた場合、「国家」責任とされながらも、具体的責任者たる国家の指導者が問責されることはなく、国民全体に負担を帰せしめるのを通例としていた。大沼『戦争責任論序説』五六頁、参照。

（19） Schwengler, a. a. O., S. 71.

（20） 大沼、前掲書、五六―五七頁。

（21） Berber (Hg.), *Das Diktat von Versailles*, Bd. 2, Nr.

443, S. 1196.

(22) Von Stosch, "Die Beschuldigtenfrage," S. 84 ff.

(23) Hankel, a. a. O., S. 43 f.

(24) Freiherr von Lersner, "Die Auslieferung der deutschen» Kriegsverbrecher«," in: Schnee/Drager (Hg.), *Zehn Jahre Versailles*, Bd. 1, S. 26.

(25) Verhandlungen der verfassunggebenden Deutschen Nationalversammlung 341, 2386 ff.

(26) 大沼、前掲書、六五―六六頁。ちなみに日本代表は、元首に対する問責、および、犯罪を防止しなかった不作為を犯罪とすることの二点に反対している。

(27) Hankel, a. a. O., S. 74.

(28) Reichsgesetzblatt(以下 *RGBl* と略記)1919, 2125. 翌年三月二八日には補充法が制定された(*RGBl.* 1920, 341)。しかし自国兵士を裁く法であったことから、法の遡及効を禁じたヴァイマル憲法第一一六条を根拠に裁判批判が続出することになる。

(29) Hankel, a. a. O., S. 71 ff.

(30) Politisches Archiv, R 24324, o. S.

(31) Deutscher Reichstag (Hg.), *Völkerrecht im Weltkrieg*, Bd. 3: Verletzungen des Kriegsgefangennrechts, 1. Halbb. S. 19.

(32) Weißbuch, S. 2543 ff., 2547 ff. u. 2552 f.

(33) Ebenda(以下では Ebd. と略記), S. 2574 f. u. 2578 f.

(34) Bundesarchiv-Lichterfelde (以下 *BAL* と略記), bJ 296/20 (von Schack/Kruska), Bd. 4, Bl. 4; Selle, "Prolog zu Nürnberg," Nr. 3/4「このとんでもない告発は証拠のひとかけらさえ提出していない」(S. 196)というライプツィヒ最高裁判所の判示で言及を済ませており、十分な事件検証をしているとは思われない。

(35) Paul Pic, "Violation systématique des lois de la guerre par les Austro-Allemands. Les sanctions nécessaires," in: *Revue Générale de Droit International Public* 23 (1916), S. 253.

(36) *BAL*, R3003, ORA/RG, enera, Bd. 56, o. S.

(37) "General Stenger vor dem Reichsgericht," in: *Vossische Zeiung* v. 29. Juni 1921.

(38) Ebd.; *BAL*, bJ 92/20 (Stenger/Crusius), Bd. 3, Bl. 14.

(39) Ebd., Bl. 40 f; Bl. 805; Bl. 870 ff.

(40) Weißbuch, S. 2567 f.

(41) *Journal du Droit International* 48 (1921), S. 442.

(42) Werner Rahn, "Strategische Probleme der deutschen Seekriegsführung 1914-1918," in: Michalka (Hg.), *Der Erste Weltkrieg*. S. 356 f.

(43) Weißbuch, S. 2557.

(44) Ebd.

(45) Ebd., S. 2579 ff. 一九二一年七月一二日から始まった裁判には、計六三名の証人(イギリス側からは、難船者の生き残り四名を含む一三名）が出廷するライプツィヒ最大級の裁判となった(aJ 95/21(Oberleutnant z. S. Ludwig Dittmar, Oberleutnant z. S. a. D. John Boldt), Bd. 7, Bl. 1 ff)。

(46) Weißbuch, S. 2585.

(47) Ebd., S. 2586.

(48) *BAL*, aJ 95/21 (Dithmar/Boldt), Bl. 338 ff. 483 ff. u. 505 ff.

(49) *Der Prozeß gegen die Hauptkregsverbrecher vor dem Internationalen Militärgerichtshof Nürnberg*, Nürnberg 1947(英語版の略記号ながら、一般化しているので本書でも *IMT* と略記). *IMT*, XVIII, S. 378 f.

(50) Mullins, *The Leipzig Trials*, S. 196-201. イギリス側のプラス評価については、Ebd., S. 44 f.; auch Vgl. Hachenburg, "Juristische Rundschau," in: *Deutsche Juristenzeitung* 1921, S. 674.

(51) Ebd., R 28569, Bl. 314-316.

(52) Politisches Archiv, R 48416, o. S.(Die Rehabilitierung der»Kriegsverbrecher«).

(53) Georg Kreis, "Vom Duell zum Verbrechen. Der lange Weg zur Ächtung des Krieges," in: *Neue Zürcher Zeitung* v. 20. /21. April 2002.

(54) G. Bernhard, in: *Vossische Zeitung* v. 17. Juli 1921.

(55) E. Feder, in: *Berliner Tageblatt* v. 17. Juli 1921.

(56) Cay Rademacher, "Luftschiffe des Todes. Mit den Bombenangriffen deutscher Zeppeline im Ersten Weltkrieg begann ein neues Kapitel der modernen Wehrgeschichte: der totale Luftkrieg," in: *Die Zeit* v. 15. Oktober 1998.

(57) Heike Spieker, "Haager Regeln des Luftkrieges von 1923," in: *Humanitäres Völkerrecht-Informationsschriften* 1/1990, S. 135.

(58) V. Berghahn, *Europe in the Era of Two World Wars*, S. 40.

(59) 竹前栄治・中村隆英監修／小菅信子・永井均訳『GHQ日本占領史5 BC級戦争犯罪裁判』日本図書センター、一九九六年、一五頁。ライプツィヒ裁判の意義を無視している研究が大多数を占める中で、裁判の意義を的確かつ簡潔に要約した、この公刊史料集の指摘は例外的なものである。なお、邦訳中 Reichsgericht の訳語は「帝国最高裁判所」になっているが、すでに共和国に政体が変化しているので、ここに限っては「国事裁判所」あるいは「共和国最高裁判所」と訳すほうが適切であろう。

(60) Andreas Michelsen (Hg.), *Das Urteil im Leipziger Uboots-Prozeß-ein Fehlspruch? Juristische und militärische Gutachten*, 1922, S. 35 ff.

(61) Mullins, a. a. O., S. 10 f.

(62) Ludwig Ebermayer, "Fünf Jahre Oberreichsanwalt," in: *Deutsche Juristenzeitung* 33(1928), Sp. 36.

(63) Ebd., *Sp.* 35.

(64) H. Lauterpacht, "The Law of Nations and the Punishment of War Crimes," in: *British Year Book of International Law* 21 (1944), S. 65; H. v. Weber, "Die strafrechtliche Verantwortlichkeit für Handeln auf Befehl," in: *Monatsschrift für Deutsches Recht* 1948, S. 36.

(65) L. Oppenheim, *International Law*, Bd. II, S. 451.

(66) F. Honig, "Kriegsverbrecher vor englischen Militärgerichten," in: *Schweizerische Zeitschrift für Strafrecht* 62 (1947), S. 20 ff.

(67) Radbruch, "Der innere Weg," S. 255 f.

第二章

(1) 「戦争または戦争の脅威は、連盟国のいずれかに直接の影響あると否とを問わず全て連盟全体の利害関係事項である」(連盟規約第一一条)。

(2) この節における戦争法関連の国際条約や国際連盟の動向・基本的考え方については、藤田久一『国際人道法』(有信堂、一九九三年)二一頁以下、同「東京裁判と戦争責任」五十嵐武士・北岡伸一編『争論・東京裁判とは何だったのか』(築地書館、一九九七年)一八頁以下、さらに『国際政治事典』(弘文堂、二〇〇五年)における浜口學記述の「国際連盟」「不戦条約」等の関連項を参照。

(3) Waltzog, *Recht der Landkriegsführung*, S. 7 f.

(4) Berghahn, a. a. O., S. 88.

(5) *Punishment for War Crimes: The Inter-Allied Declaration Signed at St. James's Palace, London, on 13th January, 1942, and Relative Documents* (Published by His Majesty's Stationary Office for the Inter-Allied Information Committee); 芝「ニュルンベルク裁判と東京裁判」二八頁以下。

(6) Winston Churchill, *The Grand Alliance: The Second World War*, 1950, S. 682 f.

(7) 林「連合国戦争犯罪政策の形成(上)」六—七頁;同『BC級戦犯裁判』二七—二八頁。

(8) *Moscow Declaration on German Atrocities* by President Roosevelt, Prime Minister Winston Churchill and Marshal Stalin, Issued on November 1, 1943, Department of State Publication 2298, Washington Government Printing Office, 1945, S. 7 f.

(9) IMTのあと開廷された継続裁判の首席検察官を務めたテルフォード・テイラーは、宣言自体について以上に示したような筆者の分析・指摘を省き、モスクワ外相会議以後、中小諸国に対する(具体的には連合国戦犯調査委員会に対する)米英ソ三国の態度に新たなトーンが見られたと指摘しながら、筆者の解釈と同じような意味合いにおいてこの会議の重要性に言及している。Cf. Telford Taylor, *Die Nürnberger Prozesse. Hintergründe, Analyse und*

Erkenntnisse aus heutiger Sicht, München 1992, S. 42 f. 他の著者の書にはかかる指摘は見られない。

（10）大沼『戦争責任論序説』一九一―三一五頁。

（11）清水正義「先駆的だが不発に終わった連合国戦争犯罪委員会の活動――一九四四年　ナチ犯罪処罰の方法をめぐって」『東京女学館短期大学紀要』二〇輯、一九九八年：林「連合国戦争犯罪政策の形成（上下）」参照。

（12）一九四三年の第一回会談に続くこの第二回のケベック会談および「モーゲンソー・プラン」については、参照、John L. Chase, "The Development of the Morgenthau Plan through the Quebec Conference," *The Journal of Politics*, Bd. 16, Nr. 2 (Mai 1954).

（13）この案とそれをめぐる動きについては、Smith, *Der Jahrhundertprozeß*, S. 50-53; ders. *The American Road to Nuremberg*, Dok. 16, S. 33-37; Dok. 18, S. 38-41; Dok. 29, S. 92.

（14）芝健介『武装SS』二四〇頁。

（15）Taylor, a. a. O., S. 56 f.

（16）Smith, *The American Road*, Dok. 38, S. 117-122.

（17）Ebd., S. 144-146. u. 155 f.

（18）Michael Biddiss, "Victor's Justice? Nuremberg Tribunal," *History Today*, Vol. 45, Issue 5 (1995).

（19）ローズヴェルトとジャクソンの関係の詳細については、まず Jackson, *That Man*: Gerhart, *America's Advocate* を参照。

（20）John Q. Barrett, "'One Good Man': The Jacksonian Shape of Nuremberg," in: Reginbogin/Safferling (Hg.), *The Nuremberg Trials*, S. 129.

（21）Robert H. Jackson, "International Order," *American Journal of International Law*, Vol. 35 (1940), S. 348.

（22）319 U. S. S. 624.

（23）323 U. S. S. 214. u. 242-248 (Jackson, J., dissenting)、あわせて参照、John Q. Barrett, "A Commander's Power, A Civilian's Reason: Justice Jackson's Korematsu Dissent," *Law and Contemporary Problems*, Bd. 68 (2005), S. 57.

（24）Jackson, "The Rule of Law Among Nations," *American Society International Law Proceedings*, Bd. 39 (1945), S. 10; Taylor, S. 63 f.

（25）Barrett, "One Good Man," S. 132.

（26）*United States Department of State Foreign Relations of the United States: Diplomatic Papers*, 1945, Bd. 3, S. 1161-1164.

（27）Report to the President, June 6, 1945 by Mr. Justice Jackson, in: Marrus, *The Nuremberg War Crimes Trial*, S. 40 ff. この報告書全体は次の史料 Robert H. Jackson, *Report of Robert H. Jackson, United States Representative to the International Coference on Military Trials, London*

1945, Washington, D. C. 1949, S. 42-54 に採録。

(28) この会議記録の邦訳としては、注27参照『ジャクソン報告書』(文献リスト)。あわせて Taylor, S. 80-90 参照。

(29) 大沼、前掲書、二八一―三〇三頁。

(30) 法理的考察をめぐる観点からの論及や考察は欧米を中心に戦後広くまた数多く存在する。日本では従来研究が遅れていたが、清水正義のパイオニア的研究が上梓され(清水正義「国際軍事裁判所憲章第6条c項「人道に対する罪」に関する覚書」『東京女学館短期大学紀要』一四輯、一九九一年、同「人道に対する罪の成立」)、それ以来ようやく本格化しているといってよい。ここで課題にする主としてユダヤ人の動向に注目したアプローチは、世界的に稀少で、ようやく最近緒についたといって過言でない。ここにも法理的な問題はさまざま絡んでおり、最低限関連について言及する必要は論を俟たない。

(31) Michael R. Marrus, "The Holocaust at Nuremberg," in: *Yad Vashem Studies*, 26 Jg.(1998), S. 9.

(32) Scott, *The Hague Conferences of 1899 and 1907*, S. 547-548.

(33) Carnegie Endowment for International Peace, Division of International Law, Pamphlet No. 32, Violations of the Laws and Customs of War: Reports of Majority and Dissenting Reports of American and Japanese Members of the Commission of Responsibilities, Conference of Paris 1919, Oxford 1919.

(34) UNWCC, *History of the United Nations War Crimes Commission*, S. 175; Public Records Office, Kew England, Foreign Office, 371/38993.

(35) *Report of Robert H. Jackson*, S. 329. u. 333.

(36) 注目されるこの新しい見方は父親の衣鉢を継ぐケンブリッジ大学国際法教授エリウ・ラウターパハトが最近折に触れて強調している。Elihu Lauterpacht (Hg.), *International Law: Being the Collected Papers of Hersch Lauterpacht*, London 1970.

(37) 清水正義は人道に対する罪の成立をめぐる研究で、「〔第一次大戦後の〕ヴェルサイユ会議の際、一国際法学者(Hersch Lauterpacht)が、人種的宗教的集団の迫害、ヨーロッパの人民と資源の大規模搾取を《人道に対する罪》と名付けたとの指摘もあるが、……確認できなかった」と述べている(清水「国際軍事裁判所憲章第6条C項「人道に対する罪」に関する覚書」九八頁)。上述したとおりラウターパハトはヴェルサイユ講和会議の開かれていた時にはウィーンに移り住んだばかりで、これから本格的に法学を学ぼうとしていた学生であり、しかも敗戦国の側で暮らしていた人間で、すでに「人道に対する罪」を提唱していたとは全く考えにくいが、第二次世界大戦中からは、特にナチ体制の犯罪のような行為を裁きまた防止するにはどういう国際法システムが必要か、必死で模索していたといえよう。

（38）"Minutes, Meeting of the World Jewish Congress with Robert H. Jackson in New York City, June 12, 1945," *Records of the World Jewish Congress. Jacob Rader Marcus Center of the American Jewish Archives*, TPML（以下、この史料群については*WJC, JMCAJA*と略記）.

（39）Ebd., S. 1-6.

（40）Ebd.

（41）"List of Documents, Evidence, Jacob Robinson to Robert H. Jackson, June 18," 1945, *WJC, JMCAJA*.

（42）Robinson to Jackson, July 27, 1945, *WJC, JMCAJA*.

（43）Jacob Robinson, *Studies in Public International Law in Memory of Sir Hersch Lauterpacht*, Jerusalem 1961, S. 84 f; ders., "The International Military Tribunal and the Holocaust. Some Legal Reflections," in: *Israel Law Review*, Vol. 7 (1972), Januar, S. 3.

（44）Ebd; Michael R. Marrus, "A Jewish Lobby at Nuremberg: Jacob Robinson and the Institute of Jewish Affairs, 1945–1946," in: Reginbogin/Safferling, a. a. O., S. 67 f.

（45）"Some Basic Ideas with Regard to the Appearance of a Jewish Witness at the International Military Tribunal. September 5, 1945," *WJC, JMCAJA*.

（46）*Resolutions: War Emergency Conference of the World Jewish Congress, Atlantic City, N. J.*, Nov. 26–30, 1944, S. 20–21.

（47）Draft of Letter, World Jewish Congress to Robert H. Jackson, July 19, 1945 *WJC, JMCAJA*.

（48）"The Legal Problems of the Crimes against Humanity with Special Consideration of the Anti-Jewish Crimes," *WJC, JMCAJA*.

（49）ブレンナー『ファシズム時代のシオニズム』。ブレンナーはかなり早い段階からこの問題を衝いていた。

（50）Elihu Lauterpacht, *The Life of Sir Hersch Lauterpacht, QC, FBA, LTD*, Cambridge/New York 2010, S. 277.

第三章

（1）Smith, *Der Jahrhundertprozeß*, S. 81.

（2）Taylor, *Die Nürnberger Prozesse* (1951), S. 27.

（3）Sidney S. Alderman, "Negotiating on War Crimes Prosecutions, 1945," Denett/Johnson (eds.), *Negotiating with the Russians*, S. 86 ff.

（4）Taylor, *Die Nürnberger Prozesse* (1992), S. 90 ff.

（5）Ebd., S. 105.

（6）Sea-Diary, 12. u. 23. Juli, 17. u. 18. August 1945.

（7）PRO FO 371/50988 69097.

（8）Smith, a. a. O., S. 83 f.; PRO FO 371/51036 62877.

（9）Wolfgang Benz, *Potsdam 1945. Besatzungsherrschaft*

und Neuaufbau im Vier-Zonen-Deutschland, München 1986.

(10) Alderman, Oral History, S. 925 (Taylor, 1992, S. 112 u. 763).

(11) Denett/Johnson, a. a. O., S. 82 f.

(12) PRO FO 371/50983 69097.

(13) Taylor, a. a. O., S. 113.

(14) PRO Lord Chancellor's Office (LGO) 2/2980 63267.

(15) PRO FO 1019/96 80840.

(16) Airey Neave, *On Trial at Nuremberg*, Boston 1978, S. 30.

(17) Taylor, a. a. O., S. 117.

(18) ガイバ『ニュルンベルク裁判の通訳』一三三頁以下。

(19) Francis Biddle, *In Brief Authority*, New York 1962, S. 369–374.

(20) General J. L. DeWitt, *Final Report: Japanese Evacuation from the West Coast 1942*, U. S. Government Printing Office, Washington D. C., 1943, S. 8–9; Biddle, a. a. O., S. 221–223.

(21) Taylor, a. a. O., S. 123.

(22) PRO FO 1019/80 62877.

(23) PRO FO 371/90989.

(24) Taylor, a. a. O., S. 144–146.

(25) カティンの森での虐殺事件とニュルンベルク裁判でのその問題化については "Katyn Forest Massacre," Francis Biddle Collection of Nuremberg Trial Documents 1945–1946 and Related Material 1928–1960, Vol. 56–62 (Box 15), Syracuse University of Special Collections; Conot, Justice at Nuremberg, S. 66.

(26) Taylor, a. a. O., S. 149 f.

(27) *IMT*, Bd. 2, Anklageschrift, S. 40–110.

(28) Gabi Müller-Ballin, *Die Nürnberger Prozesse 1945–1949. Vorgeschichte-Verlauf-Ergebnisse-Dokumente*, Nürnberg 1995, S. 12–15.

(29) Neave, a. a. O., 2. Teil, passim.

(30) 公判記録と主な採用証拠文書については、公刊史料の英語版 *Trial of the Major War Criminals before the International Military Tribunal, Nuremberg, 14 November 1945–1 October 1946*, 42 Bde. Nürnberg 1947–1949 が世界的に普及していると思われるが、本書では、本章注1の独語版を定本とした CD-ROM 版、Internationaler Militärgerichtshof Nürnberg (Hg.), Der Nürnberger Prozeß. Das Protokoll des Prozesses gegen die Hauptkriegsverbrecher vor dem Internationalen Militärgerichtshof Nürnberg 14. November 1945 bis 1. Oktober 1946. Mit einer Einführung von Christian Zentner, Berlin 2000 [Digitale Bibliothek 20] を公判記録として用い、また採用証拠文書については、公刊史料、Der Nürnberger Pro-

zess gegen die Hauptkriegsverbrecher vom 14. November 1945-1. Oktober 1946: Urkunden und anderes Beweismaterial, 9 Bde, Köln 1989を参照した。また審理音声記録としては、Deutsches Rundfunkarchiv Wiesbaden 所蔵の Tondokumente および Die NS-Führung im Verhör. Originale Tondokumente der Nürnberger Prozesse. Dokumentiert von Ulrich Lampen, eingeleitet von Peter Steinbach, Berlin 2006. また写真記録としては、Stadtarchiv Nürnberg にIMT、継続裁判双方に関する豊富な史料が所蔵されており、本書も一部これを用いた。

(31)「死の行進」についてドイツの一般の人びとがよく知るようになったのは、一九九七年の「ゴールドハーゲン論争」以降といっても過言ではなかろう。論争の概要については、ダニエル・ゴールドハーゲン『普通のドイツ人とホロコースト――ヒトラーの自発的死刑執行人たち』(望田幸男監訳、ミネルヴァ書房、二〇〇七年)の「あとがき」参照。

(32) 芝「戦後ドイツの〈ホロコースト〉裁判」。

(33) Taylor, 1992, S. 207.

(34) 081-PS, USSR-353.

(35) Gerhart, *American's Advocate*, S. 364.

(36) Victor Freiherr von der Lippe, *Nürnberger Tagebuchnotizen. November 1945 bis Oktober 1946*, Frankfurt a. M. 1951, S. 48; Gustave Mark Gilbert, *Nürnberger Tagebuch*, Frankfurt a. M. 1962, S. 52-54; Lawrence Douglas, "Film as Witness: Screening *Nazi Concentration Camps* before the Nuremberg Tribunal," *Yale Law Journal* 105 (1995).

(37) Gilbert, a. a. O., S. 52-54.

(38) カナーリスの人物像と第三帝国における彼の役割については、田嶋信雄『ナチズム極東戦略――日独防共協定をめぐる諜報戦』(講談社、一九九七年)が詳しい。

(39) 1519-PS.

(40)「あなたの証言には伝聞も含まれているのでは?」という弁護側の反対尋問に対しては「私は直接私が見て体験したものしか話していません。伝聞のときには伝聞と明示します」と毅然と応じている。

(41) 彼女が一九四四年夏に移されたラーヴェンスブリュック女性収容所についてさらに述べようとしていたにもかかわらず、時間節約のため、アウシュヴィッツ収容所と状況は変わらないとし、彼女の証言を聴こうとしなかった裁判官たちの態度にもジェンダー問題が端的にあらわれていた。

(42) 既述したように、ジャクソンの裁判冒頭論告にもユダヤ人大虐殺は重大犯罪として言及されていたが、審理においてホロコーストが本格的に俎上にのせられたのは、開廷第五四日目であり、「ファシストの謀議者たちは、ひとり残らずユダヤ人を根絶することを計画した」という四六年二月八日のソ連首席検察官ルデンコの陳述もホロコーストという言葉を用いてはいなかったことも注目に値しよう。芝「ホロコーストとニュルンベルク裁判」二四―二五頁。

(43) Lippe, a. a. O., S. 115, 131, 133. u. 140.

(44) 独空軍の犯罪をめぐる審理の問題については、Telford Taylor, *The March of Conquest*, New York 1958; David Irving, *The Rise and Fall of the Luftwaffe. The Life of Field Marshal Erhard Milch*, London 1973; Albert Kesselring, *Soldat bis zum letzten Tag*, Bonn 1953 を参照。

(45) Gilbert, a. a. O., S. 189 ff.

(46) Hyde, *Norman Birkett*, S. 509 f.

(47) Ebd.

(48) Von der Lippe, a. a. O., S. 174.

(49) Gilbert, a. a. O., S. 198.

(50) Hyde, a. a. O., S. 512.

(51) D-641-C.

(52) D-641-A.

(53) Dönitz, *Memoirs*, S. 255.

(54) C-178.

(55) 判決文は、公判記録集(本章注30)の冒頭におさめられているが、一般によく読まれている普及版は、*Das Urteil von Nürnberg 1946*, Mit einer Vorbemerkung von Lothar Gruchmann, München 1961 (dtv dokumente).

(56) Taylor, Die Nürnberger Prozesse (1951), S. 33.

(57) 裁判開始日同様、判決言い渡しの日も米軍戦車が出動し、不測の事態を警戒したが、何も起こらなかった。

第四章

(1) 対独管理理事会については、Mai, *Der Alliierte Kontrollrat*; 猪口孝他編『国際政治事典』(弘文堂、二〇〇五年)の芝執筆項目「4カ国共同管理」、参照。ソ連は一九四八年三月二〇日、管理理事会から脱退。

(2) "Control Council Law No. 10, Punishment of Persons Guilty of War Crimes, Crimes against Peace, and against Humanity, December 20, 1945" と題する原文書は Office of Military Government in Germany U. S. (OMGUS) Record Group 260 (RG 260), Records of the United States Occupation Headquarters, World War II, NARS におさめられているが、アメリカ軍政府によるニュルンベルク継続裁判の公刊史料、*Trials of War Criminals before the Nuernberg Military Tribunals under Control Council No. 10, October 1946 to April 1949*, 15 Bde. (以下 *TWC* と略記)の Bd. 1, S. XIV-XIX、も参照。

(3) Alfred Grosser, *Geschichte Deutschlands seit 1945: eine Bilanz*, München 1974.

(4) Eiber/Sigl (Hrsg.), *Dachaer Prozesse*.

(5) Cramer, *Belsen Trial 1945*.

(6) 以下、英・仏占領区・米本国・ソ連占領区の諸裁判を概観できるものとして、Rückerl, *Die Strafverfolgung von*

NS-Verbrechen 1945 bis 1978 参照。さらに個々の裁判について、*Law Reports of Trials of War Criminals, selected and prepared by the United Nations War Crimes Commission*, 15 Bde, London 1947–1949 参照。

（7）これらの指令については、本章注2のニュルンベルク継続裁判英文公刊史料 *TWC* 第一巻の S. IX u. XX–XI 参照。

（8）Ebd., Bd. 1, S. XI-XVI; Jackson-Report, S. 21. u. 430 f.

（9）Indictment, 25. Oktober 1946, *TWC*, I, S. 8-17.

（10）バワーによれば、ジャクソンは五月一三日国防長官パターソンに対し、四カ国共同の企業家裁判はありえず、代案として米軍管轄下の裁判を考えていると述べている。Tom Bower, "»Alle deutschen Industriellen saße auf der Anklagebank«. Die Nürnberger Nachfolgeprozesse gegen Krupp, Flick und die I. G. Farben," in: Eisfeld/Müller (Hg.), *Gegen Barbarei. Essays*, S. 243 f.

（11）Verordnung Nr. 7 der US-Militärregierung in der durch die Verordnung Nr. 71 abgeänderten Fassung (aus, Taylor, a. a. O., S. 151-159).

（12）Taylor, *Die Nürnberger Prozesse* (1951), S. 49.

（13）一般親衛隊・武装親衛隊の数とその変遷については、芝『武装SS』。

（14）Taylor, a. a. O., S. 51.

（15）Ebd., S. 51-52.

（16）Ebd., S. 51.

（17）Ebd., S. 53.

（18）他の被告の経歴とそれぞれの訴因の詳細については、芝『武装親衛隊とジェノサイド』第四章、参照。

（19）Staatsarchiv Nürnberg, Rep. 502A.

（20）アイヴィーの任命については、Frewer/Neumann (Hg.), *Medizingeschichte und Medizinethik* 参照。またアレグザンダーについては、Ulf Schmidt, *Justice at Nuremberg. Leo Alexander and the Nazi Docters' Trial*, New York 2004 が包括的な研究である。

（21）*Reichsgesundheitsblatt*, 11. 3. 1931, Nr. 10.

（22）Sass, "Reichrundschreiben 1931"; Frewer, *Medizin und Moral in Wemarer Republik und Nationalsozialismus*.

（23）"Tierschutzgesetz. Vom 24. November 1933," in: *RGBl.* 1933, I, S. 987 ff 参照。西村貴裕「ナチス・ドイツの動物保護法と自然保護法」『環境論集』五号、二〇〇六年、五九―六一頁。

（24）Urteil gegen Karl Brandt und andere. Protokoll des Militärgerichtshof Nr. I, Nürnberg, Deutschland, 19. August 1947, Sitzung vom 9. 30 bis 12. 30 Uhr, S. 11581–11582.

（25）以上の「医師裁判」判決は、Frewer/Wiesemann (Hg.), *Medizinverbrechen vor Gericht*, S. 111-254 に再録

されている。

(26) Urteil gegen Karl Brandt und andere, S. 11583-11584.

(27) Die Anklageschrift gegen Josef Altstötter und andere, Nürnberger Gerichtshof Nr. 3, Nürnbeg, Deutschland, 4. Januar 1947. この訴状は、Ostendorf/ter Veen, *Das "Nürnberger Juristenurteil,"* Frankfurt a. M. 1985, S. 103 ff に再録されている。

(28) 判決文は、P. A. Steiniger/Leszczynski (Hg.), *Fall 3. Das Urteil im Juristenprozeß*, Berlin (Ost) 1969 にも再録。

(29) 「法律家裁判」におけるカッツェンベルガー事件の扱い方と戦後西ドイツにおける再審の詳細については、芝『ヒトラーのニュルンベルク』一四三頁以下、一九六頁以下、参照。事件をめぐる戦後西独法務省や法曹界、メディアの対応については、Bundesminister der Justiz (Hg.), *Im Namen des Deutschen Volkes*, S. 432-440 参照。

(30) Telford Taylor, *Final Report* (1949), S. 70 f.

(31) *TWC*, V, 1064-1163. また Concurring Opinion by Judge Michael A. Musmano, *TWC*, V, S. 1069-1071.

(32) Bundesarchiv Koblenz, All. Proz. 1, XLI, A 102, 3. November 1947, S. 8065 f.

(33) Taylor, *Die Nürnberger Prozesse* (1951), S. 70.

(34) Indictment, 1. Juli 1947, *TWC*, IV, S. 609-618.

(35) Urteil, 10. März 1948, Niedersächsische Staats-und Universitätsbibliothek Göttingen, Nürnberger Akten, Fall VIII, Prozessprotokoll, S. 5281.

(36) Peter Schöttler (Hrsg.), *Geschichte als Legitimationswissenschaft*, Frankfurt a. M. 1997 (P・シェットラー『ナチズムと歴史家たち』木谷勤・小野清美・芝健介訳、名古屋大学出版会、二〇〇一年)、参照。

(37) 六名とはグライフェルト、クロイツ、ロレンツ、ブリュックナー、ヒルデブラント、ホフマンである。Concurring and Dissenting Opinion by Judge Daniel T. O'Connell, *TWC*, V, S. 168 f.

(38) Heinemann, "Rasse, Lebensraum," S. 125.

(39) Zentrum für Antisemitismusforschung, Fall IX, Prot. Bl. 6648.

(40) Ebd., Bl. 6769.

(41) Ebd., Bl. 6659-6672.

(42) Ebd., Bl. 662.

(43) Urteil, 8. /9. April 1948, in: *Fall 9*, S. 96 ff.

(44) Ergänzte Anklageschrift, 18. März 1947, Institut für Zeitgeschichte (IfG), MB 14/20, S. 1-25. 併せて参照、Jung, *Die Rechtsprobleme der Nürnberger Prozesse*, S. 45 ff.

(45) Politisches Archiv R 48437; Annette Weinke, *Die Nürnberger Prozesse*, München 2006, S. 84.

(46) IfZ, MB 14/29, Prozeßprotokoll, S. 10988.

（47）Ebd., S. 10992-10994.
（48）Ebd., S. 10989. u. 10995.
（49）Ebd., S. 11004.
（50）Ebd., S. 11010. u. 11023.
（51）Ebd., S. 11013.
（52）Ebd., S. 11014. u. 11023.
（53）Taylor, *Die Nürnberger Prozesse*（1951）, S. 83 f.
（54）Indictment, *TWC*, IX, S. 10 ff.
（55）*TWC*, IX, S. 8 f.
（56）ZfA, Prozeßmitschrift, 19. /20. Januar 1948, S. 1918-2083.
（57）Special Concurring Opinion of Judge Wilkins on the Dismissal of the Charges of Crimes against Peace, 31. Juli 1948, *TWC* IX, S. 455-466.
（58）Ebd., IX S. 1453-1484.
（59）Ebd.
（60）Ebd., S. 1434 ff.
（61）Ebd., S. 1449-1451.
（62）クルップ裁判については、合わせて参照、Taylor, *Die Nürnberger Prozesse*（1951）, S. 84-90. u. 165.
（63）*TWC*, VII.
（64）Protokoll, Bl. 15706f.
（65）Concurring Opinion of Judge Hebert on the Charges of Crimes against Peace, 28. Dezember 1948, *TWC*, VIII, S. 1211 f.
（66）*Das Urteil im I. G. Farben. Der vollständige Wortlaut mit Dokumentenanhang*, Offenbach 1948, S. 117.
（67）Ebd., S. 127-133.
（68）芝「ホロコーストとニュルンベルク裁判」。
（69）Dissenting Opinion of Judge Hebert on the Charges of Slave Labor, 28. Dezember 1948, *TWC*, VIII, S. 1308 f.
（70）Indictment, 10. Mai 1948, *TWC*, XI, S. 764-776.
（71）自らもナチ犯罪容疑者として戦後一時身柄を拘束された、ナチ体制期を代表する国法・政治学者カール・シュミットは、第一の論点について、正規軍として取り扱われない、非正規の闘争者という意味でのパルチザンは、戦闘員たる権利と特権をもたず、通例の法によれば犯罪者であり、略式の刑罰および報復的措置でもって除去されてよいとしており、ドイツの将軍たちに対するニュルンベルク判決においてもこれは根本的に承認されたという形で第七号事件に言及している点が注目される。C・シュミット「パルチザンの理論」（新田邦夫訳『現代人の思想16　政治的人間（編集・解説　永井陽之助）』平凡社、一九六八年）一一七頁。
（72）ZfA, Fall VII, Protokoll, Bl. 10441 f.
（73）Ebd., Bl. 10439.
（74）Ebd., Bl. 10446.
（75）Ebd., Bl. 10447 f.
（76）Ebd., Bl. 10454 ff.

(77) Ebd., Bl. 10542.

(78) ユーゴスラヴィアでは、判決前に幾人かの独軍将官に対する死刑判決が出され、執行され、ドイツ世論の憤激もみられた。Cf. Priemel/Stiller, *NMT*, S. 251.

(79) Dok. NOKW-1076; 芝「ニュルンベルク裁判小考」三四頁に同史料の翻訳文掲載。

(80) *IMT*, Bd. 1, S. 257. このライネッケ大将の捕虜殺害正当化命令についても、芝訳、前掲論文、三一頁、参照。

(81) Christian Streit, *Keine Kameraden. Die Wehrmacht und die sowjetischen Kriegsgefangenen 1941-1945*, Stuttgart 1978.

(82) *IMT*, Bd. 1, S. 259 f. カイテルはコミッサール殺害指令のコンテクストにおいてのみならず、対ソ攻撃開始後、ソ連軍兵士捕虜の虐待・殺害作戦に憂慮した国防軍防諜部長カナーリスに対して「世界観絶滅戦争」性を強調し彼の抗議・警告を無視した点も看過できない。Michael Geyer, "Traditional Elites and National Socialist Leadership," Charles S. Maier/Stanley Hoffmann/Andrew Gould (Hg.), *The Rise of the Nazi Regime. Historical Reassessments*, Boulder 1986, S. 71.

(83) Fall XII, Protokoll, Bl. 10039.

(84) 陸軍総司令官ブラウヒッチュがモスクワ攻略に失敗した一九四一年一二月、彼を解任したヒトラー自身が陸軍総司令官も兼ねるにいたった事実を想起されたい。

(85) *TWC*, Bd. 11, S. 597; 後のシュトライトの綿密・詳細な研究によって、命令が実施されたことは確証されている。Streit, a. a. O., S. 44 ff.

(86) Georg von Küchler, Testimony, Transcript, NARA, Rg. 238, M-898, Roll 4, S. 2921f. u. 2833.

(87) Hermann Hoth, Ebd., S. 3085 f.

(88) *RGBl*, 1926, I, S. 278 (*IMT*, Bd. 2, S. 178). ジャクソン自身はライプツィヒ裁判の先例を無視していたといわざるをえない。

(89) *TWC*, XI, S. 511 f.

(90) Ebd. S. 598.

(91) Ebd. S. 541.

(92) Prosecution Memo, von Leeb, NARA, RG 238, M-898, Roll 587, S. 8.

(93) Judgement, 16. April 1947, *TWC*, II, S. 776. 第1号事件(医師裁判)と併行して行われていたミルヒ裁判は、第一二号事件のような形でコマンド責任が問題にされるような段階ではなかったともいえよう。

(94) Ebd. S. 830 f. u. 851 f.

(95) Taylor, *Die Nürnberger Prozesse* (1951), S. 109; Rainer A. Blasius, "Fall 11: Der Wilhelmstrassen-Prozess gegen das Auswärtige Amt und andere Ministerien," in: Gerd R. Überschär (Hg.), *Der Nationalsozialismus vor Gericht*, Frankfurt a. M. 1999, S. 187.

(96) Dirk Poppmann, “Im Schatten Weizsäckers? Auswärtiges Amt und SS im Wilhelmstrassen-Prozeß,” *NMT*, S. 321.

(97) Robert M. W. Kempner/Carl Haensel (Hg.), *Das Urteil im Wilhelmstrassen-Prozeß. Der amtliche Wortlaut der Entscheidung im Fall Nr. 11 des Nürnberger Militärtribunals*, Schwäbisch-Gmund 1950. 英文判決文は、*TWC*, XIV, S. 306–870 参照。

(98) 会議録の裁判ドキュメント番号は NG-2, 586-G。以下も参照、“Protokoll der Wannsee-Konferenz vom 20. Januar 1942 (Dokument 4. 7),” in: Norbert Kampe/Peter Klein (Hrsg.), *Die Wannsee-Konferenz am 20. Januar 1942. Dokumente, Forschungsstandu Kontroversen* Köln/Weimar/Wien 2013, S. 40–54; Christian Mentel, “Das Protokoll der Wannsee-Konferenz. Überlieferung, Veröffentlichung und revisionistische Infragestellung,” Ebd. S. 116 ff.

(99) 注97の判決文、S. 151–156. さらに詳細は、芝「ホロコーストとニュルンベルク裁判」、特に三一一―三四頁。

(100) ドイツでも近年ようやく、少しずつ実態解明がなされるようになってきている。Ralf Ahrens, “Die nationalsozialistische Raubwirtschaft im Wilhelmstrassen-Prozess,” *NMT*, S. 353 ff.

(101) ZfA, Fall XI, Protokoll Bl. 2761 f.

(102) Priemel/Stiller, *NMT*, S. 786 f.

第五章

(1) 筆者も「暴かれたナチスの遺産」(『別冊・歴史読本・ヒトラー神話の復活』二〇〇〇年一〇月)で、「中立国」スイスの戦時中におけるナチ体制との抜きがたい関係の問題について分析を試みている。

(2) Lassa Oppenheim, *International Law: A Treatise*.

(3) Protokoll, 30. Juni 1948, Archiv Nationale, BB 36/2 (Francoise Berger/Herve Joly, “Fall 13: Das Rastatter Röchling-Verfahren”, *NMT*, S. 483).

(4) Jugement de la Cour suprême du Gouvernement militaire, 25. Januar 1949, *TWC*, XIV, S. 1097–1108.

(5) Protokolle des Flickprozesses (Universität Frankfurt), S. 3919.

(6) Sheldon Glueck, *War Criminals: Their Prosecution and Punishment*, New York 1944, S. 14.

(7) *Oppenheims International Law*, 6. Aufl. London/New York/Toronto, S. 582 ff.

(8) Robert Kempner, “Ein Janusgesicht?”, in: *Die Gegenwart*, Nr. 68, S. 10 (ders., *Ankläger einer Epoche*).

(9) Institut für Zeitgeschichtew, Nürnberger Prozesse, Flickprozeß: Microfilm, MB 14/35 Dok. Nr. 54–108.

(10) Kraus, Gutachten, S. 67.

(11) Ebd., S. 101–108.
(12) Prot. S. 10126.
(13) Ebd., S. 10131.
(14) Karl-Heinz Thielke (Hg.), *"Fall 5". Anklageplädoyer, ausgewählte Dokumente, Urteil im Flickprozeß*, Berlin (Ost) 1965, S. 315 ff.
(15) Ergebnisse der Untersuchungskommission der konstruierenden Nationalsammlung und des deutschen Reichstags, 3. Reihe, *Völkerrecht im Weltkrieg*, Bd. 1, Anhang 17.
(16) "Verordnung über den Einsatz des jüdischen Vermögens," *RGBl*. 1938 I, S. 1709.
(17) Thielke, a. a. O., S. 339.
(18) Ebd., S. 340–342.
(19) 芝健介「クリスタルナハト」西川正雄編『もっと知りたいドイツ』弘文堂、一九九二年、九四頁以下。
(20) オシエツキーの思想と行動に関しては、竹本真希子「カール・フォン・オシエツキーの平和主義」『歴史学研究』七八三号、二〇〇四年。
(21) 「レーム事件」については、フライ『総統国家』の冒頭に比較的詳細な分析が示されている。
(22) Fall III, Prot. S. 10641.
(23) J. K. Bluntschli, *Das moderne Völkerrecht der zivilisierten Staaten*, 3. Aufl. 1878, S. 270.
(24) Taylor, *Die Nürnberger Prozesse* (1951), S. 126.

第六章

(1) Karl Dietrich Erdmann, "Das Ende des Reiches und die Neubildung deutscher Staaten," in: Bruno Gebhart (Hg.), *Handbuch der Deutschen Geschichte*, Bd. 22, München 1999, S. 106.
(2) Frei, *Vergangenheitspolitik*.
(3) *Statistik der Bundesrepublik Deutschlands*, Bd. 110: Die Kriminalität in den Jahren 1950 und 1951 (*Zur Sache/Themen parlamentarischer Beratung "Zur Verjährung nationalsozialistischer Verbrechen,"* 3/80, Teil 1, S. 108).
(4) Christian Frederik Rüter/Günther Wieland, *DDR-Justiz und NS-Verbrechen*, München 2002.
(5) Cf. C. Laage, "Die Auseinandersetzung um den Begriff des gesetzlichen Unrechts nach 1945," *Kritische Justiz* 22 (1989); 芝「何が裁かれ、何が裁かれなかったのか」九四頁。
(6) Heribert Ostendorf, "Die widersprüchlichen Auswirkungen der Nürnberger Prozesse auf die westdeutsche Justiz," Gerd Hankel/Gerd Stuby (Hg.), *Strafgerichte gegen Menschheitsverbrechen. Zum Völkerstrafrecht 50 Jahre nach den Nürnberger Prozessen*, Hamburg 1995, S.

74.

(7) 芝健介「ヒトラーの戦争指導」山口定／R・ルプレヒト編『歴史とアイデンティティ——日本とドイツにとっての一九四五年』思文閣出版、一九九三年。

(8) Heimo Halbainer/Martin F. Polaschek (Hg.): *Kriegsverbrecherprozesse in Österreich*, Graz 2003.

(9) Martin Conway, "Justice in Postwar Belgium. Popular Passions and Political Realities," Istvan Deak/Jan T. Gross/Tony Judt (Hg.), *The Politics of Retribution in Europe: World War II and Its Aftermath 1939–1948*, Princeton 2000.

(10) Peter Steinbach, *Nationalsozialistische Gewaltverbrechen. Die Diskussion in der deutschen Öffentlichkeit nach 1945*, Berlin 1981, S. 29 f.

(11) Reinhard Maurach, *Die Kriegsverbrecherprozesse gegen deutsche Gefangene in der Sowjetunion*, Hamburg 1950, S. 47 f.

(12) Günther Wieland, "Die Nürnberger Prinzipien im Spiegel von Gesetzgebung und Spruchpraxis sozialistischer Staaten," Hankel/Stuby, a. a. O., S. 109.

(13) Ulrich Herbert, *Best*, Köln 1996, S. 477 ff.

(14) Hinke Piersma, "Decades of Dutch Debate on Releasing World War II Criminals," in: *Jewish Political Studies Review* 18: 1-2, Spring (Frühling 2006), S. 3 (Internet-Seitenzahl).

(15) Clemens Maier, *Making Memories: The Politics of Remembrance in Postwar Norway and Denmark*, Diss. 2007 (EHI).

(16) Cz. Pilichowski, *Es gibt keine Verjährung*, Warschau 1980, S. 174.

(17) 一九四六年一月に設置された最高人民法廷で審理されアウシュヴィッツ所長ホェスを裁いた裁判はじめ七つのケース（—一四八年）は、ニュルンベルク裁判の諸規定に沿って展開。伝統的なポーランド裁判法の適用からは外れていた点で特別の意味をもった。J. Sawicki, *Vor dem polnischen Staatsanwalt*, Berlin 1962, S. 228 ff.

(18) B. Franzyk/K. Staszko, "Die Verfolgung der Kriegsverbrecher im Lichte der Auslieferungsgrundsätze der UNO," in: Justizministerium der Volksrepublik Polen/Hauptkomission zur Untersuchung der Naziverbrechen in Polen (Hg.), *Nürnberg-ein bleibend offenes Geschichtskapitel. Zum XXX. Jahrestag des Urteils des Internationalen Militärtribunals*, Warschau 1979, S. 226 ff.

(19) T. Bower, *Blind Eye to Murder. Britain, America and Purging of Nazi Germany-a Pledge Betrayed*, London 1981, S. 237.

(20) J. Sawicki, *Als sei Nürnberg nie gewesen. Die Abkehr von den Prinzipien der Nürnberger Urteile*, Berlin 1958, S.

112 ff.

(21) S. Horsky, *Verbrechen, die nicht verjähren*, Prag 1984, S. 83.

(22) D. Michajlow, *Der Nürnberger Prozess und das Volksgeriht in Bulgarien*, 1986(Orig. Bulgarisch).

(23) Laszlo Karsai, "The People's Courts and Revolutionary Justice in Hungary," in: Deak/Gross/Judt, a. a. O.

(24) 四五年頭から始まった、ドーナウ・シュヴァーベンを中心とする約七万五〇〇〇人の民族ドイツ人のソ連への強制移送で一万一〇〇〇名が死亡したといわれる(G. Weber/R. Weber-Schlenther/A. Nassehi/O. Sill/G. Kneer, *Die Deportation von Siebenbürger Sachsen in die Sowjetunion 1945-1949. Die Deportation als historisches Geschehen*, Köln u. a. 1995)。

(25) Lutz Klinkhammer, "Die Ahndung von deutschen Kriegsverbrechen in Italien nach 1945," in: Gian Enrico Rusconi/Hans Woller(Hg.), *Parallele Geschichte? Italien und Deutschland 1945–2000*, Berlin 2006, S. 93–106; Filippo Focaldi, "Das Kalkül des "Bumerangs". Politik und Rechtsfragen im Umgang mit deutschen Kriegsverbrechen in Italien," in: Norbert Frei(Hg.), *Transnationale Vergangenheitspolitik. Der Umgang mit deutschen Kriegsverbrechen in Europa nach dem Zweiten Weltkrieg*, Gottingen 2006, S. 549 ff.

(26) アメリカの占領ドイツ外での戦後の戦犯追及過程には、たとえばマルメディ事件について触れる形である程度言及したが、カナダ、オーストラリア、ニュージーランド等についてもさらに検討の必要があることはもちろんである。

(27) Frei, a. a. O.

(28) Angelika Ebbinghaus, "Mediziner vor Gericht," in: Klaus-Dietmar Henke (Hrsg.), *Tödliche Medizin im Nationalsozialismus. Von der Rassenhygiene zum Massenmord*, Köln u. a. 2008, S. 211–217; Winfried R. Garscha, "Euthanasie-Prozesse seit 1945 in Österreich und Deutschland. Gerichtsakten als Quelle zur Geschichte der Euthanasie und zum Umgang der Nachkriegsgesellschaft mit Tätern und Opfern," in: Sonia Horn/Malina Peter(Hg.), *Wiener Gespräche zur Sozialgeschichte der Medizin. Medizin im Nationalsozialismus-Wege der Aufarbeitung*, Wien 2001, S. 46–58.

(29) Michael Grewe, *Die organisierte Vernichtung »lebensunwerten Lebens« im Rahmen der »Aktion T 4«*. Pfaffenweiler 1998.

(30) Susanne Benzler, "Justiz und Anstaltsmord nach 1945," in: Thomas Blanke (Hrsg.), *Die juristische Aufarbeitung des Unrechts-Staats*, Baden-Baden 1998, S. 386 f.

(31) Willi Dreßen, "Mord, Todschlag, Verbotsirrtum. Zum Wandel der bundesrepublikanischen Rech-

tsprechung," in: NS-»Euthanasie«-Prozessen, in: Matthias Hamann/Hans Asbeck (Hg.), *Halbierte Vernunft und totale Medizin. Zu Grundlagen, Realgeschichte und Fortwirkungen der Psychiatrie im Nationalsozialismus*, Berlin 1997, S. 179 ff.

(32) Ernst Klee, "Heinrich Bunke," in: ders.: *Das Personallexikon zum Dritten Reich. Wer war was vor und nach 1945*, Frankfurt a. M. 2005, S. 12.

(33) Ebd.

(34) Klaus-Detlev Godau-Schuttke, *Die Heyde/Sawade Affäre. Wie Juristen und Mediziner den NS-Euthanasieprofessor Heyde nach 1945 deckten und straflos blieben*, Baden-Baden 1998.

(35) Christian Dirks, *»Die Verbrechen der Andern«*, München u. a. 2006, S. 32.

(36) Ebd., S. 33 f.

(37) Günther Wieland, "Ahndung von NS-Verbrechen in Ostdeutschland 1945 bis 1990," in: *Neue Justiz* 45 (1991), S. 50.

(38) Boris Böhm/Gerald Hacke (Hrsg.), *Fundamentale Gebote der Sittlichkeit. Der » Euthanasie « -Prozess vor dem Landgericht Dresden 1947*, Dresden 2008.

(39) Hilde Benjamin, "Zum SMAD-Befehl Nr. 201," in: *Neue Justiz* 1 (1947), S. 150.

(40) Ruth-Kirsten Rössler, "Aspekte der Personalentwicklung und der Personalpolitik in der Justiz der sowjetischen Besatsungzone und der frühen DDR," in: Peter Hübner (Hg.), *Eliten im Sozialismus. Beiträge zur Sozialgeschichte der DDR*. Köln u. a. 1999, S. 141.

(41) Wieland, a. a. O., S. 50.

(42) Rössler, a. a. O., S. 138 f.

(43) Henry Leide, *NS-Verbrecher und Staatssicherheit. Die geheime Vergangenheitspolitik der DDR*, Göttingen 2007.

(44) 例外として、西独へ逃亡をこころみたイルムフリート・エーベルル（一九一〇年オーストリア生まれ。インスブルック大学で医学を学び、三一年ナチ党入党、三六年以後はドイツで活動、四二年トレブリンカ絶滅収容所初代所長に就く）の裁きが企図されたが、身柄拘束中の被告が自殺して公判中止になった。

第七章

(1) 以下は Jörg Friedrich, "Nürnberger Urteil und sein Schicksal (?)", in: 10. Oktober 1996 v. *Süddeutsche Zeitung* 論考と Frei, *Vergangenheitspolitik* 第八章を参照。

(2) Dieter Grosewinkel, "Politische Ahndung an den Grenzen des Justizstaates. Die Geschichte der nationalsozialistischen Justiz im Deutschen Richtergesetz von

1961," in: Norbert Frei/Dirk van Laak/Michael Stolleis (Hrsg.), *Geschichte vor Gericht. Historiker, Richter und die Suche nach Gerechtigkeit*, München 2000, S. 60.

(3) *Neue Juristische Wochenschrift* 5 (1956), S. 1158-1160.

(4) Bundesarchiv BA 141 (Justizministerium)/33726-33728.

(5) PRO FO 371/130845.

(6) ユダヤ人絶滅政策をめぐる西独の裁判については、芝「戦後ドイツの〈ホロコースト〉裁判」。

(7) Miquel, a. a. O., S. 209.

(8) Ulrich Gregor/Enno Patalas, *Geschichte des Films*, Bd. 2, 1940-1960, Hamburg 1986, S. 309. 芝健介「戦争は終わった?——戦中と戦後のはざまにおけるドイツの映像をめぐる一考察」黒沢文貴編『戦争・平和・人権——長期的視座から問題の本質を見抜く眼』原書房、二〇一〇年。

(9) *Der Spiegel*, 2/1960, S. 32; *Süddeutsche Zeitung* v. 15. Januar 1960.

(10) Fritz Bauer, "Die «Ungesühnte Nazi-Justiz»," in: *Die Neue Gesellschaft*, 7, 1960, S. 189.

(11) Klaus Bästlein, "Naz-Blutrichter als Stützen des Adenauer-Regimes," Helga Grabitz u. a. (Hg.), Die Normalität des Verbrechens, Berlin 1994, S. 415; 石田『過去の克服』一七四頁。

(12) Grosewinkel, a. a. O., S. 60.

(13) Ernst Müller-Meiningens Artikel in: *Süddeutsche Zeitung* v. 11. Juli 1962; Lutz Lehman, "Mit dem Dorch unter der Robe", *Die Zeit* v. 12. März 1965.

(14) Ebd.

(15) 他の論点に関しては、Helen Silving, "In Re Eichimann: A Dilemma of Law and Morality," *American Journal of International Law*, 1961, S. 307.

(16) ギリシア政府の態度、および占領期の対独協力政策、またサロニキにおけるマクス・メルテンはじめ独占領軍将校のホロコースト関与について詳細は、アリー『ヒトラーの国民国家』参照。

(17) 西独外務省が、ナチ時代の外務省がいかにナチに抗ったかを戦後強調しながら、その裏側では最も果敢に抵抗した反ナチ外交官を省外へ排除する人事異動を行ったことは、N・フライ教授たち独立歴史家委員会の編集になる『外務省と過去』(*Das Amt und die Vergangenheit*)でようやく最近明らかにされた。

(18) Fischer, Fritz, *Der Griff nach der Weltmacht. die Kriegszielpolitik des Kaiserlichen Deutschland 1914/18*, Düsseldorf 1961.

(19) シェットラー『ナチズムと歴史家たち』。

(20) 「民族ドイツ人」が親衛隊によって動員され、アウシュヴィッツはじめ収容所に配置されたことは、ドイツ語は話せるが読めないルーマニア出身の「民族ドイツ人」の女性監視隊員をはじめてヒロインとして描き出したベルンハルト・シュリンクのベストセラー『朗読者』によって近年ようやく知られるようになった。

(21) 芝「叛逆か抵抗か」。

(22) 芝健介「第二次世界大戦における武装親衛隊と民族ドイツ人」『歴史学研究』八八三号、二〇一一年。

(23) この残された課題については、ブローシャート教授死後、愛弟子フライ教授たちのアウシュヴィッツ研究プロジェクトにより果たされ始めているといえよう。

(24) "Zeitgeschichte. Speer. Fühlende Brust," *Der Spiegel* Nr. 40 v. 1966, S. 44. 日本でシュペーアを批判的に扱った端緒は劇団民芸の舞台といえる。

(25) 3. Oktober 1966 v. *Frankfurter Allgemeine Zeitung*（以下略号の *FAZ* を使用）.

(26) 佐藤健生「『ホロコースト』の放映と西ドイツ社会の反応」『国際地域研究』五号、一九八四年。

(27) *Nürnberg-ein bleibend offenes Geschichtskapitel. Zum XXX. Jahrestag des Urteils des Internationalen Militärtribunals.*

(28) 一九八五年のビットブルク戦没兵士墓地（ＩＭＴでも追及された四四年オラドゥールでの虐殺を遂行した武装親衛隊兵士の墓も存在）訪問は、コールの「歴史政策」とその挫折を象徴する大事件となった。芝『武装ＳＳ』参照。

(29) Richard Falk, "Die Folgenlosigkeit von Nürnberg," in: Martin Hirsch/Norman Paech/Gerhard Stuby (Hg.), *Politik als Verbrechen. 40 Jahre »Nürnberger Prozesse«*, Hamburg 1986, S. 96.

(30) ちなみに日本政府も二一世紀に入ってもこの条約を批准していない。

(31) 一九九四年の *FAZ* 紙での回顧的貶価。

(32) Claus Kress, "Leipzig-Nürnberg-Rom," *FAZ* v. 2. Oktober 2006 からの引用。

(33) この会議の総裁をつとめたアリス・リッチャーリ・フォン・プラッテン（一九一〇—二〇〇八年）は、第三帝国期オーストリアで精神科医としての活動を始め、戦後は西独医師会の継続裁判視察委員会メンバーとしてニュルンベルクで裁判を傍聴、四七年に「人道喪失科学」「人間尊厳破壊命令」という二つの報告書をアレクサンダー・ミッチャリヒと共同作成、出版したが、当時の医療メディアから妨害を受けただけでなく一般報道界からも黙殺・無視され、「医師裁判」の重要な意味を伝えられなかったという経験をもっていた。

(34) Hankel/Stuby, a. a. O.

(35) "60 Jahre Nürnberger Prozesse: Die Geschichte eines Gerichtsverfahrens, das die Welt veränderte," 19./20.[Teil 1], 21.[Teil 2]und 22.[Teil 3]November 2005.

(36) Joachim Kappner, »Dolmetscher des Grauens: Arno

Hamburger erlebte vor Gericht die Rechtfertigung der Nazi-Grösse und war erstaunt über ihre ängstlichen Ausreden«.

(37) "Die Angeklagten. Was den obersten Nationalsozialisten vorgeworfen wurde."

(38) Joachim Kappner/Robert Probst, »Im Spiegel der Schuld. Die Deutschen wollten bald nichts mehr von dem Verbrechen hören, die in Nürnberg enthüllt wurden«.

(39) »Das Kreuzverhör. Wie das Duell zwischen Anklägern und Angeklagten verlief«.

(40) Robert Probst, »Überwältigende Beweise. Das Urteil der Richter und die Reaktionen der Angeklagten«.

(41) Prof. Dr. Claus Kreß, «Leipzig-Nürnberg-Rom», *FAZ* v. 2. Oktober 2006.

(42) Hans Kelsen, *Peace through Law*, S. 87. 彼は「いわゆる事後法を禁じた一般慣習法のルールはない」という言い方もしている。

(43) Thomas Darnstädt, »Die Neuordnung der Welt. Wie das Tribunal über die NS-Größen zu einem Wendepunkt der Rechtsgeschichte wurde«, *Der Spiegel*, 43/2006.

(44) Norbert Frei, "Gebirge an Schuld," *Der Spiegel Spezial*, 4/2005.

おわりに

(1) 粟屋憲太郎『東京裁判論』大月書店、一九八九年；同「占領・被占領」『岩波講座日本通史19』一九九五年；同『東京裁判への道』(上下)講談社、二〇〇六年。

(2) 永井均『フィリピンと対日戦犯裁判』。

あとがき

ニュルンベルク裁判の史料に初めて接したのは、西川正雄先生の東京大学大学院での、国際関係論・西洋現代史両分野の合同ゼミ開始時（一九七三年）のことであった。当時授業にもよく使われた青焼きのコピーで、米軍による押収ドイツ文書がどういうものかについてその一端を教えていただいたと記憶する。その後も論文の指導をはじめ、西川先生にははかり知れない学恩を蒙り続けた。また村上淳一先生からは、学部学生時代、まだ日本でもよく知られていなかったマルクーゼやハーバーマス、ルーマン等についての紹介も含む、常に破格でかつ新鮮な「ドイツ法」講義を拝聴することができた。学期末試験が済むと毎度後楽園のドイツ料理店で貧乏学生にご馳走下さった村上先生の親切なご教導にも感謝申し上げたい。

村上先生は、大学院進学後も労を厭わずドイツ語の推薦状を書いて下さり、そのおかげで筆者は一九七七年夏からドイツ学術交流会の奨学金をいただき、ミュンヒェン現代史研究所に籍をおいて、ナチズム、わけても体制組織の研究を続行することができた。同年一二月のある厳寒の日、バイエルン州立ニュルンベルク公文書館を訪ね、強制収容所問題関連裁判文書を出してもらった。たまたま閲覧室には筆者以外誰もおらず、終日たったひとりで文書を見せてもらったことを三八年前の事ながら昨日のように思い出す。

帰国後もしばらく、筆者の研究対象の中心は暴力組織としてのナチ親衛隊（SS）だったが、現代史研究会の畏友、佐藤健生氏の紹介で八〇年代半ばから幼方直吉先生主宰の東京裁判研究会にも出席させていただくようになり、ニュルンベルク裁判そのものの研究にもようやく少しずつ手をつけるようになった。栗屋憲太郎先生や内海愛子先生、利谷信義先生、また住谷雄幸先生、小田部雄次氏、永井均氏や伊香俊哉氏、日暮吉延氏はじめ、会のメンバーの方から戦犯裁判研究に関して賜った数々の貴重な示唆・教示をどれほど今回の小著に生かせたか、忸怩《じくじ》たる思いを禁じ得ない。ニュルンベルク公文書館にはその後も折ある毎に史料参看で訪ねているが、裁判文書係官のギュンター・フリードリヒ氏はじめ各地の文書館の専門アーキヴィストの方々の行き届いたご援助がなければ、また統一後のベルリンに立ち寄った際、最新の戦犯裁判情報を含め、新しいドイツの戦時・文化・歴史・法事情の機微に関して、長年のご在住の経験と勘から惜しみなく助言して下さる梶村太一郎・道子ご夫妻の懇切なアドバイスがなければ、筆者の五冊目のこの単著も出来上がらなかったとつくづく思う。

今回のニュルンベルク裁判論の成り立ちについてさらに触れれば、『岩波講座世界歴史25 戦争と平和』（一九九七年）、『岩波講座アジア・太平洋戦争8 20世紀の中のアジア・太平洋戦争』（二〇〇六年）という二つの岩波講座で、いずれも監修役の油井大三郎先生から、ニュルンベルク裁判再考の論稿をとの依頼をいただき、前者ではニュルンベルク継続裁判について、また後者では戦犯裁判の世界史的嚆矢としてのライプツィヒ戦犯裁判について、それぞれ比較的詳細に書く機会を与えられた。これらがたまたま岩波書店の吉田浩一氏の眼にとまり、拡大延長して一冊にというお話をいただいたのだが、結局筆者の遅筆と思い切りの悪さで足かけ一〇年ほどかかってしまった。吉田氏は、最後の原稿を、不摂生が祟り七年ぶりに入院した順天堂浦安病院の病室にまで見舞いかたがた取りにきて下さっただけでなく、いつもゆきつけの喫茶店で拙稿についての心温まる感想を伝えて下さるなど、ほんとうに根気よくお付き合いいただいた。そうしてようやく成った本書だけに、ひときわ思い出深い著書となった。

また、日頃より昼食をご一緒しながら学問的刺激をいただいている職場の若い同僚、古代ローマ社会史の樋脇博敏教授やイギリス近世政治社会史の坂下史教授には、二〇〇四年暮れに緊急入院して以来、いろいろな事でさんざんご迷惑をおかけしてきた。ナチズム研究や戦後ドイツの「過去の克服」の研究で知られる代表的な現代史家、イェーナ大学のノルベルト・フライ教授はじめ外国人歴史家の東京女子大学講演訪問で奔走して下さった史学専攻オフィスの林文子さんには、本書の原型となった杉並区市民講座や武蔵野市寄付講座のニュルンベルク裁判論講義でも、実に細々としたバックアップをいただいた。これらのスタッフの方々の絶大なご支援なしにも、このささやかな書は成り立ちがたかった。

以上、謝辞を連ねるだけのあとがきになって恐縮ながら、最後に妻の貴子、長男竜介・長女悠子の一家にも励まし支えられてきたことを付言し、お世話になった全てのみなさまにいま一度心から感謝申し上げたい。

戦後七〇年の早春に

筆者識

芝 健介
1947年生まれ．東京大学大学院社会学研究科博士課程(国際関係論)修了．東京女子大学現代教養学部教授．ヨーロッパ近現代史(ドイツ現代史)．
著書に『武装SS——ナチスもう一つの暴力装置』(講談社，1995年)，『ヒトラーのニュルンベルク——第三帝国の光と闇』(吉川弘文館，2000年)，『武装親衛隊とジェノサイド——暴力装置のメタモルフォーゼ』(有志舎，2008年)，『ホロコースト——ナチスによるユダヤ人大量殺戮の全貌』(中公新書，2008年)，訳書に『総統国家——ナチスの支配 1933-1945年』(N. フライ，岩波書店，1994年)など．

ニュルンベルク裁判

2015年3月26日 第1刷発行

著 者 芝《しば》 健《けん》介《すけ》

発行者 岡本 厚

発行所 株式会社 岩波書店
〒101-8002 東京都千代田区一ツ橋2-5-5
電話案内 03-5210-4000
http://www.iwanami.co.jp/

印刷・三陽社 カバー・半七印刷 製本・牧製本

ISBN 978-4-00-061036-0 Printed in Japan

人名索引

ア行

カ行

サ行

タ行

ナ行

ハ行

マ行

ヤ行

ラ行

参考文献

〈書誌〉

Mendelsohn, John, *Trial by Document: The Use of Seized Records in the United States Proceedings at Nuremberg*, New York/London 1988.

Tutorow, Norman E., *War Crimes, War Criminals, and War Crimes Trials: an Annotated Bibliography and Source Book*, Westport 1986.

永岑三千輝・木畑和子「ニュルンベルク裁判文書と若干のアルヒーフ史料について」『現代史研究』29号，1979年.

西川正雄「ドイツ現代史史料概観——いわゆる押収ドイツ文書を中心として(1)(2)」『史学雑誌』72編4・6号，1963年.

〈未公刊史料〉

Archiv des Instituts fur Zeitgeschichte, München

MB 14 Records of the United States War Crimes Trials; United States of America v. Friedrich Flick et al.(Case V)

Archiv des Zentrums für Antisemitismusforschung, Berlin

Fall II-V, Fall VII-XII

Bundesarchiv Berlin

R30B03, ORA/RG bJ 92/20, 296/20, aJ 95/21

SSO SS-Offiziersakten(ehem. Berlin Document Center)

Bundesarchiv Koblenz

All. Proz. 1 Nürnberger Kriegsverbrecherprozesse-Verhandlungsakten

All. Proz. 2 Nürnberger Prozesse: Anklageakten der Einzelprozesse

National Archives Kew(ehem. Public Record Office)

Records Created and Inherited by the Foreign Office

Politisches Archiv

R 24324, R 48416

Staatsarchiv Nürnberg, Rep. 501 KVP, Kriegsverbrecherprozesse

Fall 3, Fall 5, Fall 11

Rep. 502 KVA, Kriegsverbrecherprozesse-Anklage

Rep. 502A, KVV, Kriegsverbrecherprozesse-Verteidigung

Stadtarchiv Nürnberg, Bilderarchiv

National Archives and Record Administration(NARA), Washington D. C.

Microfilms, M-887, Roll 1-46, United States of America v. Karl Brandt et al. (Case 1), 21 November 1946 - 20 August 1947

〈公刊史料・回顧録等〉

Barrett, John Q.(Hg.), Robert Jackson, *That Man: An Insider's Portrait of Franklin D. Roosevelt*, Oxford 2003.

Benton, Wilbourn E. /Georg Grimm(Hg.), *Nuremberg: German Views of the War Trials*, Dallas 1955.

Berber, Friedich(Hg.), *Das Diktat von Versailles. Entstehung-Inhalt-Zerfall. Eine Darstellung in Dokumenten*, 2 Bde., Essen 1939.

Bundesminister der Justiz (Hg.), *Im Namen des Deutschen Volkes. Justiz und Nationalsozialismus*, Köln 1989.

Dennett, Raymond/Joseph E. Johnson (Hg.), *Negotiating with the Russians*, Boston 1951.

Dönitz, Grand Admiral Karl, *Memoirs: Ten Years and Twenty Days*, London 1990.

Der Prozess gegen die Hauptkriegsverbrecher vor dem Internationalen Militärgerichtshof Nürnberg 14. November bis 1. Oktober 1946, Nürnberg 1947-1949.

Eiber, Ludwig/Robert Sigl(Hg.), *Dachauer Prozesse: NS-Verbrechen vor amerikanischen Militärgerichten in Dachau 1945-1948*, Göttingen 2007.

Frewer, Andreas/Claudia Wiesemann (Hrsg.), *Medizinverbrechen vor Gericht. Das Urteil im Nürnberger Ärzteprozess gegen Karl Brandt und andere sowie aus dem Prozess gegen Generalfeldmarschall Milch*, Erlangen/Jena 1999.

Friedrich, Jörg, *Freispruch für die Nazi-Richter. Die Urteile gegen NS-Richter seit 1948. Eine Dokumentation*, Berlin 1998.

Jackson, Robert H., *Report of Robert H. Jackson, United States Representative, to the International Conference on Military Trials, London 1945*, Washington, D. C. 1949.

James, Robert Rhodes(Hg.), *Winston S. Churchill, His Complete Speeches 1897-1963*, Bd. 3, 1914-1922, New York/London 1974.

Kempner, Robert M. W., *SS im Kreuzverhör*, München 1964.

——, *Ankläger einer Epoche. Lebenserinnerungen*, Frankfurt a. M. 1983.

Kohler, Fritz (Hg.), *Geheime Kommandosache. Aus den Dokumenten des Nürnberger Prozesses gegen die Hauptkriegsverbrecher*, Berlin(Ost)1956.

Law Reports of Trials of War Criminals, Selected and Prepared by the United Nations War Crimes Commission, 15 Bde, London 1947-1949.

Leszczynski, Kazimierz (Hg.), *Fall 9: das Urteil im SS-Einsatzgruppenprozess, gefällt am 10. April 1948 in Nürnberg vom Militärgerichtshof II der Vereinigten Staaten von Amerika*, Berlin (Ost) 1963.

Marrus, Michel Robert, *The Nuremberg War Crimes Trial, 1945–46: A Documentary History*, Boston 1997.

Michelsen, Andreas (Hg.), *Das Urteil im Leipziger U-Boots-Prozess. Ein Fehlspruch?: Juristische und militärische Gutachten*, 1922.

Steffen, Radlmaier (Hg.), *Der Nürnberger Lernprozess. Von Kriegsverbrechern und Starreportern*, Frankfurt a. M. 2001.

Reichstag, 1921, Bd. 368, Nr. 2584 (Weißbuch mit neun Urteilen in Sachen Kriegsverbrechen).

Rückerl, Adalbert, *Die Strafverfolgung von NS-Verbrechen 1945 bis 1978. Eine Dokumentation*, Heidelberg/Karlsruhe 1979.

Scott, James Brown, *The Hague Conferences of 1899 and 1907: A Series of Lectures Delivered before the Johns Hopkins University of 1908*, Baltimore 1909.

Smith, Bradley F., *The American Road to Nuremberg: The Documentary Record 1944–1945*, Stanford 1982.

Steiniger, Peter Alfons/K. Leszczynski (Hg.), Fall 3: *Das Urteil im Juristenprozess, gefällt am 4. Dezember 1947 vom Militärgerichtshof III der Vereinigten Staaten von Amerika*, Berlin (Ost) 1969.

Taylor, Telford, *Final Report to the Secretary of the Army on the Nuremberg War Crimes Trials under Control Council Law No. 10*, Washington D. C. 1949.

——, *Die Nürnberger Prozesse*, Zürich 1951.

——, *Die Nürnberger Prozesse: Hintergründe, Analysen und Erkenntnisse aus der heutigen Sicht*, München 1992.

Thieleke, Karl-Heinz (Hg.), *Fall 5: Anklageplädoyer, ausgewählte Dokumente, Urteil des Flick*

Trials of War Criminals before the Nuernberg Military Tribunals under Control Council No. 10, October 1946 to April 1949 (Washington: GPO, 1950), 15 Bde.

United Nations War Crimes Commission, *History of the United Nations War Crimes Commission and the Development of the Laws of War*, 1948.

Alderman, Sidney S., "Negotiating on War Crimes Prosecutions, 1945," in: Dennett/Johnson, *Negotiating with the Russians*.

Kranzbühler, Otto, "Nuremberg. Eighteen Years Afterwards," *De Paul Law Review*, Bd. 14(1964).

Kraus, Herbert, "The Nuremberg Trial of the Major War Criminals. Recollections after Seventeen Years," *De Paul Law Review*, Bd. 13(1963).

Lersner, Freiherr von, "Die Auslieferung der deutschen»Kriegsverbrecher«," in: Heinrich Schnee/Hans Drager(Hg.), *Zehn Jahre Versailles*, Bd. 1, Berlin 1929.

Radbruch, Gustav, "Der innere Weg. Aufriss meines Lebens," in: *Biographische Schriften* [Kaufmann(Hg.), *Gesamtausgabe* 16], Heidelberg 1988.

ゴールデンソーン，レオン『ニュルンベルク・インタビュー』上下，高橋早苗・浅岡政子訳，河出書房新社，2005 年.

ジャクソン，R. H.『戦争犯罪裁判資料第 4 号 R. H. ジャクソン報告書――1945 年 6 月から 8 月までのロンドンにおける軍事裁判に関する国際会議』法務大臣官房司法調査部訳，1965 年.

フェレンツ，ベンジャミン『奴隷以下――ドイツ企業の戦後責任』住岡良明・凱風社編集部共訳，凱風社，1993 年.

〈研究文献〉

Berghahn, Volker, *Europe in the Era of Two World Wars*, Princeton/Oxford 2006.

Bley, Helmut, *Kolonialherrschaft und Sozialstruktur in Deutsch-Südafrika, 1894–1914*, Hamburg 1968.

Cartier, Jean-Pierre, *Der Erste Weltkrieg*, München/Zürich 1984.

Conot, Robert E., *Justice at Nuremberg*, New York 1983.

Conze, Eckhart/Norbert Frei/Peter Hayes/Mosche Zimmermann, *Das Amt und die Vergangenheit. Deutsche Diplomaten im Dritten Reich und in der Bundesrepublik*, München 2010.

Cramer, John, *Belsen Trial 1945: Der Lüneburger Prozess gegen Wachpersonal der Konzentrationslager Auschwitz und Bergen-Belsen*, Göttingen 2011.

Dörner, Klaus/Angelika Ebbinghaus(Hg.), *Vernichten und Heilen: Der Nürnberger Ärzteprozess und seine Folgen*, Berlin 2001.

Eisfeld, Rainer/Ingo Müller(Hg.), *Gegen Barberei. Essays: Robert M. W. Kempner zu Ehren*, Frankfurt a. M. 1989.

Farrar, L. L., *The Short-War Illusion: German Policy, Strategy & Domestic Affairs, August-December 1914*, Santa Barbara 1973.

Frei, Norbert, *Vergangenheitspolitik. Die Anfänge der Bundesrepublik und die NS-Vergangenheit*, München 1996.

Frewer, A. /J. N. Neumann (Hg.), *Medizingeschichte und Medizinethik*, Göttingen 2001.

Gerhart, Eugene, *America's Advocate. Robert H. Jackson*, Indianapolis/New York 1958.

Hankel, Gerd, *Die Leipziger Prozesse. Deutsche Kriegsverbrechen und ihre strafrechtliche Verfolgung nach dem Ersten Weltkrieg*, Hamburg 2003.

Heigl, Peter, *Nürnberger Prozesse*, Nürnberg 2001.

Horne, John/Alan Kramer, *German Atrocities 1914. A History of Denial*, New York 2001.

Hyde, H. Montgomery, *Norman Birkett. The Life of Lord Birkett of Ulverston*, London 1964.

Jung, Susanne, *Die Rechtsprobleme der Nürnberger Prozesse, dargestellt am Verfahren gegen Friedrich Flick*, Tübingen 1992.

Keegan, John, *Der Erste Weltkrieg*, Reinbek 2000.

Kelsen, Hans, *Peace through Law*, Chapel Hill 1944.

Koppen, Edlef, *Heeresbericht*, Reinbek 1992.

Krüger, Gesine, *Kriegsbewältigung und Geschichtsbewußtsein. Realität, Deutung und Verarbeitung des deutschen Kolonialkriegs in Namibia, 1904 bis 1907*, Göttingen 1999.

Mai, Gunther, *Der Allierte Kontrollrat in Deutschland 1945-1948: allierte Einheit - deutsche Teilung?*, München 1995.

Michalka, Wolfgang (Hg.), *Der Erste Weltkrieg. Wirkung, Wahrnehmung und Analyse*, München 1994.

Mullins, Claud, *The Leipzig Trials. An Account of the War Criminals Trials and a Study of German Mentality*, London 1921.

Oppenheim, Lassa, *International Law, Bd. II* (*War and Neutrality*), London/New York/Toronto 1944, 6. Aufl.

Priemel, Kim C. /Alexa Stiller (Hg.), *NMT. Die Nürnberger Militartribunale zwischen Geschichte, Gerechtigkeit und Rechtsschöpfung*, Hamburg 2013.

Reginbogin, Herbert R. /Christoph J. M. Safferling (Hg.), *The Nuremberg Trials. International Criminal Law since 1945. 60th Anniversary International Conference*, München 2006.

Schwengler, Walter, *Völkerrecht, Versailler Vertrag und Auslieferungsfragen. Die*

Strafverfolgung wegen Kriegsverbrechen als Problem des Friedensschlusses 1919/20, Stuttgart 1982.

Segesser, Daniel Marc, *Recht statt Rache oder Rache durch Recht? Die Ahndung von Kriegsverbrechen in der internationalen wissenschaftlichen Debatte 1872–1945*, Paderborn 2010.

Simpson, Colin, *Die Lusitania*, Frankfurt a. M. 1973.

Smith, Bradley F., *Der Jahrhundertprozess*, Frankfurt a. M. 1979.

Tusa, Ann/T. John, *The Nuremberg Trial*, New York 1983.

Urban, Markus, *Die Nürnberger Prozesse*, Nürnberg 2008.

Waltzog, Alfons, *Recht der Landkriegsführung. Die wichtigsten Abkommen des Landkriegsrechts*, Berlin 1942.

Wegner, Bernd (Hg.), *Wie Kriege enden*, München u. a. 2002.

Weinke, Annette, *Die Nürnberger Prozesse*, München 2006.

Willis, James, *Prologue to Nuremberg. The Politics and Diplomacy of War Criminals of the First World War*, Westport (Conn.)/London 1982.

Förster, Stig, "Der deutsche Generalstab und die Illusion des kurzen Krieges, 1871–1914," in: *Militärgeschichtliche Mitteilungen* 54 (1995).

Heinemann, Isabel, "Rasse, Lebensraum, Genozid: Die nationalsozialistische Volkstumspolitik im Fokus von Fall 8 der Nürnberger Militärtribunale," in: Priemel/Stiller (Hg.), *NMT*.

Kelsen, Hans, "Will the Judgement in the Nuremberg Trial constitute a Precedent in International Law?" in: *International Law Quarterly* 1 (1947).

Robinson, Jacob, "The International Military Tribunal and the Holocaust. Some Legal Reflections," *Israel Law Review* 7 (1972).

Sass, H. -M., "Reichrundschreiben 1931: Pre-Nuremberg German Regulations Concerning New Therapy and Human Experimentaion," *The Journal of Medicine and Philosophy* 8 (1988).

Selle, Dirk von, "Prolog zu Nürnberg. Die Leipziger Kriegsverbrecherprozesse vor dem Reichsgericht," in: *Zeitshrift für Neuere Rechtsgeschichte*, 19. Jg (1997). Nr. 3/4.

Shiba, Kensuke, "Die Kriegsverbrecherprozesse von Nürnberg und Tokio. Ein Vergleich," in: Bernd Wegner (Hg.), *Wie Kriege enden*.

Stosch, Alfred von, "Die Beschuldigtenfrage," in: *Deutscher Michel wach auf*, H. 13 (1924).

Zentgraf, Henrike, "'Nürnberg' in Vergangenheit und Gegenwart," in: *Aus Politik und Zeitgeschichte* v. 7. Juni 2013.

アーベントロート，ヴォルフガング『西ドイツの憲法と政治』村上淳一訳，東京大学出版会，1971 年.
アリー，ゲッツ『ヒトラーの国民国家――強奪・人種戦争・国民的社会主義』芝健介訳，岩波書店，2011 年.
粟屋憲太郎『東京裁判への道』講談社学術文庫，2013 年.
伊香俊哉『戦争はどう記憶されるのか――日中両国の共鳴と相剋』柏書房，2014 年.
石田勇治『過去の克服――ヒトラー後のドイツ』白水社，2002 年.
井上茂子・若尾祐司編『近代ドイツの歴史――18 世紀から現代まで』ミネルヴァ書房，2006 年.
内海愛子『日本軍の捕虜政策』青木書店，2005 年.
大沼保昭『戦争責任論序説――「平和に対する罪」の形成過程におけるイデオロギー性と拘束性』東京大学出版会，1975 年.
小野清美『テクノクラートの世界とナチズム――「近代超克」のユートピア』ミネルヴァ書房，1996 年.
小野寺拓也『野戦郵便から読み解く「ふつうのドイツ兵」――第二次世界大戦末期におけるイデオロギーと「主体性」』山川出版社，2012 年.
ガイバ，フランチェスカ『ニュルンベルク裁判の通訳』武田珂代子訳，みすず書房，2013 年.
梶村太一郎・金子マーティン・本多勝一・新美隆・石田勇治『ジャーナリズムと歴史認識――ホロコーストをどう伝えるか』凱風社，1999 年.
キーガン，ジョン／リチャード・ホームズ／ジョン・ガウ『戦いの世界史――1 万年の軍人たち』大木毅監訳，原書房，2014 年.
木畑洋一『二〇世紀の歴史』岩波新書，2014 年.
木村靖二『第一次世界大戦』ちくま新書，2014 年.
佐藤健生／ノルベルト・フライ編『過ぎ去らぬ過去との取り組み――日本とドイツ』岩波書店，2011 年.
清水正義『戦争責任とは何か――東京裁判をめぐる 50 問 50 答』かもがわ出版，2008 年.
――『「人道に対する罪」の誕生――ニュルンベルク裁判の成立をめぐって』丸善出版，2011 年.
田村栄子『若き教養市民層とナチズム――ドイツ青年・学生運動の思想の社会史』

名古屋大学出版会，1996 年.
多谷千香子『戦争犯罪と法』岩波書店，2006 年.
富永幸生・鹿毛達雄・下村由一・西川正雄『ファシズムとコミンテルン』東京大学出版会，1978 年.
永井均『フィリピンと対日戦犯裁判――1945-1953 年』岩波書店，2010 年.
――『フィリピン BC 級戦犯裁判』講談社，2013 年.
成瀬治・山田欣吾・木村靖二編『世界歴史大系 ドイツ史 3 1890 年―現在』山川出版社，1997 年.
西川正雄『第一次世界大戦と社会主義者たち』岩波書店，1989 年.
――『社会主義インターナショナルの群像――1914-1923』岩波書店，2007 年.
ノイマン，フランツ『ビヒモス――ナチズムの構造と実際』岡本友孝・小野英祐・加藤榮一訳，みすず書房，1963 年.
バスティアン，ティル『アウシュビッツと〈アウシュビッツの嘘〉』石田勇治・芝野由和・星乃治彦訳，白水社，1995 年.
林博史『BC 級戦犯裁判』岩波新書，2005 年.
ヒルバーグ，ラウル『ヨーロッパ・ユダヤ人の絶滅』上下，望田幸男・井上茂子・原田一美訳，柏書房，1997 年.
フィッシャー，フリッツ『世界強国への道――ドイツの挑戦 1914-1918 年』村瀬興雄監訳，岩波書店，1972・1983 年.
藤田久一『戦争犯罪とは何か』岩波新書，1995 年.
プシビルスキ，ペーター『裁かれざるナチス――ニュルンベルク裁判とその後』宮野悦義・稲野強訳，大月書店，1981 年(末尾資料としてロンドン協定と国際軍事裁判所憲章掲載).
フライ，ノルベルト『総統国家――ナチスの支配 1933-1945 年』芝健介訳，岩波書店，1994 年.
フルブルック，メアリー『二つのドイツ――1945-1990』芝健介訳，岩波書店，2009 年.
ベッケール，ジャン＝ジャック／ゲルト・クルマイヒ『仏独共同通史 第一次世界大戦』上下，剣持久木・西山暁義訳，岩波書店，2012 年.
フレンケル，エルンスト『二重国家』中道寿一訳，ミネルヴァ書房，1994 年.
ブレンナー，レニ『ファシズム時代のシオニズム』芝健介訳，法政大学出版局，2001 年.
ベルクハーン，フォルカー『第一次世界大戦 1914-1918』鍋谷郁太郎訳，東海大学出版部，2014 年.
松村高夫・矢野久編『裁判と歴史学――七三一細菌戦部隊を法廷からみる』現代書

館，2007 年.
丸山眞男『増補版 現代政治の思想と行動』未来社，1964 年.
三島憲一『戦後ドイツ――その知的歴史』岩波新書，1991 年.
村上淳一『〈法〉の歴史』東京大学出版会，1997 年.
モーゲンソー，ハンス『国際政治――権力と平和』上中下，原彬久監訳，岩波文庫，2013 年.
山口定『ナチ・エリート――第三帝国の権力構造』中公新書，1976 年.
山口定／R. ルプレヒト編『歴史とアイデンティティ――日本とドイツにとっての 1945 年』思文閣出版，1993 年.
山本秀行『ナチズムの記憶――日常生活からみた第三帝国』山川出版社，1995 年.
吉田裕『日本の軍隊――兵士たちの近代史』岩波新書，2002 年.
ラカー，ウォルター編『ホロコースト大事典』望田幸男・井上茂子・木畑和子・芝健介・長田浩彰・永岑三千輝・原田一美訳，柏書房，2003 年.
ランズマン，クロード『SHOAH』高橋武智訳，作品社，1995 年.
芝健介『武装 SS――ナチスもう一つの暴力装置』講談社，1995 年.
――『ヒトラーのニュルンベルク――第三帝国の光と闇』吉川弘文館，2000 年.
――『ホロコースト――ナチスによるユダヤ人大量殺戮の全貌』中公新書，2008 年.
――『武装親衛隊とジェノサイド――暴力装置のメタモルフォーゼ』有志舎，2008 年.

池辺範子「フリッツ・バウアーと戦後ドイツの民主主義――抵抗をめぐる議論を中心に」『年報地域文化研究』8 号，2004 年.
木畑和子「ナチス「医学の犯罪」と過去の克服」『世界』613 号，1995 年.
――「医学と良心――ニュルンベルク医師裁判から 50 年」『ドイツ研究』24 号，1997 年.
清水正義「人道に対する罪の成立」高橋哲哉・内海愛子編『戦犯裁判と性暴力』緑風出版，2000 年.
富永幸生「ドイツの敗戦」『岩波講座世界歴史 24』1970 年.
林博史「連合国戦争犯罪政策の形成――連合国戦争犯罪委員会と英米(上下)」『関東学院大学経済学部総合学術論叢 自然・人間・社会』36・37 号，2004 年.
平瀬徹也・三宅立「第一次世界大戦と諸地域の動向」『岩波講座世界歴史 24』1970 年.
福永美和子「ICC 創設をめぐるドイツの外交・司法政策」『ドイツ研究』42 号，2008 年.

参考文献

ベンツ，ヴォルフガング「正義の可能性と限界——ナチ裁判と戦後ドイツ社会」芝健介訳『東京女子大学紀要論集』53巻1号，2002年.
安野正明「ドイツにおけるアメリカ占領地区の占領体制の変化——1945/1946年・非ナチ化法の制定過程を中心に」『歴史学研究』600号，1989年.
吉村朋子「占領期ドイツ西側地区及び連邦共和国初期における非ナチ化問題」『史論』58集，2005年.
若林美佐知「第三帝国の軍隊——ドイツ軍政下セルビアにおける「報復政策」について」『史論』48集，1995年.

芝健介「ニュルンベルク裁判小考」『國學院雑誌』89巻4号，1988年.
——「ニュルンベルク裁判の構造と展開」アジア民衆法廷準備会編『問い直す東京裁判』緑風出版，1995年.
——「戦後ドイツの〈ホロコースト〉裁判」『世界』611号，1995年.
——「戦争責任論」『講座世界史8』東京大学出版会，1996年.
——「ニュルンベルク裁判と東京裁判」五十嵐武士・北岡伸一編『争論・東京裁判とは何だったのか』築地書館，1997年.
——「何が裁かれ，何が裁かれなかったのか——ニュルンベルク裁判とドイツ人によるナチ犯罪裁判の問題」『岩波講座世界歴史25』1997年.
——「叛逆か抵抗か——「1944年7月20日事件」と戦後ドイツのレーマー裁判」『史論』52集，1999年.
——「戦時性暴力とニュルンベルク国際軍事裁判」高橋哲哉・内海愛子編『戦犯裁判と性暴力』緑風出版，2000年.
——「ホロコーストとニュルンベルク裁判」『史論』55集，2002年.
——「国際軍事裁判論」『岩波講座アジア・太平洋戦争8』2006年.
——「強制的な〈過去の克服〉から自発的な〈過去の克服〉へ——連邦共和国とドイツ司法界の非ナチ化問題」佐藤／フライ編『過ぎ去らぬ過去との取り組み』2011年.